EL CONTROL CONSTITUCIONAL DE LAS DECISIONES JUDICIALES

RAFAEL CHAVERO GAZDIK

EL CONTROL CONSTITUCIONAL DE LAS DECISIONES JUDICIALES

COLECCIÓN MONOGRAFÍAS
N° 11

Centro para la Integración y el Derecho Público

Editorial Jurídica Venezolana y
Centro para la Integración y el Derecho Público

Caracas, 2018

COLECCIÓN MONOGRAFÍAS

Títulos publicados

1. *Derecho Administrativo LOPNNA y Protección de Niños, Niñas y Adolescentes,* Jorge Luis Suárez Mejías, Caracas 2015, 324 páginas.
2. *Casos de Estudio sobre la expropiación en Venezuela,* Samantha Sánchez Miralles, Caracas 2016, 120 páginas.
3. *Constitución, Integración y Mercosur,* Jorge Luis Suárez Mejías, Caracas 2016, 207 páginas.
4. *Derecho Administrativo y arbitraje internacional de inversiones,* José Ignacio Hernández, Caracas 2016, 439 páginas.
5. *El estado de excepción a partir de la Constitución de 1999,* Gabriel Sira Santana, Caracas 2017, 374 páginas.
6. *La ejecución de sentencias en el proceso administrativo iberoamericano (España, Perú, Costa Rica, Colombia y Venezuela),* Miguel Ángel Torrealba Sánchez, Caracas 2017, 499 páginas.
7. *La teoría de la cláusula exorbitante. El tránsito de la cláusula derogatoria a la potestad administrativa contractual en los sistemas de contratación pública,* José Araujo-Juárez, Caracas 2017, 185 páginas.
8. *Las situaciones administrativas en la función pública,* José Gregorio Silva Bocaney, Caracas 2017, 155 páginas.
9. *Violaciones del derecho a la defensa en el procedimiento sancionatorio venezolano,* Flavia Pesci Feltri. Caracas 2018, 245 páginas.
10. *Consideraciones sobre fuentes del Derecho Constitucional y la Interpretación de la Constitución,* Claudia Nikken, Caracas 2018, 222 páginas.
11. *El control constitucional de las decisiones judiciales,* Rafael Chavero Gazdik, Caracas 2018, 290 páginas.

ISBN Obra Independiente 978-980-365-444-3
Depósito Legal DC2018002219

CENTRO PARA LA INTEGRACIÓN Y EL DERECHO PÚBLICO (CIDEP)
Avenida Santos Erminy, Urbanización Las Delicias,
Edificio Park Side, Oficina 23, Caracas, Venezuela
Teléfono: +58 212 761.7461 - Fax +58 212 761.4639
E-mail: contacto@cidep.com.ve
http://cidep.com.ve http://cidep.online

Editorial Jurídica Venezolana
Sabana Grande, Av. Francisco Solano, Edif. Torre Oasis, Local 4, P.B.
Apartado postal 17.598, Caracas 1015-A, Venezuela
Teléfonos: 762.2553/762.3842 - Fax: 763.5239
E-mail: fejv@cantv.net
http://www.editorialjuridicavenezolana.com.ve

Impreso por: Lightning Source, an INGRAM Content company
para Editorial Jurídica Venezolana International Inc.
Panamá, República de Panamá.
Email: ejvinternational@gmail.com

Diagramación, composición y montaje
por: Mirna Pinto de Naranjo, en letra Book Antigua 10,
Interlineado 11, mancha 10x16,5

Rafael Chavero Gazdik es abogado por la Universidad Católica Andrés Bello (UCAB), especialista en Derecho Administrativo por la Universidad Central de Venezuela (UCV) y LL.M. (master en leyes) por la Duke University. Es Profesor de pregrado y postgrado en la UCV, UCAB y Universidad Metropolitana. Ganador del Premio de la Academia de Ciencias Políticas y Sociales (2001-2002) y del Concurso Anual del Centro de Investigaciones Jurídicas de la UCAB (1994). Es miembro de la Comisión Andina de Juristas, la Asociación Venezolana de Derecho Administrativo y el Instituto Iberoamericano de Derecho Público y Administrativo "Profesor Jesús González Pérez". Es árbitro y mediador de la Cámara de Comercio de Caracas y del CEDCA.

Dedicatoria

Para mi Rebeca, por habérmelo pedido
"Te mereces un libro y el cielo entero"

INTRODUCCIÓN

A través de la Constitución, algunas leyes especiales y la jurisprudencia de la Sala Constitucional, nuestro ordenamiento jurídico se ha encargado de diseñar un sistema mediante el cual ésta puede conocer de cualquier decisión judicial, bien sea interlocutoria o definitivamente firme, incluso a pesar de que las partes no hayan solicitado su intervención. Todo ello, a los fines de verificar cualquier cuestionamiento constitucional y mantener un control férreo sobre toda la judicatura.

Incluso, como veremos, la Sala Constitucional ha llegado a apoderarse de juicios que cursan ante otras Salas del Tribunal Supremo de Justicia, antes de que se produzca la primera sentencia del proceso; ha llegado a conocer de decisiones dictadas por la Sala Plena del Tribunal Supremo de Justicia; y hasta ha modificado sus propias decisiones definitivas.

Bajo este sistema, no hay ningún proceso judicial, en curso o culminado, que escape del alcance de la Sala Constitucional, pues ésta tiene la posibilidad de intervenir en cualquier juicio, independientemente de la naturaleza del asunto o de la jurisdicción en que se encuentra.

También demostraremos como las razones que ha utilizado la Sala Constitucional para anular o modificar sentencias han sido bastante amplias y no limitadas a la verificación de una clara violación constitucional. Tan es así, que uno de los motivos que puede utilizar para anular alguna decisión dictada por otra Sala del Tribunal Supremo es cuando se viole algún *principio jurídico fundamental* que pueda estar recogido en la Constitución o algún tratado o convenio internacional. Lo que sin lugar a dudas extiende considerablemente los motivos de impugnación de sentencias.

La Sala Constitucional se ha aprovechado de la ausencia de una Ley Orgánica de la Jurisdicción Constitucional[1], para lograr que estos mecanismos o remedios judiciales puedan ser ejercidos con la mayor amplitud posible, de forma de evitar que pueda existir algún fallo que escape de su conocimiento. Así, la Sala Constitucional ha señalado que puede revisar decisiones en cualquier momento, es decir, sin ningún lapso de caducidad. Ello ha implicado hasta el control y modificación de fallos dictados antes de la entrada en vigencia de la Constitución, momento en que se crearon algunos de los mecanismos judiciales que serán analizados en este trabajo.

Adicionalmente, la Sala Constitucional ha preferido ejercer estas funciones de control constitucional de decisiones judiciales sin procedimiento alguno, o a lo sumo, con incidencias bastante abreviadas. En efecto, veremos como la Sala no ha querido aplicar ningún procedimiento establecido en las distintas leyes procesales vigentes, para tramitar los distintos mecanismos de control de decisiones judiciales. Ello ha sido objeto de fuertes cuestionamientos frente a la existencia del derecho al debido proceso de los particulares involucrados en los distintos procesos judiciales.

Con ello, la Sala Constitucional ha pasado a ser, de seguro, el órgano de control constitucional con más largo alcance en derecho comparado, pues difícilmente pueda conseguirse un sistema judicial donde una Corte, Tribunal o Sala Constitucional tenga tantas facultades generales y, más concretamente, atribuciones para controlar todas las decisiones judiciales del país.

---

1 A pesar de que en la Disposición Transitoria Sexta de la Constitución parece haberse impuesto al legislador un plazo máximo de dos (2) años para la promulgación de una Ley Orgánica de la Jurisdicción Constitucional, ya ha pasado casi dos décadas desde la entrada en vigencia de la Constitución sin que exista una regulación sustantiva de las competencias de la Sala Constitucional. Tan solo existen unas regulaciones provisionales que han sido incorporadas en las Disposiciones Transitorias de la *Ley Orgánica del Tribunal Supremo de Justicia*.

Los mecanismos judiciales que analizaremos son i) la facultad de avocamiento; ii) el recurso extraordinario de revisión de sentencias definitivamente firmes; y iii) el amparo constitucional contra decisiones judiciales.

Para el análisis de cada una de estas pretensiones trataremos de abordar lo esencial de toda institución procesal, a saber, su finalidad; su particular naturaleza jurídica; las partes que pueden incoar y/o intervenir en este proceso; las decisiones que pueden ser objeto de revisión; el procedimiento para tramitar el recurso; y los efectos del mismo.

Sin embargo, antes de entrar a revisar estas tres pretensiones procesales que le permiten a la Sala Constitucional controlar la constitucionalidad (y hasta legalidad) de todas las decisiones judiciales, conviene iniciar el trabajo con algunas reflexiones generales sobre la justicia constitucional.

CAPÍTULO I

LA JUSTICIA CONSTITUCIONAL

El hombre, en su paso por el tiempo, ha venido consolidando una serie de valores y principios destinados a regular su interacción en sociedad, buscando siempre una mejor y más equilibrada relación entre quienes gobiernan y son gobernados. De unos tiempos con creencias divinas, por lo general supervisadas por unos pocos, se ha avanzado hacia el establecimiento de reglas claras y predeterminadas, donde un mayor número de personas puede colaborar en la toma de decisiones, legitimando éstas, para que así puedan ser respetadas por todos los que conviven en una sociedad.

Por lo general, las grandes conquistas humanas han venido siendo reflejadas en los textos destinados a establecer las reglas de juego de la sociedad. Y eso es, en definitiva, el rol que han venido jugando las Constituciones a lo largo de la historia. En este sentido, se podría afirmar que las Constituciones son el resultado de esas grandes conquistas humanas. Las experiencias, buenas o malas, de las sociedades van reflejándose en estos textos normativos, con la idea de repetir los aciertos y evitar los tropiezos.

Por ello, se dice que el establecimiento de una Constitución no es sino la consecuencia de una forma muy concreta de entender el orden político y supone, por ello, un intento de racionalizarlo, esto es, de organizar un tipo de Estado congruente con ese orden que se considera modélico o preferible[2].

Afirmaba LOEWENSTEIN, al hablar de la Constitución como dispositivo de control del poder, que:

> (...) las instituciones para controlar el poder no nacen ni operan por sí solas, sino que deberían ser creadas ordenadamente e incorporadas conscientemente en el proceso del poder. Han pasado muchos siglos hasta que el hombre político ha aprendido que la sociedad justa, que le otorga y garantiza sus derechos individuales, depende de la existencia de límites impuestos a los detentadores del poder en el ejercicio de su poder, independientemente de si la legitimación de su dominio tiene fundamentos fácticos, religiosos o jurídicos. Con el tiempo se ha ido reconociendo que la mejor manera de alcanzar este objetivo será haciendo constar los frenos que la sociedad desea imponer a los detentadores del poder en forma de un sistema de reglas fijas -la Constitución- destinadas a limitar el ejercicio del poder político. La Constitución se convirtió así en el dispositivo fundamental para el control del proceso del poder[3].

En el mismo sentido, señala ARAGÓN REYES, que la idea de Constitución "implica, pues, necesariamente la idea de limitación. Si la comunidad política ha de persistir es imprescindible que el poder tenga, al menos, la limitación mínima de no alcanzar a destruirla; si la comunidad política ha de persistir en una determinada forma política, ésta será también un límite infranqueable para el poder"[4].

Una de los más grandes legados de la revolución americana fue, precisamente, la costumbre de las Constituciones escritas. El mecanismo principal a través del cual las colonias ingle-

---

2 Véase REYES ARAGÓN, Manuel, *Estudios de Derecho Constitucional*, Centro de Estudios Políticos y Constitucionales, Madrid, 1998.

3 LOEWENSTEIN, Karl, *La Constitución*, traducido por Alfredo Gallego Anabitarte, Editorial Ariel, Barcelona, 1982.

4 REYES ARAGÓN, Manuel, *op. cit.* p. 88.

sas recién llegadas a Norteamérica se convirtieron en estados independientes, era precisamente, mediante la redacción de una Constitución escrita donde de manera sistemática se establecía la organización política del estado y se distribuían atribuciones entre los diversos órganos de poder. Más tarde, en estos textos fueron apareciendo catálogos de derechos y libertades de distinta naturaleza, como límites infranqueables del poder[5].

Hoy en día, prácticamente todos los países del mundo tienen Constituciones escritas, donde se refleja, entre otras cosas, la forma de Estado, la distribución de competencias entre los órganos del poder público, los derechos fundamentales y hasta ciertas cláusulas intangibles que deben respetar quienes ejercen las funciones públicas.

I. LA SUPREMACÍA CONSTITUCIONAL

Obviamente, estos textos fundamentales escritos no resultaban de ninguna trascendencia si eran ignorados por los órganos de poder, aun cuando éstos representasen directamente al pueblo. Por ello, surgió la necesidad de darle una preponderancia mayor al texto normativo encargado de fijar las principales reglas de juego de la sociedad.

Se trata de un principio nodal para los sistemas constitucionales modernos, como señala LINARES QUINTANA, "el principio de la supremacía de la Constitución constituye el más eficiente instrumento técnico hasta hoy conocido para la garantía de la libertad, al imponer a los poderes constituidos la obli-

5 Obviamente muchos autores se han ocupado de ubicar orígenes más remotos a la idea de Constitución, sin embargo, hay que reconocer que quienes la universalizaron fueron las colonias norteamericanas. Sobre el tema del origen de la Constitución, puede verse MC ILWAIN, *Constitutionalism; ancient and modern*, Cornell University Press, Ithaca, Nueva York, 1947.

gación de encuadrar sus actos en las reglas que prescribe la Ley Fundamental"[6].

También es en los Estados Unidos de Norteamérica donde hay que ubicar la génesis de este otro gran principio del constitucionalismo moderno, esto es, la supremacía constitucional. De Tocqueville, en su obra "*La democracia en América*" fue uno de los primeros en resaltar esta característica del constitucionalismo norteamericano, al señalar que: "En los E.E.U.U., la Constitución está sobre los legisladores como lo está sobre los simples ciudadanos. Es la primera de las leyes y no puede ser modificada por una ley; es pues, justo que los tribunales obedezcan a la Constitución preferentemente a todas las leyes"[7].

Y el hito trascendental del principio de supremacía constitucional, es sin duda, la conocida sentencia del Juez Marshall, *Madison v. Marbury,* donde se resalta la necesidad de darle aplicabilidad directa y preferente a las normas constitucionales[8]. En este fallo se sugiere que la labor de juzgar la contrariedad de los actos ejecutivos o legislativos a la Constitución debe corresponderle al Poder Judicial, y más concretamente a la Corte Suprema de Justicia. De allí, surge otra de las características más importantes de los sistemas de justicia modernos, esto es, el control judicial de la Constitución.

El caso *Madison v. Marbury* se inserta en un claro conflicto político entre los líderes de esas épocas revolucionarias estadounidenses. El Presidente John Adams, justo unos días antes de entregarle la presidencia a su adversario Thomas Jefferson, designó 42 jueces de paz, despachando las comisiones para

---

6 LINARES QUINTANA, Segundo, *Derecho Constitucional e Instituciones Políticas,* Editorial Plus Ultra, Buenos Aires, 1981.

7 DE TOCQUEVILLE, Alexis, *La democracia en América,* Editorial Ariel, Barcelona, 1980.

8 A su vez, se dice que un antecedente del caso *Madison v. Marbury* fue el *Bonham case,* decidido por el Juez inglés Edward Coke en 1610, donde se afirma que las leyes deben ser consideradas como nulas, cuando sean contrarias al derecho común.

cada uno de los designados. Cuando Jefferson asume el poder el 3 de marzo de 1801, instruye a su Secretario de Estado, James Madison, a que retenga las comisiones que no habían sido despachadas, incluyendo la de William Marbury. Éste demanda entonces a Madison, por ante la Corte Suprema de Justicia, a los fines de exigirle la entrega de la comisión que lo designaba como juez de paz.

La Corte Suprema de Justicia, con ponencia de Marshall falló en contra de Marbury, señalando que la Corte no tenía jurisdicción para conocer del caso[9]. Para ello, tuvo que considerar la inconstitucionalidad de la *Judiciary Act* de 1789, la cual le otorgaba jurisdicción para conocer de este tipo de casos. Sin duda, el Juez Marshall aprovechó una oportunidad brillante, pues para darle la razón al nuevo gobierno, decidió desconocer la validez de una ley que no lo favorecía. Con ello, articuló el rol principal del Poder Judicial.

Para poder desaplicar la *Judiciary Act*, el Juez Marshall tuvo que responder a la pregunta de si una ley contraria a la Constitución debía ser obedecida. Al contestar esa interrogante desarrolló las nociones básicas de lo que hoy conocemos como el principio de supremacía constitucional. Uno de los argumentos principales de Marshall para justificar esta supremacía fue el de considerar que los jueces, antes de asumir sus cargos, juran cumplir fielmente la Constitución, por lo que sería una violación a ese juramento el tener que aplicar una norma contraria a la Constitución[10].

---

9 Probablemente era lo único que podía hacer la Corte para no perder su autoridad, pues una decisión a favor de Marbury seguramente hubiese sido ignorada por la administración de Jefferson, con lo cual hubiese perdido la Corte toda su autoridad. Para un comentario más profundo de esta trascendente decisión, puede verse CHEMERINSKY, Erwin, *Constitutional Law. Principles and Policies*, Aspen Law & Business, 1997.

10 Luego de esta decisión, la Corte Suprema de los Estados Unidos no volvió a declarar la inconstitucionalidad de una ley sino hasta

La trascendencia histórica de esta decisión es incuestionable, pues a partir de allí se consolidaron varias nociones que hoy simplemente damos por sentadas: i) la idea de que cualquier norma contraria a la Constitución debe ser declarada nula o desaplicada por los jueces; y ii) que corresponde a los tribunales (dentro o fuera del Poder Judicial) la decisión de determinar si una ley es constitucional o no.

II. LA CONSTITUCIÓN COMO NORMA JURÍDICA RÍGIDA

El principio de supremacía constitucional se nutre, a su vez, de la idea de una Constitución como norma jurídica concreta y directa, la cual surge con el cambio de paradigma experimentado en estos textos normativos, pues durante mucho tiempo se consideró que las normas constitucionales sólo eran programáticas y abstractas.

Así, afirma FAVOREAU, que por mucho tiempo "el derecho constitucional era un catálogo de recetas políticas de carácter vagamente obligatorio en el cual la ciencia política tenía más importancia que el derecho". Es decir, se consideraba a la Constitución como un antología de recetas políticas sin efecto jurídico alguno[11].

Esta concepción fue cediendo, sobre todo, con el empuje que adquirió el derecho constitucional en Europa, luego de la segunda guerra mundial. Este cambio de paradigma lo expone magistralmente el profesor GARCÍA DE ENTERRÍA, en su trabajo "*La Constitución como norma y el Tribunal Constitucional*", donde señala:

1857, cuando decidió el infame caso *Dred Scott v. Sandford*, el cual terminó precipitando la guerra civil, al convalidar la esclavitud.

11 FAVOREAU, Louis, *Legalidad y constitucionalidad. La constitucionalización del derecho*, Universidad Externado de Colombia, Bogotá, 2000, p. 66.

El carácter normativo de la Constitución vincula inmediatamente a la totalidad de los jueces y Tribunales del sistema y no sólo al Tribunal Constitucional, y esa vinculación directa incluye las siguientes necesarias aplicaciones de la norma suprema, que ha de entenderse que se incluyen entre las funciones preceptivas a que les obligan los principios de sometimiento "al imperio de la Ley" (artículo 117,1 de la Constitución española) y *iura novit curia*[12].

El carácter normativo de la Constitución, robustecido con el derecho de las postguerras, se justificó, entre otras cosas, por la necesidad de establecer catálogos de derechos fundamentales en las Constituciones, con la idea de evitar muchas de las causas de estos conflictos bélicos. Además de dársele el carácter normativo, se le dio un carácter supremo y un tanto alejado de las mayorías circunstanciales.

Precisamente por esta razón es que, entre otras cosas, deliberadamente se estableció, tanto en la Constitución estadounidense como en la de la mayoría de las Constituciones contemporáneas, un conjunto de derechos fundamentales y un sistema de cambios o modificaciones constitucionales difíciles o engorrosos, de modo de evitar la opresión de las minorías por parte de las mayorías. La Constitución se transforma, entonces, en un instrumento capaz de proteger los derechos elementales de las minorías y capaz de garantizar el predominio de la razón.

En los Papeles Federales puede encontrarse diversos argumentos que indican que, si la estructura de gobierno se estableciere en una simple ley, existiría la irresistible tendencia de crear poderes dictatoriales en épocas de crisis. Si la protección de las libertades individuales se estableciera en una simple ley, un gobierno tiránico sería capaz de obviarlas o pisotearlas. Si el término o plazo de duración en servicio de los principales funcionarios de gobierno (Presidente, Senadores o Diputados) se regulara en una simple ley, los que se encuentran en el poder

---

12 GARCÍA DE ENTERRÍA, Eduardo, "*La Constitución como norma y el Tribunal* Constitucional", Civitas, Madrid, 1991, pp. 66-67.

pudieran alterar fácilmente esas reglas para permanecer en él. Por ello, es necesario salvaguardar estos derechos y principios con normas que sólo puedan ser modificadas luego de un profundo consenso y siempre y cuando ello sea razonable, apropiado y perdurable[13].

En el caso particular de los sistemas democráticos de gobierno, se ha entendido que la democracia no puede verse reducida al tema del gobierno de las mayorías, con la posibilidad de que éstas, libre y fácilmente, dispongan de los derechos de las minorías, pues como señala TOURAINE la democracia no puede verse simplemente como el triunfo de lo universal sobre los particularismos, sino como el conjunto de garantías institucionales que permiten combinar la unidad de la razón instrumental con la diversidad de las minorías, el intercambio con la libertad. La democracia es una política de reconocimiento del otro[14].

El mismo autor citado entiende que la soberanía popular conduce a la democracia:

> (...) a condición de que dicha soberanía no sea triunfante, que permanezca un principio de oposición al poder establecido, sea éste cual sea. Así, en lugar de dar una legitimidad sin límite a un poder popular, la democracia introduce en la vida política el principio moral de que quienes no ejercen el poder en la vida social disponen de un recurso para defender sus intereses y para mantener sus esperanzas...Sin esta presión social y moral, la democracia se transforma rápidamente en oligarquía, por la asociación del poder político con todas las otras formas de dominación social[15].

---

13 Sobre todo, en Madison, *The Federalist Papers* N° 10.

14 TOURAINE, Alain, *¿Qué es la democracia?*, Editorial Fayard, París, 1994. Este mismo autor señala que "imaginar que el pueblo sea un soberano que reemplaza al rey no es avanzar mucho sobre la vía de la democracia".

15 *Ibídem*, pp. 37-38.

Por su parte SARTORI, en su trabajo *"Teoría de la democracia"*, precisa que en los sistemas democráticos no cabe reconocer el supuesto "derecho absoluto de la mayoría de imponer su voluntad sobre la minoría", pues esto irá "a larga en contra del mismo principio que ensalza. El futuro democrático de una democracia depende de la convertibilidad de mayorías en minorías y, la inversa, de minorías en mayorías; consecuentemente, el principio de la mayoría relativa resulta ser el principio de la democracia que funciona democráticamente"[16].

Con base en estas motivaciones se justifican muchas de las formalidades y procedimientos establecidos en las Constituciones, pues éstos atienden a la necesidad de instrumentar los cambios de manera plural y racional, buscando canalizar no sólo los intereses de las mayorías, sino también la certeza y la razonabilidad de la gestión pública[17]. Quizás el holocausto sea el mejor ejemplo de que las mayorías no siempre tienen la razón, por lo que siempre se hace necesario un gobierno deliberado que respete las garantías elementales del ciudadano, garantizando que las voces de las minorías sean escuchadas y que no haya un solo órgano de gobierno tomando todas las decisiones.

En suma, la Constitución es la mejor fórmula de proteger valores destinados al largo plazo, de las pasiones de corto plazo.

III. EL CONTROL JUDICIAL DE LA CONSTITUCIÓN

Lógica consecuencia de la supremacía constitucional es atribuirle a algún órgano la potestad de defenderla, pues de lo contrario esta supremacía quedaría a la buena voluntad del

---

16 SARTORI, Giovanni, *Teoría de la democracia* Alianza, 2 vols., Madrid, 1988. Citado por GARCÍA DE ENTERRÍA, Eduardo, *Democracia, Jueces y Control de la Administración*, Civitas, Madrid, 1996.

17 El autor estadounidense John Hart Ely ha llegado a afirmar que el verdadero fundamento de la Constitución de los Estados Unidos no es el establecimiento de ideologías, sino el establecimiento de procedimientos legítimos para alcanzar esas ideologías. Véase su trabajo *Democracy and Distrust*, 73-84 (1980).

gobernante o los órganos de poder. Por ello, los ordenamientos jurídicos consagran, con sus respectivas peculiaridades, medios de defensa de la supremacía constitucional, creando mecanismos e instituciones especializados para cumplir con la tarea de encarrilar a todos los operadores jurídicos por la vía de la Constitución.

Pues bien, considerando las distintas alternativas, desde sus inicios el sistema constitucional estadounidense se separó de los modelos europeos, donde se desconfiaba del Poder Judicial como órgano encargado de tener la última palabra en materia de defensa de la Constitución, pues en la gran mayoría de los ordenamientos europeos de la época, el Parlamento era quien debía asumir ese rol de garante de la Constitución, al contar con la representación popular.

Es importante hacer la salvedad que algunos ordenamientos jurídicos, sobre todo europeos, han dejado el control jurisdiccional de la Constitución a un órgano (Corte o Tribunal Constitucional), pero fuera de la estructura del Poder Judicial. Pero en todo caso, ese control de constitucionalidad sigue estando a cargo de un tribunal, el cual puede estar orgánicamente colocado dentro o fuera del Poder Judicial, lo que resulta a nuestro juicio intrascendente.

El control jurisdiccional de la Constitución ha sido una de las características fundamentales del siglo XX. Luego de las dos grandes guerras mundiales, la mayoría de los países de Europa, y por ende los países influenciados por ésta, se enfocaron en dos aspectos esenciales: i) el establecimiento de catálogos de derechos fundamentales en sus respectivas Constituciones, y ii) la creación de Cortes o Tribunales Constitucionales encargados de salvaguardar esos derechos fundamentales. Sin duda, una de las moralejas de estos conflictos bélicos fue la necesidad de desconfiar de las desproporcionadas apetencias de líderes populares, introduciendo un poder (judicial) contramayoritario, encargado de imposibilitar las violaciones de las garantías más esenciales de una sociedad[18].

Se trata de una opción que hoy damos por sentada, toda vez que es la acogida por la gran mayoría de los ordenamientos jurídicos mundiales. Por ello, el Poder Judicial ha pasado a ser una pieza clave en la defensa de la Constitución y de la democracia. En este sentido, afirma GARCÍA DE ENTERRÍA que no hay derecho sin juez, el "juez es una pieza absolutamente esencial en toda la organización de Derecho y esto no es excepción en el Derecho Público cuando se trata de la observancia del Derecho por la Administración"[19].

Esta tendencia ha sido multiplicada en los recientes sistemas democráticos surgidos en África y Asia, tal y como se demuestra en un excelente trabajo del profesor Tom GINSBURG, donde se analiza comparativamente los distintos modelos de justicia constitucional que han surgido en estos dos continentes[20].

Esta idea del control jurisdiccional de la Constitución ha sido defendida por la gran mayoría de los juristas que se han ocupado del tema, entre los cuales cabe destacar a GAUCHET, quien para justificar la labor del Poder Judicial en la defensa del Derecho y la Constitución destaca que:

> El juez recuerda a la acción pública cuál es su regla, es un esfuerzo reflexivo para que la acción conducida en nombre del pueblo se remita a los principios, sólo por relación a los cuales toma sentido... Al recordar a los gobernantes y a los representantes el límite del Derecho de sus acciones y, en consecuen-

---

18 Lamentablemente, no siempre los poderes judiciales han sabido (o podido) servir de garantía frente a las mayorías arrolladoras que no reparan en atropellar derechos elementales a cambio de votos o poder político.

19 GARCÍA DE ENTERRÍA, Eduardo, *Democracia, Jueces y Control de la Administración*, 5ta. Edición, Civitas, Madrid, 2000.

20 GINSBURG, Tom, *Judicial Review in New Democracies. Constitutional Courts in Asian Cases*, Cambridge, 2003.

cia, la fuente de sus poderes, el juez les hace ver la distancia que les separa del colectivo soberano del cual emana su mandato. Hace así visible la separación entre los delegados y el poder de delegación, poder del cual la opinión pública constituye la sombra durante los intervalos del sufragio[21].

Otros argumentos interesantes en defensa del control judicial de la Constitución han sido expuestos por GINSBURG, quien resalta que en las democracias inmaduras se requiere muchas veces difundir entre varios actores el poder político. Y si bien muchas veces las Cortes Constitucionales no han sabido controlar efectivamente las decisiones de las mayorías, al menos han servido para reducir las tensiones políticas y canalizar los ataques de las minorías por rieles pacíficos[22].

Incluso, hasta los países que habían depositado plenamente la soberanía en el parlamento, como es el caso de Inglaterra, han tenido que reconocer, al integrarse a ordenamientos supranacionales, que la última palabra en materia de protección de la Constitución es de los jueces, en este caso, de la Corte Europea de Derechos Humanos.

Sin embargo, esto no significa que no existan críticas al sistema moderno de justicia constitucional, pues en varios ordenamientos jurídicos comparados todavía se mantiene latente -y con bastante seriedad y profundidad- la vieja polémica de filosofía constitucional inaugurada en la segunda década del siglo pasado, entre Hans Kelsen y Carl Schmitt, relacionada con quién debe ser el guardián de la Constitución y sobre la legitimación de un poder "contramayoritario" (Tribunales Supremos

---

21 GAUCHET, Marcel, citado por GARCÍA DE ENTERRÍA, en el trabajo mencionado en la nota anterior.

22 GINSBURG, Tom, *op. cit.*, pp. 261 y ss. Entre nosotros puede verse el trabajo de CASAL, Jesús María "Algunos cometidos de la jurisdicción constitucional en la democracia", en la obra colectiva *La jurisdicción constitucional, democracia y Estado de Derecho*, UCAB, Caracas, 2005.

de Justicia o Cortes Constitucionales) para decidir sobre la constitucionalidad de los actos de los representantes del pueblo[23].

En este sentido, vale la pena destacar el esfuerzo académico del Profesor de la Universidad de Georgetown Mark TUSHNET "*Taking the Constitution Away from the Courts*"[24], donde trata de desvirtuar la legitimidad del control judicial de la Constitución, y en forma bastante radical. Al igual que otros interesantes trabajos sobre los límites de interpretación constitucional del juez, como es el caso del conocido libro de Antonin SCALIA, "*A Matter of Interpretation*"[25], y el de Jeremy WALDRON "*The core of the case against judicial review*"[26].

Además, hay que reconocer que existen países como Francia y Holanda que funcionan bajo sistemas donde no existe -o existe pero en forma muy limitada- un sistema de control judicial de las normas constitucionales; lo que pareciera evidenciarnos que tampoco es indispensable la existencia de

---

23 Sobre el tema puede verse el trabajo de Paula VITURRO, *Sobre el Origen y el Fundamento de los Sistemas de Control de Constitucionalidad*, Editorial Ad-Hoc, Buenos Aires, 2002.

24 TUSHNET, Mark, *Taking the Constitution Away from the Courts*, Princeton University Press, New Jersey, 1999. Este trabajo nos parece bastante ingenioso, pero a nuestro juicio no es lo suficientemente convincente como para llegar a admitir las ventajas de un sistema sin control de constitucionalidad de los actos del poder público. Sin embargo, es una excelente crítica a los excesos del Poder Judicial en esta materia.

25 SCALIA, Antonin, *A Matter of Interpretation. Federal Courts and the Law*, Princeton University Press, New Jersey, 1997. En este trabajo el magistrado de la Corte Suprema de los Estados Unidos defiende la tesis de mantener, en la medida de lo posible, la interpretación textual y original de la Constitución, como forma de evitar que los jueces hagan o creen derecho con sus decisiones.

26 WALDRON, Jeremy, *Yale Law Journal*, 115 Yale L.J. 1346.

un Tribunal o Sala Constitucional para la existencia de un Estado de Derecho[27].

Pero a pesar de estas agudas críticas, enfocadas sobre todo en países con democracias consolidadas, es lo cierto que el sistema del control judicial de la Constitución, encomendado al Poder Judicial, y más concretamente a una Corte o Tribunal Constitucional es hoy en día la regla general.

Por último, es pertinente advertir que el Poder Judicial no tiene el monopolio del control constitucional de los actos estatales, toda vez que la Constitución también puede ser defendida a través de otras decisiones políticas o administrativas. Así, por ejemplo, un órgano de la Administración puede imponer sanciones a los particulares cuando éstos actúan en contravención con la Constitución. Igualmente, a través de un recurso administrativo se puede revocar un acto previo por considerarse contrario a un derecho fundamental establecido en la Constitución.

La Constitución también puede ser defendida con una omisión estatal deliberada. Piénsese, por ejemplo, en un Ministerio Público que se abstiene de procesar delitos que consideran contrarios a la Constitución, como sería el caso en nuestro país de los delitos de vilipendio, destinados a castigar a quien "ofende" a un funcionario público o institución del Estado.

Incluso, también la Constitución puede ser defendida por particulares, cuando, por ejemplo, un club social (asociación civil) decide abrir un procedimiento disciplinario para sancionar a uno de sus socios por alguna conducta indebida. Con ello, protege esa asociación el derecho a la defensa.

Por ello, cuando se habla del control judicial de la Constitución, en definitiva, lo que se quiere afirmar es que corresponde al Poder Judicial (o en su caso, a un Tribunal Constitucional fuera de la organización del Poder Judicial) la última palabra en materia de interpretación constitucional.

---

27 Si hay que destacar que, por ejemplo, la Corte Suprema de Justicia holandesa tiene competencia para anular leyes cuando contraríen las normas consagradas en tratados internacionales.

IV. DISTINTOS MECANISMOS DE CONTROL DE LA CONSTITUCIÓN

Una vez que se reconoce la Constitución como un cuerpo normativo vinculante y vivo; una vez que se reconoce su carácter preferente frente al resto de las normas jurídicas; y una vez que se admite que corresponde a los tribunales el rol principal de la defensa de la Constitución; resta por precisar la forma o los diversos mecanismos a través de los cuales se defiende o se hace valer la Constitución.

En este sentido, existen muy variados sistemas y mecanismos destinados a defender la Constitución. Así, mucho depende de frente a qué se quiere proteger la Constitución, pues ésta puede ser desconocida a través de leyes, actos administrativos, vías de hecho, omisiones legislativas o administrativas, sentencias judiciales, actos de particulares, etc. En fin, la Constitución puede ser confrontada a través de una infinidad de actos, hechos u omisiones provenientes de los distintos órganos estatales o de particulares.

Frente a cada uno de estos actos, hechos u omisiones existen diversos recursos o acciones que pueden ejercerse ante distintas jurisdicciones (constitucional, contencioso-administrativa, civil, penal, etc.). Aquí cada ordenamiento jurídico escoge su propia formula, atendiendo a sus particularidades y evolución jurídica.

Así, por ejemplo, frente al control constitucional de leyes y demás actos de similar jerarquía existen los sistemas de control difuso, concentrado y mixto, cada uno con sus principales características y consecuencias jurídicas, tal y como tendremos oportunidad de verificar más adelante.

En el mismo sentido, para controlar la constitucionalidad de las decisiones judiciales existen también distintos remedios ordinarios o extraordinarios destinados a anular las sentencias contrarias a la Constitución (casación, revisión extraordinaria, amparos constitucionales).

Al igual que frente a los ataques de derechos constitucionales de particulares, se suelen establecer remedios ordinarios y extraordinarios (demandas, recursos, amparos constitucionales) para tutelar estos derechos y restablecer la situación jurídica infringida.

Esto es importante advertirlo, toda vez que la gran mayoría de los trabajos referidos a la justicia constitucional suelen limitarse al análisis de los mecanismos de control de leyes o actos del mismo rango, cuando es lo cierto que existen muchos otros actos, hechos u omisiones estatales o de particulares que son controlados por los tribunales encargados de ejercer la jurisdicción constitucional.

Como hemos anunciado antes, en este trabajo nos limitaremos al control constitucional de las decisiones judiciales por parte de la Sala Constitucional del Tribunal Supremo de Justicia. Es decir, a revisar los mecanismos a través de los cuales el máximo tribunal del país puede defender o proteger la Constitución de decisiones judiciales que desconocen sus normas, valores o principios.

V. JUSTICIA CONSTITUCIONAL, JURISDICCIÓN CONSTITUCIONAL Y DERECHO PROCESAL CONSTITUCIONAL

Hecha esta salvedad, vale la pena referirnos muy brevemente a los conceptos de justicia y jurisdicción constitucional[28]. Sobre este particular existen diversas posiciones, las cuales, muchas veces, se reducen a simples diferencias terminológicas.

El término *justicia constitucional* suele utilizarse para referirse al género, esto es, a la función jurisdiccional encargada de defender o hacer valer la Constitución, la cual, al menos en nuestro ordenamiento jurídico se encuentra encomendada a *todos los jueces* de la República. Por ello, cuando un tribunal de primera instancia conoce de un amparo constitucional, se en-

---

28 Sobre esta distinción puede verse GONZÁLEZ PÉREZ, Jesús, *Derecho Procesal Constitucional*, Civitas, Madrid, 1980.

tiende que se encuentra ejerciendo labores de justicia constitucional; al igual que al momento en que un juez penal decide desaplicar una norma penal, por considerarla contraria a un derecho fundamental[29].

En este sentido, los artículos 334 y 335 de la Constitución señalan:

> Artículo 334.- Todos los jueces o juezas de la República, en el ámbito de sus competencias y conforme a lo previsto en esta Constitución y en la ley, están en la obligación de asegurar la integridad de esta Constitución.
>
> En caso de incompatibilidad entre esta Constitución y una ley u otra norma jurídica, se aplicarán las disposiciones constitucionales, correspondiendo a los tribunales en cualquier causa, aún de oficio, decidir lo conducente.
>
> Corresponde exclusivamente a la Sala Constitucional del Tribunal Supremo de Justicia como jurisdicción constitucional, declarar la nulidad de las leyes y demás actos de los órganos que ejercen el Poder Público dictados en ejecución directa e inmediata de la Constitución o que tengan rango de ley, cuando colidan con aquella.
>
> Artículo 335. El Tribunal Supremo de Justicia garantizará la supremacía y efectividad de las normas y principios constitucionales; será el máximo y último intérprete de la Constitución y velará por su uniforme interpretación y aplicación. Las interpretaciones que establezca la Sala Constitucional sobre el contenido o alcance de las normas y principios constitucionales son vinculantes para las otras Salas del Tribunal Supremo de Justicia y demás tribunales de la República.

---

29 El profesor CANOVA define a la justicia constitucional como "la actividad de control de constitucionalidad de las leyes y otros actos de igual jerarquía o, de actos de rango inferior que sea realizada por órganos jurisdiccionales especiales o a través de medios procesales igualmente especiales". Véase CANOVA GONZÁLEZ, Antonio "Rasgos generales de los modelos de justicia constitucional en el Derecho Comparado: (3) Europa Actual", en *Revista de Derecho Constitucional* N° 7, 2003, p. 84.

Como vemos, la propia Constitución señala que todos los jueces, incluyendo a todas las Salas del Tribunal Supremo de Justicia, tienen competencias constitucionales, pues están obligados a darle preferencia a ésta en todas las controversias que les corresponda decidir, aparte de otras competencias directas que puedan tener para controlar la constitucionalidad de determinados actos del poder público (p.e. jurisdicción contencioso-administrativa). Además, existen otras leyes especiales, como por ejemplo la *Ley Orgánica de Amparo sobre Derechos y Garantías Constitucionales*, que le asignan competencias constitucionales a determinados tribunales de otras jurisdicciones especiales.

Por su parte, el término *jurisdicción constitucional* suele considerarse como la especie dentro del género, es decir, cuando esa labor de justicia constitucional es realizada por el tribunal o el grupo de tribunales que los ordenamientos jurídicos han encargado para la defensa de la Constitución. Así, por ejemplo, en nuestro país, la jurisdicción constitucional podría decirse que está integrada, principalmente, por la Sala Constitucional del Tribunal Supremo de Justicia, pues la Constitución le asigna directamente competencias especiales, en su artículo 336.

Sin embargo, como vimos, no es la Sala Constitucional la única que conoce de asuntos constitucionales, sino la última en todo caso. A pesar que, por supuesto, sea la única que conoce del control concentrado de la constitucionalidad de leyes y demás actos del mismo rango, conforme a lo dispuesto en el mencionado artículo 336 de la Constitución.

Por ello, podría decirse, entonces, que en Venezuela no tiene sentido distinguir los términos justicia y jurisdicción constitucional, pues todos los tribunales tienen competencias para la defensa de la Constitución, en el ámbito de sus respectivas competencias. La Sala Constitucional sería, pues, el órgano judicial encargado de ejercer únicamente las competencias que la Constitución le asigna en el artículo 336 (y las que ella misma se ha atribuido); y, además, es quien tiene la última palabra en los temas constitucionales, pues a través de distintos mecanismos que expondremos en la presente obra, siempre podrá controlar o revisar las sentencias dictadas por el resto de los tribunales del país.

Por último, el auge que ha tenido la justicia constitucional en el mundo ha llevado a la necesidad de especializar nuevas ramas del derecho, por ello más recientemente se habla del *derecho procesal constitucional*, para referirse al estudio y sistematización de los distintos remedios, procedimientos y normas que regulan los mecanismos judiciales de defensa de la Constitución[30]. La importancia que ha adquirido esta relativamente nueva rama del derecho es primordial, pues tiene un impacto determinante sobre el resto de las ramas del derecho.

VI. LA CONSTITUCIONALIZACIÓN DEL DERECHO. LA ERA DE LOS DERECHOS FUNDAMENTALES

La universalización del control judicial de la Constitución ha traído enormes consecuencias para los sistemas de justicia en general. Hacer una evaluación sobre sus éxitos o fracasos es, sin duda, tarea ardua. Por eso, sólo nos permitiremos referirnos a una de esas consecuencias: la constitucionalización del derecho[31].

A partir de hace algunas décadas, la Constitución dejó de ser una norma programática para convertirse en una serie de disposiciones vivas y vinculantes para las distintas jurisdicciones. Las normas constitucionales son, entonces, enjuiciables y aplicables en cualquier proceso judicial. Y, más aún, en la mayoría de los ordenamientos jurídicos, la revisión de las interpretaciones que hagan los jueces sobre la Constitución es cuestionable ante la jurisdicción constitucional, con miras a garantizar la uniformidad y certeza en estas interpretaciones.

---

30 Escobar Fornos define el derecho procesal constitucional como el "conjunto de normas y principios que tiene por objeto el estudio del proceso constitucional, sus tipos, naturaleza, principios, presupuestos procesales, el objeto del litigio, sus actos procesales, forma de iniciarse, tramitación, prueba, sentencia y recursos, en su caso. Sus normas aparecen en la Constitución, leyes constitucionales, normas ordinarias y últimamente en Códigos Procesales". ESCOBAR FORNOS, Iván, *Introducción al Derecho Procesal Constitucional*, Editorial Porrúa, México, 2005.

31 Sobre este particular puede verse CALDERÓN VILLEGAS, Juan J., *La constitucionalización del derecho privado. La verdadera historia del impacto constitucional en Colombia*. Temis, Bogotá, 2017.

A raíz de ello, en la gran mayoría de los procesos judiciales, sean estos penales, civiles, laborales, contencioso-administrativos, entre otros, se suele debatir sobre la aplicación o no de normas, valores o principios constitucionales. Los litigantes invocan las disposiciones constitucionales como cualquier otra norma de derecho aplicable al caso concreto. Y, lógicamente, los jueces deciden sobre la correcta aplicación de estas normas fundamentales en cada caso concreto.

Esta práctica ha traído como consecuencia la constitucionalización de los debates judiciales y ello ha implicado, entre otras cosas, i) el estudio masificado del derecho constitucional, tanto en sus aspectos adjetivos como sustantivos; ii) la multiplicación de las impugnaciones o recursos de naturaleza constitucional, bien sea a través de acciones de amparo, recursos de revisión constitucional, recursos de interpretación, entre otras acciones judiciales ante la jurisdicción constitucional; iii) la exacerbación de la supremacía de los tribunales, cortes o salas constitucionales de los distintos ordenamientos jurídicos; iv) la judicialización del fracaso de las políticas públicas expresadas en los textos constitucionales; y v) la interferencia, para bien o para mal, de los tribunales, cortes o salas constitucionales en las competencias de otras ramas del poder público, generando en muchos casos conflictos políticos de envergadura.

En pocas palabras, la constitucionalización del derecho implica que en la gran mayoría de los debates jurídicos influye la Constitución e intervienen los tribunales llamados a protegerla, los cuales, por lo general, se encuentran en la cúspide de la pirámide de las organizaciones judiciales de los distintos países. Esto implica que los tribunales, cortes o salas constitucionales terminan teniendo la última palabra en la mayoría de los debates judiciales de los distintos ordenamientos jurídicos, muchas veces para decidir asuntos intrascendentes e invadiendo el ámbito de competencia de otras jurisdicciones. Se ha despegado la justicia constitucional del resto de las jurisdicciones, su supremacía se ha venido marcando considerablemente.

Este fenómeno ha tenido sus aspectos positivos y negativos. En el caso venezolano, al margen de algunos buenos ejemplos de correcciones constitucionales, la Sala Constitucional ha invadido considerablemente el núcleo central de las competencias de otras ramas del poder público, llegando a generar situaciones completamente desconocidas en el ámbito de la justicia constitucional comparada. Su marcada interferencia política ha implicado que sus aciertos se vean claramente opacados por sus decisiones políticas, muchas de ellas de espalda al propio texto fundamental. Esta afirmación será abordada y evidenciada en los distintos capítulos del presente trabajo.

CAPÍTULO II
LA FACULTAD EXTRAORDINARIA DE AVOCAMIENTO

I. CONSIDERACIONES GENERALES

Antes de la entrada en vigencia de la Constitución de 1999, y particularmente, antes de la creación de la Sala Constitucional, no se hubiese pensado en el estudio de la *facultad extraordinaria del avocamiento* como un mecanismo recursivo o impugnativo. Sin embargo, tal y como trataremos de demostrar en el presente capítulo, la jurisprudencia emanada del Tribunal Supremo de Justicia y la propia *Ley Orgánica del Tribunal Supremo de Justicia* (en adelante LOTSJ) han convertido esta facultad excepcional en una herramienta procesal destinada a cuestionar decisiones que se consideran contrarias a derecho, como una especie de apelación *per saltum*.

En especial, la jurisprudencia de la Sala Constitucional ha demostrado que también puede considerarse la facultad extraordinaria de avocamiento, prevista hoy en día en los artículos 25.16, 25.16, 31.1 y 106 al 109 de la LOTSJ, en un mecanismo de protección constitucional, el cual, por cierto, ha resultado bastante efectivo, sobre todo en casos de cierta sensibilidad, y en algunos otros con claros matices políticos.

Anteriormente, al presentarse una solicitud de avocamiento, la Sala Político-Administrativa, quien era la única que podía conocer de estas solicitudes, simplemente decidía si se avocaba a conocer de un asunto o si, por el contrario, consideraba que el mismo debía seguir tramitándose ante el tribunal de instancia correspondiente. Sin embargo, actualmente, la jurisprudencia de nuestro Tribunal Supremo de Justicia ha permitido utilizar esta facultad para corregir en el camino algunas irregularidades, procesales y hasta de fondo, cometidas por el tribunal competente, para luego devolver el asunto al mismo tribunal (o a otro distinto) para que siga conociendo del caso. Ello, a nuestro juicio, convierte a esta figura en un auténtico recurso o medio de impugnación, pues, en definitiva, permite cuestionar un fallo definitivo o interlocutorio, por ante una instancia superior (Sala del Tribunal Supremo de Justicia), con la posibilidad de que se anulen o enmienden determinadas actuaciones o decisiones.

Obviamente, se trata de una facultad -y hasta recurso, a nuestro juicio- de dudosa constitucionalidad, pues en definitiva implica la posibilidad de que cualquiera de las Salas del Tribunal Supremo de Justicia asuma el conocimiento directo de un asunto que se está tramitando ante otro tribunal de inferior jerarquía; o que conozca, inmediatamente, de un asunto que luego pudiera corresponderle en fases procesales posteriores. Es decir, de entrada, la facultad de avocamiento produce cierto desconcierto, pues implica arrebatarle el conocimiento de un caso, al órgano judicial que la ley ha determinado como competente para resolverlo.

Incluso, resulta bastante curioso -pero indicativo a la vez- que en el Diccionario de la Real Academia se define el término *avocar* como aquella facultad de atraer "a sí un juez o tribunal superior, sin que medie apelación, la causa que se está litigando o debía litigarse ante otro inferior". Y luego de esta definición, la Real Academia señala "*Hoy está absolutamente prohibido*", lo que constituye una buena muestra de que esto pareciera más bien una potestad con orígenes autoritarios.

Por otra parte, la facultad de avocamiento hoy en día permite que la Sala Constitucional pueda solicitarle, a petición de parte y aún hasta de oficio, una causa a otra Sala del mismo Tribunal Supremo de Justicia (artículo 25.16 de la LOTSJ), con lo cual se confirma la tesis jurisprudencial que pregona la superioridad jerárquica de la Sala Constitucional sobre el resto de las Salas, lo que no parece haber quedado nada claro en el debate constituyente que dio origen a la actual Constitución.

A pesar de lo controversial de esta facultad de avocamiento, no existen muchos estudios sobre el avocamiento en Venezuela, lo que pareciera bastante necesario, sobre todo si consideramos que se trata de una figura prácticamente desconocida en derecho comparado. En este sentido, entendemos que la primera publicación relacionada con la facultad de avocamiento, fue el meritorio trabajo realizado por Roxana ORIHUELA GONZATTI[32], pero éste se refiere al desarrollo de esta institución antes de la creación de la Sala Constitucional, y como veremos más adelante, ello constituye una sustancial diferencia en el trato que se le ha dado a esa potestad. Más reciente es el trabajo del profesor José PEÑA SOLÍS[33], pero realizado antes de la entrada en vigencia de la LOTSJ. En todo caso, en este magnífico estudio se concluye en que se trata de una facultad inconstitucional, toda vez que permite desconocer el derecho de las personas a ser juzgado por sus jueces naturales, implica una violación del derecho a la defensa, del principio de la doble instancia, del derecho a la igualdad; además de que constituye una forma de desconocer la autonomía e independencia de los jueces.

Pareciera que la única justificación de esta potestad extraordinaria radica en la desconfianza que le tendrían las diversas Salas del Tribunal Supremo (y hasta el propio legislador), a los jueces de instancia; al mismo tiempo que le asigna una extrema deferencia y confianza al Máximo Tribunal del país. En efecto, el uso de esta facultad por alguna Sala del Tribunal Supremo de Justicia estaría justificada por la necesidad de que un asunto o controversia de gran importancia o sensibilidad deba ser decidido, directamente o al menos con una intervención prematura, del Máximo Tribunal del país. Es suma, para los asuntos relevantes, el Tribunal más importante.

---

32 ORIHUELA, Roxana, *El avocamiento de la Corte Suprema de Justicia*, Editorial Jurídica Venezolana, Caracas, 1988.

33 PEÑA SOLIS, José, "El 'avocamiento judicial' como instrumento de abuso de poder en Venezuela, a propósito de la sentencia dictada por la Sala Constitucional del Tribunal Supremo de Justicia el 31 de marzo de 2004", en la obra colectiva *La Guerra de las Salas del TSJ frente al Referéndum Revocatorio*, pp. 59 y ss., Aequitas, Caracas, 2004.

En todo caso, se trata de una herramienta procesal que ha demostrado ser muy útil y efectiva para la resolución de importantes controversias, y sobre todo las constitucionales. De allí, que independientemente de las fuertes objeciones que se tengan frente a esta potestad extraordinaria, es lo cierto que recientemente se ha convertido en una de las fórmulas procesales más utilizadas para cuestionar decisiones de instancia, en cualquier jurisdicción.

Además, esta facultad de avocamiento es una buena muestra del enorme poder que se ha puesto en manos del Tribunal Supremo de Justicia, y en particular de la Sala Constitucional, pues permite que estos órganos judiciales puedan conocer de cualquier controversia que se encuentra en cualquier tribunal de inferior jerarquía, incluso de oficio o sin que nadie lo requiera. En el caso de la Sala Constitucional le permite asumir juicios tramitados ante otras Salas y así convertirse en una especie de tribunal omnipotente. Por ello es que para muchos se trata de un instrumento que implica no sólo la posibilidad de afectar la autonomía e independencia de los jueces, sino que trastoca los cimientos mismos de un Estado de derecho, esto es, el principio de separación de poderes.

II. BREVE RESEÑA HISTÓRICA

La figura del avocamiento surgió, sorpresivamente, por vía legislativa. Sin embargo, debido a la escasa regulación legal, fue la jurisprudencia la que vino a desarrollar las condiciones y requisitos de admisibilidad y procedencia de esta potestad extraordinaria.

En este sentido, en materia de avocamiento podemos identificar tres momentos históricos importantes: i) su surgimiento y primeros pasos bajo la vigencia de la *Ley Orgánica de la Corte Suprema de Justicia;* ii) su desarrollo y utilización exponenciada, luego de la decisión dictada por la Sala Constitucional, en el caso *Sintracemento;* y iii) su actual configuración con la vigente LOTSJ. Veamos por separado cada una de estas etapas.

1. *El avocamiento bajo la vigencia de la Ley Orgánica de la Corte Suprema de Justicia*

La facultad extraordinaria del avocamiento apareció por primera vez en nuestro ordenamiento jurídico en el artículo 42.29 de la derogada *Ley Orgánica de la Corte Suprema de Justicia*, el cual señalaba textualmente lo siguiente: "Es de la competencia de la Corte como más alto Tribunal de la República: (*Omissis*) 29.- Solicitar algún expediente que curse ante otro Tribunal, y avocarse al conocimiento del asunto, cuando lo juzgue pertinente".

Y el artículo 43 de la misma *Ley Orgánica de la Corte Suprema de Justicia* señalaba que esa facultad le quedaba asignada, única y exclusivamente, a la Sala Político-Administrativa de la Corte Suprema de Justicia.

Tal y como lo explica PEÑA SOLÍS[34], no existió ninguna referencia o motivación especial en la Exposición de Motivos de esa Ley, así como tampoco se realizó ninguna discusión parlamentaria sobre la polémica potestad que se le estaba asignando a la Sala Político-Administrativa de la Corte Suprema de Justicia. De modo que el surgimiento de esta figura fue, por decir algo, inesperado, injustificado e inmotivado.

Resulta realmente curioso observar como una potestad tan controversial se le asignó sólo a la Sala Político-Administrativa, y sobre todo, en una forma bastante amplia y discrecional, pues la única condición legal para su procedencia era que esa Sala lo considerase "pertinente". Simplemente el legislador le otorgó un cheque en blanco a la Sala Político-Administrativa, para que ésta decidiese, bajo su sano criterio, cuando debía asumir directamente el conocimiento de algún asunto que se encontrase ante otro Tribunal.

De la norma transcrita ni siquiera pareciera sugerirse que la Sala Político-Administrativa debía motivar detalladamente

---

34 PEÑA SOLIS, José, *op. cit.* pp. 59 y ss.

las razones de su decisión, pues al no existir requisitos o condiciones legales, esa Sala quedaba habilitada para su uso, sin ningún tipo de restricciones.

Sin embargo, como se puede apreciar en el trabajo de ORIHUELA[35], pudiéramos afirmar que la Sala Político-Administrativa de la antigua Corte Suprema de Justicia fue extremadamente prudente en el uso de esta facultad otorgada legalmente sin ningún tipo de límites o condiciones. Su jurisprudencia fue bastante restrictiva, al punto que su utilización era realmente excepcional.

Así, la Sala Político-Administrativa de la Corte Suprema de Justicia ratificó, en más de una oportunidad, que la facultad prevista en el artículo 42.29 era:

> (...) una norma atributiva de competencia y por su naturaleza discrecional y excepcional que debe ser y ha sido hasta ahora, administrada con criterios de prudencia, tomando en consideración fundamentalmente la necesidad de evitar flagrantes injusticias o una denegación de justicia, o la presencia de aspectos que rebasan el interés privado que involucran y afectan de manera directa el interés público, manteniendo como una constante en su aplicación los principios rectores que atañen al orden natural de competencia, en razón de la materia que sea objeto de la solicitud de avocamiento[36].

Como puede verse, el carácter excepcional de la figura del avocamiento fue dado por vía jurisprudencial, pues al margen del amplio margen de discrecionalidad otorgado por el artículo 42.29 de la *Ley Orgánica de la Corte Suprema de Justicia*, la Sala Político-Administrativa, reconociendo el peligro en el abuso de esta figura, fue creando y autoimponiéndose requisitos y condiciones para la utilización de esta potestad.

---

35 ORIHUELA, Roxana, *op. cit.*

36 Sentencia de fecha 1° de febrero de 1989, caso: *Luz M. Serna Rugeles*.

Ello, obviamente, sin descartar las excepciones de rigor, pues sin duda, una revisión completa de la jurisprudencia de la Sala Político-Administrativa de la antigua Corte Suprema de Justicia mostraría varios casos donde, probablemente, se utilizaron motivos distintos a los expuestos en el precedente antes citado. Así, y por tan sólo mencionar un ejemplo, la Sala Político-Administrativa, en sentencia de fecha 11 de noviembre de 1999, requirió, en uso de esta facultad, todos los expedientes que cursaban ante *tribunales civiles* en el conocido caso de la *Sucesión Capriles*, lo que evidentemente se trataba de un asunto que involucraba, exclusivamente, los intereses económicos de dos familias.

Lo cierto del caso es, que aparte de las típicas excepciones, la jurisprudencia de la Sala Político-Administrativa de la antigua Corte Suprema de Justicia rechazaba solicitudes de avocamiento que no estuviesen relacionadas con asuntos realmente trascendentes que pudieran comprometer el orden público. Y estos rechazos los hacía a pesar de que no tenía ninguna prohibición legal, pues la norma que le atribuía competencia le daba un amplio margen de discrecionalidad.

Igualmente, la Sala Político-Administrativa rechazaba las solicitudes de asuntos que no tuviesen relación con su propia competencia; así como, obviamente, cualquier solicitud de avocamiento de causas llevadas por otras Salas de la misma Corte Suprema de Justicia.

2. *La sentencia Sintracemento dictada por la Sala Constitucional*

Con la entrada en vigencia de la Constitución de 1999 la Sala Constitucional pasó a ser, a lo menos, una Sala preferida o más importante que el resto de las Salas del Tribunal Supremo de Justicia, razón por la cual, entre otras cosas, se le asignó un número mayor de magistrados. Pues bien, aprovechando esa especie de "superioridad", la Sala Constitucional fue adquiriendo (o autoatribuyéndose) algunas competencias que antiguamente tenían asignadas otras Salas del Máximo Tribunal, incluso, algunas en manos de la Sala Plena.

Una de esas competencias autoatribuidas fue, precisamente, la facultad de avocamiento, lo que se hizo a raíz de una curiosa decisión, donde la Sala Constitucional, en uso del control difuso de la constitucionalidad de las normas jurídicas, desaplicó el artículo 42.29 de la entonces vigente *Ley Orgánica de la Corte Suprema de Justicia*.

Sin embargo, lo curioso es que esa desaplicación, vía control difuso de inconstitucionalidad, no se hizo para rechazar la aplicación de la facultad de avocamiento, sino para interpretar que luego de la entrada en vigencia de la Constitución de 1999, ahora todas las Salas del Tribunal Supremo de Justicia podían avocarse a asuntos tramitados ante tribunales de inferior jerarquía, siempre y cuando la materia del asunto tuviese afinidad con las competencias de cada una de las Salas.

Es decir, la Sala Constitucional más que desaplicar el artículo 42.29 de la *Ley Orgánica de la Corte Suprema de Justicia*, lo que hizo en realidad fue redefinirla, modificarla y ampliarla, para otorgarle esa facultad a las Salas restantes del ahora Tribunal Supremo de Justicia. Un claro ejemplo de lo que se ha llamado "jurisdicción" normativa, o mejor dicho, una clara usurpación de los poderes legislativos.

Esta doctrina jurisprudencial se expuso en el caso *Sintracemento*, del 24 de abril de 2002, donde textualmente la Sala Constitucional señaló:

> Previo al examen de la solicitud planteada, es necesario dilucidar la competencia de la Sala para conocer de la misma.
>
> 1.- En este sentido, la Sala advierte que la potestad de avocamiento a nivel del máximo tribunal de la República, esto es, aquella conforme a la cual éste atrae para sí el conocimiento y decisión de un juicio que cursa ante otro tribunal de inferior jerarquía fue atribuida por la Ley Orgánica de la Corte Suprema de Justicia (artículo 42.29. en concordancia con el 43) exclusivamente a la Sala Político Administrativa.
>
> El artículo 42.29. referido establece:

"Es de la competencia de la Corte como más alto Tribunal de la República:

(...)

29. Solicitar algún expediente que curse ante otro tribunal, y avocarse al conocimiento del asunto, cuando lo juzgue pertinente;".

El artículo 43 *eiusdem* expresa a su vez:

"La Corte conocerá en Pleno de los asuntos a que se refiere el artículo anterior en sus ordinales 1° al 8°. En Sala de Casación Civil, hasta tanto el Congreso decida la creación de nuevas Salas, de los enumerados en los ordinales 33, 20 y 21, si estos últimos correspondieren a la jurisdicción civil, mercantil, del trabajo o de alguna otra especial; de igual manera conocerá de los asuntos a que se refiere el ordinal 34. En Sala de Casación Penal, de los señalados en los ordinales 30 al 32 y en los ordinales 20, 21 y 34, cuando estos últimos correspondan a la jurisdicción penal. En Sala Político-Administrativa, de los mencionados en los restantes ordinales del mismo artículo y de cualquier otro que sea de la competencia de la Corte, si no está atribuido a alguna de las otras Salas" (Subrayado de la Sala).

Esta Sala Constitucional, no obstante, la claridad y laconismo con que fue redactado el precepto, objeta el monopolio que se desprende de la lectura conjunta de ambos artículos, en lo que respecta a que el trámite de las solicitudes de avocamiento sea una facultad exclusiva y excluyente de Sala Político Administrativa. Es decir, y sobre ello ahondará seguidamente, esta Sala es del parecer que tal potestad es inconsistente desde el punto de vista constitucional, y que la misma corresponde, en un sentido contrario a como lo trata dicho dispositivo, a todas las Salas del Tribunal Supremo de Justicia, según que el juicio curse en un tribunal de instancia de inferior jerarquía a la Sala que en definitiva decida examinar la petición (aquí el vocablo *inferior* se entiende en sentido amplio, ya que algunas de estas Salas no son propiamente *alzada* de dichos tribunales; tal sucede con las de casación).

a) Esta postura resulta de lo dispuesto por el artículo 262 de la Constitución de 1999, conforme al cual el Tribunal Supremo de Justicia funcionará en Sala Plena y en las Salas Constitucional, Político Administrativa, Electoral, de Casación Civil, de Casación Penal y de Casación Social, lo cual confirma una tradición respecto a los criterios atributivos de competencia a nivel del máximo tribunal del país. El primer criterio podría denominarse como *de competencia:* a su respecto las tareas son asignadas según la naturaleza del conflicto planteado. Así, cada Sala ejerce su función de juzgar en relación a una determinada materia, es decir, a un determinado complejo de relaciones, situaciones y estados jurídicos que presentan un denominador común. El segundo criterio se resuelve en la asignación de competencias excepcionales a alguna(s) Sala(s), en razón de circunstancias que atañen a la relevancia político-social del asunto de que se trate.

Dicha norma constitucional, tanto por su posición en la pirámide normativa (rango constitucional) cuanto por el criterio sustancial y excepcional que trasluce, tiene una incidencia en el orden jurídico normativo que puede observarse a la luz de los siguientes aspectos: i) jerárquico, lo que hace que prevalezca sobre las normas de menor rango, es decir, sobre las disposiciones que le desarrollen, pero que en todo caso no lo agotan, tales como las contenidas en los artículos 42 y 43 de la Ley Orgánica de la Corte Suprema de Justicia; ii) lógico-deductivo, según el cual tiene aptitud para que a su respecto se deriven otras normas, tanto de origen legislativo como judicial; iii) teleológico, en cuanto fija los fines de las normas que lo instrumentan; y, por último, iv) axiológico, en tanto guarda relación con una serie de valores que la ética pública estima relevantes, como aquel en que se resuelve la garantía procesal de ser juzgado por un juez predeterminado por el ordenamiento jurídico.

De allí que a las normas de rango legal no les sea dado innovar en lo que tiene de esencial el aludido artículo 262, es decir, en lo relativo a los aludidos criterios sustancial y de conveniencia, en ese orden. Ello justifica, lógicamente, que las facultades excepcionales (en cuanto atribuidas con carácter exclusivo a alguna de las Salas, con fundamento en criterios de conveniencia), estén (y deban estar) expresamente señaladas en la Constitución; así, la facultad del Tribunal Supremo de Justicia en Sala Plena de declarar si hay mérito o no para el enjuiciamiento del Presidente de la República o de quien haga sus veces y, en caso afirmativo, continuar conociendo previa autorización del órgano legislativo nacional, señalada en el artículo 266.2. de la Constitución vigente (asunto que *prima facie* podría corresponder a la Sala Constitucional o a la Sala de Casación Penal), atribuida, por razones también de conveniencia, en Italia, al Tribunal Constitucional -art. 134 Constitución-; en Alemania, al Tribunal Constitucional Federal -art. 61 Ley Fundamental-; en Francia, al Tribunal Supremo de Justicia (aun cuando existe un Consejo Constitucional) -art. 68 Ley Constitucional- y en la Federación Rusa atribuido conjunta y parcialmente al Tribunal Supremo y al Tribunal Constitucional -art. 93.1 Constitución-, por dar algunos ejemplos con los que se intenta demostrar la inoperancia del criterio sustancial en estos casos y la consagración a nivel constitucional de las excepciones, en tanto derogan dicho criterio.

Llegado este punto, siendo, pues, que la facultad de avocamiento conferida a la Sala Político Administrativa por el artículo 43 de la Ley Orgánica de la Corte Suprema de Justicia no está prevista en la Constitución, ni se deduce de ella, ni la justifica su texto, y que, por el contrario, conspira contra el principio de competencia que informa la labor que desempeñan las Salas del máximo tribunal de la República (art. 232), esta Sala concluye en que dicho precepto resulta inconstitucional.

(Omissis)

4.- Por todo lo expuesto, la Sala estima:

Que la norma contenida en el artículo 43 de la Ley Orgánica de la Corte Suprema de Justicia que reserva de modo exclusivo y excluyente a la Sala Político Administrativa la facultad de avocamiento contenida en el artículo 42.29. de la misma ley, es incompatible con el principio de distribución de competencias por la materia a nivel del máximo tribunal de la República, sin que la propia Constitución lo autorice ni establezca una excepción al mismo en tal sentido,

Que el artículo 336.1. de la Constitución le otorga la facultad de anular total o parcialmente las leyes nacionales que colidan con la Constitución;

Que, no obstante tratarse de un asunto prejudicial respecto al fondo de la solicitud planteada, tiene la potestad de anular dicha norma con efectos pro futuro y *erga omnes;*

> Que dicha norma resulta inconstitucional y, por lo tanto, nula desde la publicación del presente fallo en la Gaceta Oficial de la República Bolivariana de Venezuela;
>
> Y, finalmente, que es competente para conocer la solicitud de avocamiento en el caso de autos. Así se declara.

Por tanto, a raíz de esta decisión, la facultad de avocamiento, prevista originalmente sólo a favor de la Sala Político-Administrativa, conforme al artículo 42.29 de la *Ley Orgánica de la Corte Suprema de Justicia,* se extendió ahora a todas las otras Salas del Tribunal Supremo de Justicia.

Conforme a esta decisión, las solicitudes de avocamiento debían (y como veremos luego, deben) presentarse por ante la Sala del Tribunal Supremo de Justicia que tenga competencia afín con la naturaleza del asunto que se esté debatiendo (*criterio de la afinidad*). De allí, que a partir de la decisión recaída en el caso *Sintracemento,* todas las Salas del Tribunal Supremo de Justicia quedaron habilitadas para conocer de solicitudes de avocamiento, relacionadas con asuntos tramitados ante los tribunales de instancias.

Como es lógico, a partir de esta decisión el número de solicitudes de avocamientos aumentó considerablemente, pues desde entonces todas las Salas son competentes para conocer de éstas; y cada una de ellas ha venido configurando sus propios criterios de admisibilidad y procedencia.

3. *El avocamiento a raíz de la entrada en vigencia de la LOTSJ de 2004 y su regulación actual en la LOTSJ vigente*

La polémica *Ley Orgánica del Tribunal Supremo de Justicia* de 2004 ha sido uno de los peores ejemplos legislativos de nuestra historia. Se trata de una ley realizada a la carrera, con la clara intención de cooptar políticamente el Máximo Tribunal, mediante el cambio de la relación de fuerzas de algunas Salas del Tribunal Supremo de Justicia y de reducir -por no decir eliminar- la autonomía e independencia del Poder Judicial. Ello es, en definitiva, lo que justificó su precaria técnica legislativa, así como muchas de sus controversiales disposiciones.

Es claro que la oportunidad de dictar esa LOTSJ de 2004 se aprovechó[37] para establecer algunas directrices, de dudosa constitucionalidad, que fueron recogidas sobre la marcha, es decir, respondiendo a determinados acontecimientos políticos del momento.

En particular, en la materia relacionada con la facultad de avocamiento se realizó un cambio sustancial en la parte referida a quién debía decidir las solicitudes de avocamiento. La opción asumida por el Proyecto fue dejada a un lado, debido a un caso concreto, de altísimo contenido político, al cual nos referiremos más adelante.

En efecto, el Proyecto inicial de la LOTSJ establecía en su artículo 105 lo siguiente:

> Artículo 105. Sentencia. La sentencia sobre el avocamiento la dictará el Tribunal Supremo de Justicia, en Sala Plena, a solicitud de la Sala que haya iniciado el trámite correspondiente. En ella, podrá decretar la nulidad y subsiguiente reposición del juicio al estado que estime pertinente, o decretar la nulidad de alguno o algunos actos del proceso; u ordenar la remisión del expediente para la continuación del proceso en otro Tribunal competente por la materia, así como adoptar cualquier medida legal que considere idónea para restablecer el orden jurídico infringido.

Como vemos, la idea era que la decisión sobre la procedencia o no de las solicitudes de avocamiento fuera tomada por la Sala Plena del Tribunal Supremo de Justicia, con la idea de matizar el riesgo de que el uso ligero de esta excepcional herramienta procesal pudiera desnaturalizar su propia finalidad.

---

[37] Conviene resaltar que el *Proyecto de Ley Orgánica del Tribunal Supremo de Justicia* de 2004 salió de las propias manos del gobierno nacional; a diferencia de lo que había venido sucediendo con las leyes anteriores del Máximo Tribunal, cuyos Proyectos habían sido preparados por el mismo Máximo Tribunal. Quizás por ello se trate, sin ningún temor a equivocarnos, de una de las leyes más políticas de nuestro ordenamiento jurídico.

Igualmente, la LOTSJ de 2004 aprovechó para terminar de consolidar la tesis de la superioridad de la Sala Constitucional frente al resto de las Salas. Así, con la experiencia de las decisiones relacionadas con la impugnación de la convocatoria a un referéndum revocatorio presidencial, la Ley permitió la posibilidad de que la Sala Constitucional pudiera avocarse, de oficio o a solicitud de parte, al conocimiento de casos llevados por otras Salas del mismo Tribunal (artículo 5.4). Esta posición se repite en la LOTSJ vigente (25.16).

Antes del polémico caso relacionado con el referéndum revocatorio presidencial, la Sala Constitucional había establecido, de manera constante y uniforme, que no podía avocarse a asuntos tramitados ante otra Sala del mismo Tribunal Supremo de Justicia, al tratarse de tribunales de la misma jerarquía. Incluso, en un caso previo muy parecido, relacionado con una solicitud de referéndum consultivo y tramitado también por la Sala Electoral, se le solicitó a la Sala Constitucional que se avocara al conocimiento del asunto, lo que fue rechazado categóricamente por esta última.

Así, en un primer momento, y ante una solicitud de avocamiento frente a una decisión de la Sala Electoral que beneficiaba al Presidente de la República, la Sala Constitucional, en sentencia de fecha 4 de abril de 2003, caso: *María Soledad Sarría*, sostuvo lo siguiente:

> Esta Sala, con base en los antes señalado, dado que en la presente solicitud se le solicita avocarse al conocimiento de dos causas que cursan ante la Sala Electoral de este mismo Tribunal Supremo de Justicia, y dado que dichas Salas cuentan con igual rango, siendo ambas, en su orden, las cúspides de la jurisdicción constitucional y electoral, declara que la presente solicitud de avocamiento es inaccedible en derecho, y así se declara.
>
> Respecto de la igualdad jerárquica de las Salas del Tribunal Supremo de Justicia, esta Sala, en su sentencia n.° 37 del 25 de enero de 2001 (caso: *Israel Fernández Amaya y otros*), se pronunció de la manera siguiente:

"La Sala estima, en definitiva, que el ejercicio de la jurisdicción constitucional, conforme lo prevé el artículo 266.1 y el Título VIII sobre la Protección de la Constitución de la República Bolivariana de Venezuela, no implica superioridad jerárquica de la Sala Constitucional, sino potestad para garantizar la supremacía Constitucional, conforme al Estado de derecho y de justicia, proclamado por la Constitución de la República Bolivariana de Venezuela. La doctrina constitucional clásica ha asignado al Máximo Tribunal la atribución de dirimir los conflictos dentro de los poderes públicos ex auctoritate, pese al principio de la división del poder y la propiedad de las potestades que corresponden a cada rama del Poder Público".

En conclusión, sobre la base de la anterior motivación, esta Sala Constitucional del Tribunal Supremo de Justicia declara que no ha lugar a la solicitud de avocamiento planteada por los abogados María Soledad Sarría Pietri y José Pedro Barnola, respecto de *"los recursos contencioso electorales con solicitudes de medidas cautelares, interpuestos, respectivamente, uno por DESIRE SANTOS AMARAL, RAMÓN DARÍO VIVAS VELASCO y JOSÉ SALAMAT KHAN (...) y otro por RICARDO GUTIÉRREZ e ISMAEL GARCÍA (...) contra la Resolución n° 021203-457, emanada del Consejo Nacional Electoral de fecha 3-12-2002 (...) por la cual se acordó la incorporación del ciudadano Leonardo Pizani como miembro suplente de ese organismo (...) y, en consecuencia, también, conozca de las excepciones de incompetencia planteadas por nosotros y otras personas ante la Sala Electoral de este Supremo Tribunal, el (...) 21 de enero de 2003, en los expedientes núms. 2003-000001 y 2003-000002, contentivo de dichos recursos (sic)"*. Así se decide.

Mientras que, en claro contraste con esta posición, en el fallo del 12 de abril de 2004, caso: *Ismael García*, la Sala Constitucional, sin ningún tipo de motivación suficiente y sin al menos anunciar y justificar que estaba abandonando criterios anteriores, se avocó al conocimiento de un caso donde se había dictado una decisión que, ahora, perjudicaba los intereses del mismo Presidente de la República.

En esta oportunidad, la Sala Constitucional dispuso que:

De esta manera, no existen límites para que la Sala Constitucional como máxima intérprete de las normas y principios constitucionales y en aras de velar por su correcta aplicación (artículo 335 de la Constitución) pueda avocarse -de juzgarlo pertinente- al conocimiento de un asunto cursante en un expediente de otra Sala de este Alto Tribunal, toda vez que como se ha sostenido en el fallo n.° 37 del 25 de enero de 2001 (caso: *Israel Fernández Amaya y otros*), lo resaltante es que: "*...el ejercicio de la jurisdicción constitucional, conforme lo prevé el artículo 266.1 y el Título VIII sobre la Protección de la Constitución de la República Bolivariana de Venezuela, no implica superioridad jerárquica de la Sala Constitucional, sino potestad para garantizar la supremacía Constitucional, conforme al Estado de derecho y de justicia, proclamado por la Constitución de la República Bolivariana de Venezuela*". Por lo que, constatada una situación que contraríe los postulados constitucionales, la Sala Constitucional debe avocarse, sin importar que se trate de una Sala de este Supremo Tribunal quien conoce la causa, siempre que haya necesidad de garantizar la supremacía de la Constitución. Esto no significa que una Sala sea superior a la otra, ni que el avocamiento necesariamente funcione de superior a inferior.

La posibilidad de que una Sala de este Supremo Tribunal se avoque al conocimiento de causas que cursan en otra de sus Salas, fue resuelta por la Sala Político-Administrativa de este Alto Tribunal, con ocasión de una solicitud de avocamiento formulada por las abogadas Alicia González Quintero, Farra Antor Taja, Aurilivi Linares Martínez, Lennia Suárez Balza y Mercedes Gómez Castro, actuando como representantes de la República de Venezuela, en causas relacionadas con la sucesión *ab intestato* del ciudadano Miguel Ángel Capriles Ayala, requirió un expediente a la Sala de Casación Civil, para el examen de la procedencia o no del avocamiento que le fue pedido (*v.* sentencia de la Sala Político-Administrativa del 11 de noviembre de 1999, en el expediente 16.289).

A parte de la clara justificación política que parece estar detrás de estos fallos, es importante resaltar que, en esta última sentencia, la Sala Constitucional trató de justificar su potestad de avocamiento frente a otras Salas del Tribunal Supremo de Justicia en un fallo preconstitucional, donde además no se había producido ningún avocamiento frente a otra Sala, por lo que no es sincera la invocación de ese precedente. Esta imprecisión la llegó a calificar el magistrado RONDÓN HAAZ, en el voto salvado del fallo del 23 de abril de 2004, como una falta de ética de los magistrados que suscribieron el fallo del 12 de abril de 2004, pues mal puede invocarse como precedente un supuesto a todas luces distinto, más aún cuando se trata de la Sala Constitucional[38].

Pues bien, lo cierto del caso es que con esta decisión la Sala Constitucional abrió la posibilidad de avocarse al conocimiento de asuntos tramitados por ante otras Salas del Tribunal Supremo de Justicia, lo que actualmente se encuentra consagrado en el artículo 25.16 de la LOTSJ vigente, en los siguientes términos: "Son competencias de la Sala Constitucional del Tribunal Supremo de Justicia: (*Omissis*) 16. Avocar las causas en las que se presuma violación al orden público constitucional, tanto de las otras Salas como de los demás tribunales de la República, siempre que no haya recaído sentencia definitivamente firme".

Y más adelante, en el artículo 31 *eiusdem*, se desarrolla esta facultad de avocamiento que se le confiere a todas las Salas del Tribunal Supremo, lo que quedó redactado en los siguientes términos: "Son competencias comunes de cada Sala del Tribunal Supremo de Justicia: (*Omissis*) 31. Solicitar de oficio, o a petición de parte, algún expediente que curse ante otro tribunal y avocarlo en los casos que dispone esta Ley".

Y como veremos *infra*, la LOTSJ vigente desarrolla ampliamente la figura del avocamiento, en los artículos 106 al 109. En suma, con la entrada en vigencia de la LOTSJ de 2004 y con la LOTSJ vigente se adoptó la posición jurisprudencial asumida por la Sala Constitucional, en el fallo *Sintracemento*, en el sentido de que todas las Salas del Tribunal Supremo de Justicia están facultadas para avocarse al conocimiento de asuntos que le sean afines a la naturaleza de los temas que tienen asignados.

---

38 Consideramos que este voto salvado del magistrado Rondón Haaz es realmente una pieza histórica, pues con mucha valentía pone al descubierto las graves irregularidades cometidas por la mayoría de la Sala Constitucional. En todo caso, para un análisis jurídico completo de las decisiones relacionadas con la polémica del referéndum revocatorio presidencial, puede verse la obra colectiva *La guerra de las Salas del TSJ ante el referéndum revocatorio*, Editorial Aequitas, Caracas, 2004.

Por otra parte, esta Ley asume también el criterio jurisprudencial expuesto en la sentencia *Ismael García*, en el sentido de que faculta a la Sala Constitucional a avocarse a asuntos que estén en conocimiento de cualquier otra Sala del Tribunal Supremo de Justicia.

III. LOS SUJETOS QUE INTERVIENEN EN LAS SOLICITUDES DE AVOCAMIENTO

Corresponde ahora referirnos a los sujetos procesales que pueden intervenir en una solicitud de avocamiento, pues a pesar de que pareciera obvio que la legitimación para intervenir en estas solicitudes la tienen las propias partes involucrados en la controversia judicial pendiente, existen algunas consideraciones que requieren ser precisadas con cierta profundidad.

1. *Legitimación activa y la posibilidad de ejercer esta facultad "de oficio"*

La legitimación para presentar una solicitud de avocamiento la tiene, en principio, cualquiera de las partes involucradas en una controversia judicial. Es decir, tanto el demandante como el demandado, tanto el recurrente como el órgano recurrido; así como cualquier tercero particular o institucional que forme parte del litigio que da origen a un avocamiento.

Como veremos más adelante, el procedimiento del avocamiento se inicia con una solicitud presentada por cualquiera de las partes involucradas en un litigio, dirigida a la Sala del Tribunal Supremo de Justicia afín con la naturaleza del asunto debatido. Pues bien, esa solicitud que da inicio a la posibilidad de que una Sala se avoque al conocimiento de un caso, es lógico que sea presentada por alguna de las partes del litigio que se siente afectada por la forma como éste se está llevando a cabo, o por considerar que se requiere la intervención inmediata del Tribunal Supremo de Justicia, en virtud de la relevancia o consecuencias que pudieran derivarse de ese proceso.

Por tanto, en principio, son las partes de un juicio las que pueden solicitar un avocamiento. Ahora bien, habría que preguntarse si ¿podrá un sujeto extraño a un juicio solicitar que alguna de las Salas del Tribunal Supremo se avoque al conocimiento del mismo?

Una respuesta negativa pareciera la más lógica, pues mal podría ejercer un recurso alguien que no siente afectado directamente sus intereses particulares. Las llamadas *acciones populares* son muy excepcionales, pues abrir en extremo la legitimación para resolver cualquier asunto, podría generar inconvenientes a los principales actores, quienes suelen ser los más afectados. Así, por ejemplo, podría ser que tanto el demandante como el demandado estén conformes en la forma como se está llevando un determinado juicio, y luciría claramente injusto que un tercero ajeno a esa controversia pueda pretender trasladar ese proceso al Tribunal Supremo de Justicia.

Ahora bien, es el caso que los artículos 26, 27, 31 y 106 de la LOTSJ vigente prevén la posibilidad de que la Sala respectiva se avoque a un asunto de *oficio*, es decir, sin que nadie se lo pida expresamente. Y es el caso que, si cualquier Sala del Tribunal Supremo puede avocarse de oficio, ello permitiría que cualquier persona pueda poner en conocimiento de alguna Sala, la existencia de alguna irregularidad jurídica.

Es decir, si las Salas pueden avocarse de oficio al conocimiento de un litigio pendiente en otro tribunal, es claro que cualquier persona podría "denunciar" o presentar una "queja" ante la Sala respectiva, a los fines de que ésta ejerza sus poderes de oficio. Sin lugar a dudas que al abrirse la posibilidad de que las Salas actúen de oficio se abre también el abanico de la legitimación.

Precisamente por ello las facultades de oficio en manos del Poder Judicial son bastante excepcionales, al menos en Derecho Comparado. Es claro que al permitírsele a una Sala del Tribunal Supremo de Justicia pasar por encima de la voluntad de las partes involucradas en un litigio se está penetrando en un campo bastante riesgoso para el principio de separación de poderes, pues los tribunales estarían dejando de ser meros órganos encargados de resolver controversias, para transformarse en actores protagonistas de las políticas públicas o problemas de una determinada sociedad.

Por lo general los jueces están para *resolver casos y controversias*, no para generarlas o prolongarlas. Las otras ramas del poder público disponen de otra serie de funciones que, en conjunto, se equilibran. Además, también el principio de economía procesal pareciera aconsejar dejar que los tribunales atiendan los asuntos que le son requeridos y no los que ellos mismos consideren necesarios. Por último, otro de los argumentos tradicionales que aconsejan limitar la función judicial a los requerimientos de las partes, es la necesidad de que exista un contradictorio. Si los jueces inician los litigios o incidencias y ellos mismos las resuelven, entonces se pierde gran parte de las bondades de un proceso judicial, esto es, la adversidad y contención.

En todo caso, nuestro legislador habilitó a las Salas del Tribunal Supremo de Justicia para asumir, de oficio, casos pendientes en otros tribunales. Ello implica, a nuestro juicio, una lógica amplitud de la legitimación activa, pues cualquier persona podría solicitarle a una Sala del Tribunal Supremo que ejerza sus poderes de oficio y se avoque a un determinado juicio.

Esa pareciera ser la posición, aunque implícita, asumida por la Sala Constitucional, en el polémico caso a que hemos hecho referencia anteriormente, relacionado con la solicitud de un referéndum revocatorio del Presidente de la República, en el año 2004.

En efecto, la solicitud de avocamiento que originó la sentencia del 12 de abril de 2004, caso: *Ismael García*, fue presentado por este ciudadano, un Diputado de la Asamblea Nacional, quien decía representar al llamado *Comando Ayacucho*, esto es una organización de hecho, creada por el Presidente de la República, destinada a llevar adelante su campaña electoral en ese referéndum revocatorio.

El *Comando Ayacucho* no tenía personalidad jurídica alguna, al no ser ningún partido político, asociación o fundación civil o de cualquier otra naturaleza. Y más aún, el Diputado Ismael García no acreditó su condición de legítimo representante de la misma. Pero lo que nos interesa resaltar aquí es que el llamado *Comando Ayacucho* no era parte del juicio cuyo avocamiento fue solicitado. En efecto, se trataba de un recurso de nulidad ejercido por unos partidos políticos, ante la Sala Electoral, contra un acto del Consejo Nacional Electoral que implicaba la necesidad de convocar a un referéndum revocatorio del Presidente de la República. A penas se dictó una medida cautelar en ese proceso, y sin que la misma se hubiese notificado, el *Comando Ayacucho* presentó la solicitud de avocamiento que terminó requiriéndole a la Sala Electoral el envío del expediente respectivo.

Vemos entonces como la Sala Constitucional admitió la legitimación del llamado *Comando Ayacucho* y de la persona que ejerció su representación, sin que éste haya sido parte del juicio cuyo avocamiento se solicitaba. Obviamente se trató de un caso con altísimo contenido político, donde lamentablemente el derecho parece haber jugado un papel colateral, pero que en todo caso puede servir de precedente para justificar una legitimación abierta o popular frente a solicitudes de avocamiento.

De igual forma, la Sala de Casación Civil llegó a admitir y declarar procedente una solicitud de avocamiento que había sido realizada por la Asamblea Nacional, no a través de una solicitud judicial sino mediante un Acuerdo legislativo donde exhortaba "al Tribunal Supremo de Justicia a que proceda al avocamiento en Sala de Casación Social de todas las causas de reclamo de trabajadores de la empresa Coca-Cola Femsa de Venezuela, S.A. pendientes y en curso por ante los distintos tribunales de la República Bolivariana de Venezuela en todo el territorio nacional".

Frente a esa solicitud, la Sala de Casación Civil, en sentencia de fecha 14 de marzo de 2007, señaló lo siguiente:

> Así mismo cuando se señala que procede el avocamiento, siempre que sea necesario restablecer el orden de algún proceso judicial que lo amerite en razón de su trascendencia o importancia, se debe entender, en primer lugar, que es posible el avocamiento si estamos en presencia de irregularidades o trastornos procesales graves; y, en segundo lugar, que el caso sea realmente trascendente e importante, pues no basta que exista un trastorno procesal grave sino que es necesario que el asunto revista particular relevancia, lo que sólo se da en forma excepcional cuando el alcance de los efectos jurídicos de las de-

cisiones que deban ser dictadas, influyen sobre un considerable número de personas o afectan lo más altos intereses tutelados por el ordenamiento jurídico.

En el caso concreto, expone el Acuerdo de la Asamblea Nacional que de conformidad con lo establecido en los artículos 87, 88, 89 y 92 de la Constitución de la República Bolivariana de Venezuela el conflicto de los ex trabajadores de la empresa transnacional Coca-Cola FEMSA de Venezuela, S.A. fue declarado un asunto de interés social, lo cual considera la Sala que justifica el avocamiento por tratarse de un asunto que rebasa el interés particular de las partes, razón por la cual cumple con el tercer supuesto anteriormente explicado.

Por los motivos anteriormente indicados, al cumplirse los requisitos necesarios, considera la Sala que es procedente la solicitud de avocamiento de todas las causas de reclamo de trabajadores de la empresa Coca-Cola Femsa de Venezuela, S.A. pendientes y en curso por ante los distintos tribunales de la República Bolivariana de Venezuela en todo el territorio nacional que a la fecha de la solicitud (1° de noviembre de 2006) no tengan sentencia definitivamente firme.

Como puede apreciarse, esta decisión amplió considerablemente la legitimación en materia de avocamientos, pues resulta obvio que la Asamblea Nacional no era parte en ninguno de los juicios de los ex trabajadores de Coca-Cola, y sin embargo ese exhorto derivó en el requerimiento de decenas de expedientes a la Sala Civil. Claro, al considerarse que el avocamiento puede realizarse de oficio, la Sala entendió el exhorto de la Asamblea Nacional como una simple denuncia, lo que le permite ejercer sus potestades de oficio.

En definitiva, la posibilidad de ejercer la potestad de avocamiento *de oficio* trae consigo, a nuestro juicio, una ampliación indirecta de la legitimación para presentar estas solicitudes, pues éstas podrían verse como una forma de poner en conocimiento a la Sala respectiva de un determinado asunto que requiere de su intervención (una especie de *notitia criminis*). Lo lógico sería que cuando un sujeto ajeno a un proceso sea el que solicite un avocamiento, la Sala respectiva de respuesta a dicha solicitud limitándose a responder si es conveniente o no ejercer de oficio esa facultad extraordinaria.

En todo caso, si la Sala correspondiente no considera procedente la solicitud presentada por una persona ajena a un litigio, le bastará con negar o rechazar la denuncia, pero sin que ello obste o impida que luego cualquiera de las partes pueda, con mayor detalle de la situación jurídica, presentar una nueva solicitud de avocamiento.

Por último, y aunque parezca de Perogrullo, si se admite la posibilidad de que cualquier persona ajena a un litigio pueda presentar una solicitud de avocamiento, es evidente que también podrán hacerlo determinadas instituciones públicas encargadas de la defensa de los intereses del Estado o sus ciudadanos (v.g. Procuraduría General de la República, Ministerio Público, Defensoría del Pueblo, etc.).

2. *Legitimación pasiva y los terceros adhesivos*

Presentada una solicitud de avocamiento pareciera lógico admitir que el resto de las partes del expediente cuyo avocamiento es requerido, puedan presentar en cualquier oportunidad las consideraciones que juzguen pertinentes para la mejor defensa de sus derechos e intereses.

Es más, podría darse el caso que varias o todas las partes involucradas en un juicio estén conformes con que la Sala respectiva del Tribunal Supremo de Justicia se avoque al conocimiento del asunto. Lo que no implica que ésta deba hacerlo, por el solo hecho que exista unanimidad. Así como también podría suceder que todas las partes del juicio estén en contra de que una Sala se avoque al conocimiento de un asunto, pero ésta decida hacerlo de oficio.

Lo relevante es que cónsono con la amplitud de la legitimación activa en las solicitudes de avocamiento, debe también admitirse la mayor amplitud para que el resto de los sujetos procesales relacionados con una determinada controversia puedan participar en el procedimiento respectivo, bien sea para sumarse a la solicitud u oponerse a ella. Otro problema será el de la oportunidad para ejercer esa participación, lo que analizaremos más adelante, al referirnos al procedimiento para tramitar estas solicitudes.

El mismo criterio de amplitud debe asumirse para la intervención de los terceros en el procedimiento destinado a tramitar las solicitudes de avocamiento. De hecho, este criterio de amplitud parece haber guiado a la Sala Político-Administrativa del Tribunal Supremo de Justicia, en la sentencia de fecha 4 de mayo de 2004, caso: *PDVSA Petróleo S.A.*, donde se admitió la participación de unas personas ajenas al litigio que originó la solicitud de avocamiento, con base en los siguientes términos:

> Dentro de este orden de ideas, la Sala observa que es un hecho notorio comunicacional, que el presente caso está directamente relacionado con la crisis que se generó en la actividad petrolera, en la principal empresa del Estado Venezolano dedicada a las actividades de exploración, explotación, distribución, transporte, industrialización, comercialización, refinación y expendio de hidrocarburos a nivel nacional; lo cual evidencia el interés público y social que para toda la Nación tienen las actividades de la referida empresa, y las repercusiones que ese conflicto generó, trascendiendo, en consecuencia, de los intereses propios de los recurrentes afectados por los indicados actos administrativos, e incidiendo en el desarrollo y desenvolvimiento normal de la vida económica y social de la República Bolivariana de Venezuela.
>
> En este sentido, y con fundamento en las premisas antes expuestas, esta Sala estima, en virtud de los intereses públicos y generales involucrados en la presente controversia y de conformidad a lo dispuesto en el ordinal 3° del citado artículo 370, que la intervención adhesiva propuesta por los ciudadanos Minnori Martínez Gómez, Carmen Luisa Rodríguez, Graciela Rodríguez Chirivella, Cielo Merchán Correa, Nubia Díaz Colmenares, Flor Pérez Carrillo, Deglis Martínez Freites, Diana Aponte Rodríguez, Álvaro Ospino González, Elvigio Riera Franco, Anthony Ramírez, debe admitirse en este procedimiento. Así se decide.

Obviamente, el tema de la amplitud de la legitimación activa y pasiva guarda también mucha relación con el tipo de proceso de que se trate. Así, en los casos donde se encuentra involucrado el interés general, lo que normalmente ocurre en jurisdicciones como la constitucional, contencioso-administrativa y electoral, puede justificarse con menos resistencia, la participación de sujetos ajenos a la controversia, lo que pudiera resultar más controversial en juicios civiles o mercantiles, donde suelen ventilarse, por lo general, únicamente intereses entre las partes en conflicto.

IV. EL PROCEDIMIENTO PARA TRAMITAR LAS SOLICITUDES DE AVOCAMIENTO

En principio, la LOTSJ no establece un procedimiento especial para la tramitación de las solicitudes de avocamiento. Sin embargo, de la lectura del artículo 108 *eiusdem,* al menos se puede desprender que se trata de un proceso que involucra dos etapas. Textualmente dispone la norma:

> La Sala examinará las condiciones de admisibilidad del avocamiento, en cuanto que el asunto curse ante algún tribunal de la República, independiente de su jerarquía y especialidad o de la etapa o fase procesal en que se encuentre, así como que las irregularidades que se alegan hayan sido oportunamente reclamadas sin éxito en la instancia a través de los medios ordinarios. Cuando se admita la solicitud de avocamiento, la Sala oficiará al tribunal de instancia, requerirá el expediente respectivo y podrá ordenar la suspensión inmediata del curso de la causa, así como la prohibición de realizar cualquier clase de actuación. Serán nulos los actos y las diligencias que se dicten en desacato a la suspensión o prohibición que se expida.

La primera etapa se refiere a la admisibilidad de la solicitud y la segunda a su procedencia. Veamos cada una de ellas, junto con las consideraciones que han destacado las distintas Salas del Tribunal Supremo para cada una de estas fases.

1. *La primera etapa del procedimiento de avocamiento. La admisibilidad de la solicitud*

De acuerdo con el artículo 108 de la LOTSJ, existe una primera etapa referida al análisis de las condiciones concurrentes para la admisibilidad del avocamiento. Por lo general esta fase se inicia ante una solicitud de avocamiento, la cual, como vimos, puede ser presentada por cualquiera de las partes de un proceso, y hasta por cualquier interesado que no sea parte del juicio, en virtud de la facultad que tienen las Salas de avocarse *de oficio* a cualquier proceso.

Esta solicitud, por lo general, contiene una sola versión de la controversia, en la cual una de las partes denuncia alguna irregularidad o, en definitiva, presenta los argumentos que justificarían el avocamiento de la Sala respectiva. Y ello se hace a espaldas del resto de las partes involucradas en el juicio correspondiente, pues se hace directamente ante la Sala competente del Tribunal Supremo. Pues bien, dependiendo de la contundencia de estos argumentos, la Sala podría pedir el expediente cuyo avocamiento se solicita, para luego decidir, una vez estudiados los autos, si ejerce o no la facultad de avocamiento.

Ahora bien, a nuestro juicio esta práctica puede vulnerar el derecho a la defensa y debido proceso del resto de las partes involucradas en la controversia cuyo avocamiento se solicita, y en particular *la garantía constitucional de un juicio sin dilaciones indebidas*, la cual se encuentra prevista en el artículo 26 de la Constitución, el cual textualmente señala que: "Toda persona tiene derecho de acceso a los órganos de administración de justicia para hacer valer sus derechos e intereses, incluso los colectivos o difusos; a la tutela efectiva de los mismos y a obtener con prontitud la decisión correspondiente" y "El Estado garantizará una justicia gratuita, accesible, imparcial, idónea, transparente, autónoma, independiente, responsable, equitativa y expedita, sin dilaciones indebidas, sin formalismos o reposiciones inútiles".

La violación constitucional existe, toda vez que requerir el expediente *original*[39] implica la paralización de la causa, hasta tanto se tome la decisión del avocamiento, lo que puede impli-

---

39 Más adelante haremos referencia a una decisión dictada por la Sala Constitucional, en fecha 05-04-2004, caso: *Mayra Rincón Lugo*, la cual determina que los tribunales deben enviar copia certificada del expediente, a los fines de evitar la vulneración del derecho al debido proceso y a un juicio sin dilaciones indebidas. Esta decisión fue sencillamente ignorada por la propia Sala Constitucional y por el resto del Tribunal Supremo de Justicia. Se trató de un precedente que no tuvo ningún impacto en el resto de la jurisprudencia del Máximo Tribunal.

car un lapso de tiempo indeterminado, que en algunos casos ha llegado a prolongarse por más de 2 años. Todo ello, sin antes haber escuchado al resto de las partes involucradas en el juicio, quienes deberían tener la posibilidad de objetar la solicitud de avocamiento, antes de que se pida el expediente y se paralice el proceso.

A nuestro juicio, antes de solicitarse un expediente (en original o en copia certificada), la Sala correspondiente debería notificarle al resto de los sujetos procesales involucrados en el juicio[40], la existencia de una solicitud de avocamiento, a los fines de que éstos hagan valer sus argumentos y consideraciones. Sólo así se debería proceder al requerimiento del expediente, pues de lo contrario, la causa podría paralizarse por un período de tiempo importante, sin que existan realmente motivos para ellos. Hay que recordar que el mecanismo de decisión de los tribunales colegiados es bastante lento, de allí que así la Sala correspondiente ponga su mejor diligencia, ello va a implicar un retraso importante en el juicio cuyo expediente ha sido solicitado.

Además, a diferencia de las medidas cautelares, donde el elemento sorpresa puede ser importante para evitar que el demandado se insolvente o tome medidas destinadas a evitar la efectividad de la justicia, en las solicitudes de avocamiento ese elemento de urgencia no es tan necesario, pues ya la controversia está en manos del tribunal que la ley ha considerado competente.

En todo caso, es bueno señalar que la práctica común -hasta los momentos- de todas las Salas del Tribunal Supremo ha sido la de considerar las solicitudes en forma *inaudita alteram parte*, es decir, sin escuchar la opinión del resto de las partes involucradas en el juicio cuyo avocamiento es requerido.

---

40 Esta notificación podría realizarse con un simple auto dirigido al tribunal que está conociendo del juicio, donde se indique la existencia de una solicitud de avocamiento ante una Sala del Tribunal Supremo de Justicia. Esta notificación podría contener un plazo breve de emplazamiento (5 días, por ejemplo).

En relación al contenido del auto de admisión de la solicitud de avocamiento, éste por lo general contiene una orden de envío inmediato del expediente original contentivo de los autos, acompañada de una advertencia de que se suspenda inmediatamente todo tipo de trámite o decisión. Ello, para evitar que el tribunal requerido dicte alguna decisión, interlocutoria o definitiva, una vez que ha recibido un requerimiento del expediente.

En todo caso, recordemos que la parte in fine del artículo 108 de la LOTSJ señala que: "Serán nulos los actos y las diligencias que se dicten en desacato a la suspensión o prohibición que se expida".

En algunas oportunidades la Sala Constitucional ha ordenado el envío de las copias certificadas del expediente respectivo, pero en ocasiones, sobre todo frente a la dificultad o alto costo de las respectivas copias, ha dispuesto el envío del original del expediente. Concretamente, en el fallo de fecha, 2 de marzo de 2018, caso: *Ado Salas*, la Sala dispuso lo siguiente:

> Ahora bien, dado que ambos juzgados alegan actualmente la imposibilidad de reproducción y posterior remisión de las copias certificadas solicitadas en la sentencia n.° 717 del 14 de agosto de 2017, dado el volumen de las piezas y los folios que conforman los expedientes requeridos, por carecer de los medios y el material necesario para ello, y visto que para esta Sala Constitucional del Tribunal Supremo de Justicia, resulta indispensable, a los fines de garantizar el principio de celeridad procesal, y formarse un mejor criterio sobre el asunto, amén de constatar las violaciones de orden constitucional denunciadas, se ORDENA conforme al artículo 108 de la Ley Orgánica del Tribunal Supremo de Justicia, al Tribunal de Primera Instancia Marítimo con Competencia Nacional y sede en la ciudad de Caracas, hoy denominado Tribunal Décimo Tercero de Primera Instancia en lo Civil, Mercantil, Tránsito, Bancario y Marítimo con sede en la ciudad de Caracas, de conformidad con la Resolución de la Sala Plena n.° 2017-0020 del 25 de octubre de 2017, que remita original de la totalidad de las actas contenidas en los expedientes n.ros: 2005-00091; 2010-000252 y 2010-000253; 2006-000127; y 2009-000298, de la nomenclatura de ese Tribunal; así como, al Tribunal Superior Marítimo con Competencia Nacional, y sede en la ciudad de Caracas, hoy

denominado Tribunal Superior Undécimo en lo Civil, Mercantil, Tránsito, Bancario y Marítimo con sede en la ciudad de Caracas, de conformidad con la Resolución de la Sala Plena n.° 2017-0020 del 25 de octubre de 2017; la inmediata remisión del original de la totalidad del expediente signado con el n.° 2013-000335 (TI 2009-000298); que cursa por ante ese Tribunal Superior. Así se decide.

Es importante señalar que, en algunas oportunidades, la Sala Constitucional ha ordenado la notificación de la admisión del avocamiento por vía telefónica, disponiendo además que se notifique al resto de las partes del juicio de la admisión de la solicitud de avocamiento. Así, en la misma decisión mencionada en el párrafo anterior, la Sala señaló:

> La remisión antes ordenada, deberá ser efectuada en el lapso de cinco (5) días continuos siguientes a su notificación. La notificación se realizará de conformidad con lo dispuesto en el artículo 91 numeral 3 de la Ley Orgánica del Tribunal Supremo de Justicia. Así se decide.
>
> En este sentido, se ordena a los Juzgados arriba mencionados, procedan a notificar a las partes intervinientes en los procesos judiciales antes señalados a partir del momento en que reciban notificación telefónica de la presente decisión. Asimismo, deberán dichos Juzgados enviar las resultas correspondientes de las notificaciones ordenadas, a los fines de que las mismas puedan ser anexadas a la pieza principal. Así se decide. (*Vid.* Sentencia de la Sala Constitucional n.° 1361 del 12 de noviembre de 2015, caso: "*José Gregorio y otros*").
>
> Se advierte a los jueces requeridos que la inobservancia de lo solicitado por esta Sala podría acarrear responsabilidad administrativa, de conformidad con lo establecido en el artículo 122 de la Ley Orgánica del Tribunal Supremo de Justicia, que prevé lo siguiente:
>
> "*Las Salas de Tribunal Supremo de Justicia sancionarán con multa equivalente hasta doscientas unidades tributarias (200 U.T.) a las personas, funcionarios o funcionarias que no acataren sus órdenes o decisiones, o no le suministraren oportunamente las informaciones, datos o expedientes que solicitare de ellos, sin perjuicio de las sanciones penales, civiles, administrativas o disciplinarias a que hubiere lugar*".

En cuanto al incumplimiento de la orden de remisión del expediente solicitado, la Sala Constitucional no ha dudado en imponer la multa que se lee en el artículo 122 de la LOTSJ al juez que desacatado el mandato de la Sala. Así, en la sentencia de fecha 22 de noviembre de 2017, caso: *Olida Matheus*, se dispuso lo siguiente:

> Sin menoscabo de lo descrito con antelación, se evidencia que en fecha 6 de abril de 2016, se notificó al Juzgado Segundo de Municipio Ordinario y Ejecutor de Medidas del Municipio Cabimas de la Circunscripción Judicial del estado Zulia de la sentencia emitida por esta Sala el 28 de marzo de 2016, referente al suministro de información sobre la presente causa, sin embargo, el referido órgano jurisdiccional -comisionado para practicar la medida de embargo- no proveyó oportunamente la información requerida. Por ello, se le **IMPONE** al Juez titular del referido órgano jurisdiccional ciudadano **WILLIAN E. MACHADO BELTRÁN** una multa por la cantidad de diez unidades tributarias (10 U.T.), pagaderos a favor de la Tesorería Nacional en cualquier institución financiera receptora de fondos nacionales, cuyo pago deberá acreditar mediante la consignación en autos del comprobante correspondiente, dentro de los cinco (5) días siguientes a su notificación o, en todo caso, ante el Juzgado de Primera Instancia en lo Civil, Mercantil y del Tránsito de la Circunscripción Judicial del estado Zulia, en caso de haber enviado el expediente a esta Sala, procederá a enviar las resultas correspondientes a los fines de ser anexadas a la pieza principal. Así se declara.

Finalmente, es importante advertir que esta primera fase puede concluir con la solicitud de avocamiento, pues las Salas pueden considerar, sin ningún tipo de averiguación sumaria y sin necesidad de requerir el expediente, que la petición resulta inadmisible o improcedente. Es decir, las Salas pueden rechazar también *inaudita parte* las solicitudes de avocamiento.

2. *Las causales de inadmisibilidad*

En primer lugar, debemos señalar que el artículo 133 de la LOTSJ vigente establece unas causales de inadmisibilidad generales, las cuales son aplicables a todos los procesos que, en principio, se ventilan ante la Sala Constitucional; pero que en realidad son aplicables a todos los procesos judiciales que se tramitan ante las distintas Salas del Tribunal Supremo de Justicia.

Pues bien, estas causales genéricas de inadmisibilidad deben aplicarse también a las solicitudes de avocamiento, de manera que sí, por ejemplo, una solicitud de avocamiento se presenta sin los debidos recaudos o se presenta dos veces, la misma debe declararse inadmisible.

Así, por ejemplo, en relación con la causal de inadmisibilidad referida a la cosa juzgada, la Sala Constitucional, en sentencia de fecha 14 de diciembre de 2004, caso: *César Augusto López*, destacó que: "Lo anterior, pone en evidencia que -sobre el avocamiento solicitado- la Sala ya profirió sentencia definitiva, acordando tal petición. De modo tal que, existiendo cosa juzgada en el presente asunto, no resta a la Sala sino declarar inadmisible la solicitud examinada, tal y como lo prevé el quinto aparte del artículo 19 de la Ley Orgánica del Tribunal Supremo de Justicia. Así se decide".

Sin embargo, es pertinente destacar que este criterio jurisprudencial no excluye la posibilidad que en una misma causa existan varias solicitudes de avocamiento, a lo largo del *iter* procedimental. Es decir, es posible que luego de una solicitud de avocamiento negada, la misma parte u otro sujeto procesal pidan de nuevo el avocamiento, pero justificándolo en otras razones. El precedente citado parece limitarse al caso donde las razones o motivos del avocamiento son similares.

Por otra parte, esa misma Sala Constitucional, en decisión de fecha 31 de marzo de 2005, caso: *Marienna García-Gallo*, ahora en relación con la falta de representación, dispuso lo siguiente: "En el presente caso, no consta en los autos, documento alguno que acredite la representación que dicen los abogados solicitantes que ostentan, esto es, de defensores del ciudadano Jesús Faría Rodríguez. Tan es así, que no consta igualmente la identificación de éstos, ni de su presunto representado".

Por tanto, las causales de inadmisibilidad genéricas, previstas en el artículo 133 de la LOTSJ son aplicables a las solicitudes de avocamiento. Ahora bien, los artículos 107 y 108 de la LOTSJ establecen lo que podría considerarse como otras causales de inadmisibilidad y lo que serían los requisitos de procedencia especiales o concretos para los casos de avocamiento.

Estas normas disponen:

> Artículo 107.- El avocamiento será ejercido con suma prudencia y sólo en caso de graves desórdenes procesales o de escandalosas violaciones al ordenamiento jurídico que perjudiquen ostensiblemente la imagen del Poder Judicial, la paz pública o la institucionalidad democrática.
>
> Artículo 108.- La Sala examinará las condiciones de admisibilidad del avocamiento, en cuanto a que el asunto curse ante algún tribunal de la República, independientemente de su jerarquía y especialidad o de la etapa o fase procesal en que se encuentre, así como que las irregularidades que se aleguen hayan sido oportunamente reclamadas sin éxito en la instancia a través de los medios ordinarios...

Como vemos, en el artículo 108 de la LOTSJ se señala que para la admisión de una solicitud de avocamiento las Salas deberán verificar: i) que el asunto curse ante otro tribunal (o Sala); y ii) que las irregularidades hayan sido alegadas, sin éxito, a través de los medios ordinarios.

De igual forma, al margen de las causales de inadmisibilidad que suelen aplicarse a este tipo de procedimientos, las distintas Salas del Tribunal Supremo han tratado de establecer cuáles serían las razones que justificarían la admisibilidad de una solicitud de avocamiento, aunque frecuentemente confunden el término de admisibilidad con procedencia, lo que genera confusión.

Así, por ejemplo, en una decisión del 16 de mayo de 2018, caso: *Universidad de Los Andes*, la Sala Político-Administrativa señaló lo siguiente:

> Ahora bien, aparte del carácter extraordinario que reviste la figura del avocamiento, se advierte, implícitamente, de la propia redacción del texto legal que lo prevé, la necesidad de

cumplir un procedimiento por etapas sucesivas para su correcta tramitación, siendo estas: una primera fase en la que previo examen de la solicitud de avocamiento se proceda a su admisión y consecuencialmente al correspondiente requerimiento del expediente para su estudio; y una segunda parte en la que analizada la concurrencia de las condiciones establecidas en la Ley se asume el conocimiento del asunto o, en su defecto, se asigna a otro tribunal.

Coherente con tales premisas y encontrándonos en la primera de las fases señaladas, es oportuno indicar que la Sala ha señalado reiteradamente (*Vid.*, entre otras, sentencia n.° 653 del 20 de mayo de 2009, caso: *C.V.G. Venezolana de Aluminio, C.A. contra Multinacional de Seguros, C.A.* y n.° 698 del 17 de junio de 2015, caso: *S.C. Bigott, C.A.*), que su admisibilidad está supeditada a la verificación de una serie de elementos que permitan advertir su pertinencia, a saber:

i) Que el asunto judicial curse ante algún otro Tribunal de la República;

ii) Que aun si en la causa se hubiere dictado sentencia firme, pasada con autoridad de cosa juzgada, será procedente el avocamiento si dicha sentencia menoscaba el debido proceso, o distorsiona de tal manera la realidad que se configure una antinomia con los hechos debatidos procesalmente;

iii) Que el juicio de que se trate, rebase el interés privado involucrado y afecte de manera directa al interés público, o que exista la necesidad de evitar flagrantes injusticias;

iv) Que en el juicio exista un desorden procesal de tal magnitud que exija la intervención del órgano jurisdiccional;

v) Que "*el asunto objeto de la solicitud de avocamiento verse sobre una materia que no contradiga las competencias de esta Sala Político-Administrativa*".

Nótese que en el fallo se confunden las razones que justificarían la *admisión* de una solicitud de avocamiento (primera etapa), con los motivos que justificarían la *procedencia* del avocamiento (segunda etapa).

De seguidas vamos a verificar las razones que justificarían la admisibilidad de una solicitud de avocamiento, dejando para el capítulo correspondiente, los motivos que implicarían su procedencia.

A. *El expediente debe cursar ante otro Tribunal de la República*

Recordemos que la decisión dictada por la Sala Constitucional, en el caso *Sintracemento*, dispuso lo siguiente:

> (...) esta Sala es del parecer que tal potestad es inconsistente desde el punto de vista constitucional, y que la misma corresponde, en un sentido contrario a como lo trata dicho dispositivo, a todas las Salas del Tribunal Supremo de Justicia, según que el juicio curse en un tribunal de instancia de inferior jerarquía a la Sala que en definitiva decida examinar la petición (aquí el vocablo *inferior* se entiende en sentido amplio, ya que algunas de estas Salas no son propiamente *alzada* de dichos tribunales; tal sucede con las de casación).

Esto es lo que se denomina el *criterio de la afinidad*, el cual conlleva a que las solicitudes de avocamiento deben presentarse por ante la Sala del Tribunal Supremo que sea más afín con la naturaleza del asunto debatido.

Con base en este criterio, la Sala Constitucional ha declinado el conocimiento de solicitudes de avocamiento en la Sala que considera más afín a la naturaleza del caso. Así, en sentencia de fecha 5 de abril de 2006, caso: *Representaciones Renaint*, esa Sala precisó:

> En el presente caso, considera la Sala que no es ostensible la presencia de las condiciones a que apunta la redacción del precepto transcrito, originado por una *"conmoción procesal"* como lo expresa la solicitante, por una parte, y por otra, no se trata de una demanda que involucre competencias atribuidas a esta Sala de forma exclusiva, ni se encuentran involucrados intereses colectivos o difusos, razón por la cual esta Sala Constitucional decide declinar la competencia para conocer de la solicitud planteada en la Sala de Casación Social de este Máximo Tribunal, visto que la causa involucra situaciones y relaciones jurídicas de cuya resolución se ocuparía la jurisdicción

laboral, como es la determinación de la naturaleza de la relación supuesta "*mercantil*" alegada y no laboral, entre otras, y a la que corresponderá analizar en todo caso, los requisitos de procedencia de la figura del avocamiento. Además, debe destacarse que, la Sala declarada competente puede avocarse de un juicio "*...incluso después de que la sentencia definitiva quede firme, esto es, en fase de ejecución, pues, acorde con nuestra legislación, el juicio no concluye con la sentencia definitiva y firme...*", como así declaró dicha Sala en sentencia n.° 1442 del 15 de noviembre de 2004 (caso: *Arepera Punto y Coma S.R.L.*)

Igualmente, en decisión de fecha 10 de marzo de 2006, caso: *Miguel Villalobos*, la misma Sala Constitucional destacó:

> De acuerdo con la transcripción legal que antecede, concluye esta juzgadora que el órgano jurisdiccional materialmente competente para la decisión de la pretensión de avocamiento de autos es la Sala de Casación Penal de este Tribunal Supremo de Justicia, por razón de la afinidad que existe entre la materia que se debate en el proceso cuyo conocimiento, por avocamiento, pretende el legitimado activo y la que, de conformidad con la Ley Orgánica del Tribunal Supremo de Justicia, está asignada a la competencia de la Sala de Casación Penal, razón por la cual esta Sala Constitucional debe declinar en aquella el conocimiento y la decisión que corresponda a la solicitud que se examina. Así se declara.

Existen casos donde pareciera no existir dudas sobre la Sala más afín a la naturaleza del asunto debatido. Por ejemplo, si se trata de un litigio llevado por ante los tribunales laborales, relacionado con asuntos netamente del trabajo, pareciera lógico que la Sala afín para conocer de una solicitud de avocamiento sería la Social. Ahora bien, no todos los casos pueden ser tan sencillos, de hecho, pues hay asuntos que podrían prestarse a confusión, al ser varias las Salas afines al objeto de un mismo proceso.

En efecto, si bien en principio pareciera lógico que a cada una de las Salas le corresponderá conocer de las solicitudes de avocamiento relacionadas con juicios pendientes ante los tribunales de inferior jerarquía de esa misma jurisdicción, existen casos donde una Sala ajena a una determinada jurisdicción puede ser más idónea para conocer de la solicitud de avocamiento.

De hecho, existen varios casos donde, por ejemplo, la Sala Político-Administrativa se ha avocado al conocimiento de juicios llevados por tribunales civiles, por considerar que se trata de asuntos relacionados con algún servicio público o que involucran algún órgano de la Administración Pública.

Así, en sentencia de fecha 28 de septiembre de 2004, caso: *Estación San Luis del Este*, la Sala Político-Administrativa señaló:

> Al respecto, se observa que la causa objeto de la solicitud, la cual cursa por ante el Juzgado Undécimo de Primera Instancia en lo Civil, Mercantil y del Tránsito de la Circunscripción Judicial del Área Metropolitana de Caracas, en el expediente signado con el n.º 20903, tiene por objeto la resolución de un contrato de concesión de las actividades de servicio público de distribución y expendio de hidrocarburos y lubricantes en el mercado interior destinados al consumo colectivo en el Estado Lara, materia ésta que es afín a la competencia de la jurisdicción contencioso administrativa. Así se declara.

En el mismo sentido, la Sala Constitucional se ha avocado a procesos judiciales pendientes por ante los tribunales penales. En efecto, en la sentencia de fecha 15 de julio de 2004, caso: *General Motors*, esa Sala indicó:

> A la Sala Constitucional le corresponde, conforme a lo dispuesto en el último aparte del artículo 266 de la Constitución, ejercer la jurisdicción constitucional. La jurisdicción constitucional comprende, entre otros asuntos, no sólo declarar la nulidad de las leyes y demás actos de los órganos que ejercen el poder público, dictados en ejecución directa e inmediata de la Constitución o que tengan rango legal (artículo 334 de la Constitución de la República Bolivariana de Venezuela), sino también la revisión de las sentencias de amparo constitucional y de control de constitucionalidad de las leyes o normas jurídicas dictadas por los Tribunales de la República, en los términos establecidos por la ley orgánica respectiva (numeral 10 del artículo 336 de la Constitución) y de avocarse al conocimiento de una causa determinada, "aun cuando por razón de la materia y en virtud de la ley, la competencia le esté atribuida a otra Sala, tal como lo prevé el numeral 4 del artículo 5 de la Ley Orgánica del Tribunal Supremo de Justicia.

Igualmente, es claro que la materia de su conocimiento abarca las infracciones constitucionales, como lo demuestran las atribuciones que la Constitución de la República Bolivariana de Venezuela otorga a la Sala Constitucional en su artículo 336. Esta circunstancia la convierte en la Sala que por la materia tiene la competencia para conocer, según el caso, de las acciones de amparo constitucional propuestas conforme a la Ley Orgánica de Amparo Sobre Derechos y Garantías Constitucionales.

En el presente caso, se solicitó el avocamiento de una causa seguida ante el Juzgado Tercero de Primera Instancia en lo Civil y Mercantil de la Circunscripción Judicial del Estado Zulia, con motivo al incumplimiento de un mandamiento de amparo constitucional, decretado en contra de las solicitantes, motivo por el cual, al tratarse de una acción de amparo propuesta y de denuncias de orden constitucional que presumen *"fundadamente la violación de principios jurídicos fundamentales contenidos en la Constitución de la República Bolivariana de Venezuela"*, resulta competente esta Sala para conocer de la solicitud de avocamiento, en los términos ***supra*** indicados. Así se decide.

Esta decisión nos sirve de antesala a un problema algo más complejo, y es el relacionado a ¿qué debe considerarse como un asunto constitucional, a los fines de que la Sala Constitucional conozca de una determinada solicitud de avocamiento? Pues pareciera evidente que la Sala Constitucional no es la más idónea para avocarse, como hizo en el caso citado, al conocimiento de un proceso penal, relacionado con la comisión del delito de desacato. Pareciera lógico que ello debe corresponderle a la Sala Penal del mismo Tribunal Supremo.

a. *Competencia de la Sala Constitucional en materia de avocamiento*

De aceptarse el criterio implícito sostenido en la sentencia de fecha 15 de julio de 2004, caso: *General Motors*, transcrita anteriormente, se podría llegar al absurdo de que la Sala Constitucional sería la competente para conocer de cualquier solicitud de avocamiento, independientemente del tribunal que esté conociendo del asunto y de la materia de que se trate, pues parece evidente que siempre podrá alegarse algún matiz constitucional o alguna relación, así sea indirecta, de un proceso judicial con alguna norma fundamental.

Lo cierto del caso es que la Sala Constitucional se ha venido declarando competente para conocer de solicitudes de avocamiento, sin ningún tipo de criterio sólido y uniforme. Pareciera más bien utilizar argumentos extremadamente casuísticos y poco uniformes para aceptar o rechazar su competencia.

A manera de ejemplo, en la sentencia del 9 de diciembre de 2005, caso: *Asociación Civil Promotora Educacional*, la Sala Constitucional se avocó a un asunto considerando que:

> Así, en el caso ***sub examine***, se denunció la supuesta afectación de derechos y principios que involucran el orden público constitucional como consecuencia de un supuesto desorden procesal, que prohíbe el artículo 49 de la Constitución. En atención de ello, así como del cardinal 48 y parágrafo primero del artículo 5 de la Ley Orgánica del Tribunal Supremo de Justicia, la Sala se declara competente para el conocimiento de esta solicitud.

Igualmente, en la decisión de fecha 11 de mayo de 2005, caso: *Luis F. Acosta Carlez*, la Sala Constitucional consideró lo siguiente:

> Acorde con lo expuesto precedentemente, esta Sala sólo podrá conocer, en principio, de las peticiones de avocamiento que versen sobre juicios en los cuales se diriman asuntos concernientes a la jurisdicción constitucional, la cual comprende, como ya lo ha expresado la Sala (*vid.* sentencia n.º 25 del 22 de enero de 2003, caso: *Carlos Alberto Gamarra*) y de acuerdo con lo establecido en la Ley Orgánica del Tribunal Supremo de Justicia, la revisión de las sentencias de amparo constitucional y control difuso de la constitucionalidad de leyes o normas jurídicas dictadas por los demás tribunales de la República; el control concentrado de constitucionalidad de las leyes y demás actos dictados por los órganos del Poder Público en ejecución directa e inmediata de la Constitución; el control de la omisión del Poder Legislativo Municipal, Estadal o Nacional, así como de cualquier órgano que ejerza el Poder Público Nacional, respecto a las obligaciones o deberes establecidos directamente por la Constitución; resolver las colisiones de leyes; dirimir las controversias constitucionales que se susciten entre los órganos del Poder Público; el control previo del carácter

orgánico de las leyes; el conocimiento de las infracciones a derechos y garantías constitucionales a través de la acción de amparo constitucional y de las acciones tendientes a la protección de derechos e intereses difusos y colectivos, entre otros asuntos.

En el presente caso se solicitó el avocamiento de la Sala para conocer una acción de amparo constitucional interpuesta -en su oportunidad- ante la Corte Primera de lo Contencioso Administrativo. Siendo así y visto que la materia, en esencia, concierne a la jurisdicción constitucional, esta Sala es competente para conocer el avocamiento solicitado, y así se declara.

También en una decisión de fecha 15 de noviembre de 2005, caso: *Remavenca,* la Sala Constitucional destacó:

(...) esta Sala estima que -dadas las circunstancias que han rodeado el presente caso- resulta necesario la ruptura del principio del juez natural, establecido en el artículo 23 de la Ley de Expropiación por Causa de Utilidad Pública o Social, dado que una razón de interés supremo como lo es el mantenimiento del orden constitucional así lo requiere, así lo ha señalado esta Sala en fallos dictados con anterioridad (v. sentencia n.° 2476 del 5 de agosto de 2005), sosteniendo que:

"*El objeto de la institución procesal del avocamiento es traer al Tribunal Supremo de Justicia en sus diferentes Salas -de acuerdo a la naturaleza del asunto discutido-, 'cualquier asunto que por su gravedad y por las consecuencias que pudiera producir un fallo desatinado, amerite un tratamiento de excepción con el fin de prevenir antes de que se produzca una situación de caos, desquiciamiento, anarquía o cualesquiera otros inconvenientes a los altos intereses de la Nación y que pudiera perturbar el normal desenvolvimiento de las actividades políticas, económicas y sociales consagradas en nuestra carta fundamental'* (*vid.* Sentencia n.° 2147 del 14 de septiembre de 2004)..."

En el presente caso, no cabe duda que lo planteado en autos tiene un matiz esencialmente constitucional, toda vez que en los actos impugnados se declaró de utilidad pública y social bienes de un particular, se decretó la expropiación y se calificó de urgente realización la ejecución de la obra declarada de utilidad pública, por ello esta Sala se avoca al conocimiento de la presente causa, obvia el presupuesto procesal de la primera fase del procedimiento de avocamiento, por no existir juicio de expropiación en curso, y así se decide.

Siguiendo este criterio bastante indeterminado, también otras Salas del Tribunal Supremo han declinado la competencia de una determinada solicitud de avocamiento en la Sala Constitucional, al considerar que se trata de asuntos relacionados con materias constitucionales, o que han sido presentados a través de determinados recursos constitucionales.

Así, en sentencia dictada por la Sala Político-Administrativa, en fecha 23 de marzo de 2004, se dispuso lo siguiente:

> Así pues, esta Sala siguiendo los criterios interpretativos expresados por la Sala Constitucional, tal y como lo establece el artículo 335 de la Constitución de 1999, observa que en el presente caso, se ejerció una acción de amparo autónoma conjuntamente con medida cautelar, la cual en circunstancias normales debía ser conocida en primera instancia por la Corte Primera de lo Contencioso Administrativo y siendo que en materia de amparo autónomo la Alzada de la Corte Primera de lo Contencioso Administrativo es la Sala Constitucional, resulta forzoso declinar la competencia para conocer de la solicitud de avocamiento en la Sala Constitucional de este Tribunal Supremo de Justicia, por cuanto la misma resulta afín con las competencias atribuidas a dicha Sala. Así se decide.

En suma, este cúmulo de precedentes generan cierta indeterminación sobre la competencia de la Sala Constitucional para conocer de solicitudes de avocamiento, pues en algunos casos ésta ha justificado su competencia en la importancia del asunto (caso: *Remavenca*) y en otras oportunidades por considerar que se trata de casos iniciados bajo la utilización de acciones de naturaleza constitucional, como los amparos constitucionales (caso: *Luis F. Acosta Carlez*).

Ambos criterios son bastante inconsistentes y poco uniformes. En efecto, el hecho de que un asunto sea de mucha importancia pareciera no justificar la necesidad de desconocer la competencia del juez natural.

Por otra parte, una acción de amparo constitucional puede referirse a derechos de naturaleza muy diversa, y lo lógico sería que dependiendo de la naturaleza de los derechos constitucionales denunciados se determine cuál sería la Sala más afín para conocer de una determinada solicitud de avocamiento.

A nuestro juicio, más bien lo que podría justificar que la Sala Constitucional se avoque al conocimiento de un determinado juicio es que éste deba ser decidido, básicamente, con el uso exclusivo de normas y/o criterios estrictamente constitucionales, lo que no es tampoco muy preciso, pero al menos ello permitiría ir creando un cuerpo de precedentes un poco más claros y consistentes.

En todo caso, pareciera que la Sala Constitucional es de la tesis de que, además de los casos donde identifique cierto vínculo constitucional, también sería ella la competente para conocer de las solicitudes de avocamiento relacionadas con procesos de naturaleza constitucional, como serían las acciones de amparo constitucional o, así como cualquier otro juicio donde se haya ejercido el control difuso de la constitucionalidad de normas jurídicas.

b. *La facultad de la Sala Constitucional para avocarse a procesos en manos de otras Salas del Tribunal Supremo de Justicia*

Donde sí pareciera no haber dudas sobre la competencia de la Sala Constitucional es a la hora de que ésta decida avocarse al conocimiento de asuntos tramitados por ante otras Salas del Tribunal Supremo de Justicia, pues en este supuesto ninguna otra Sala estaría facultada para hacerlo.

Recordemos que el artículo 25.16 de la LOTSJ consagró, guste o no, la posibilidad de que la Sala Constitucional pueda avocarse al conocimiento de asuntos pendientes por ante otras Salas del mismo Tribunal Supremo de Justicia.

Textualmente esa norma dispuso: "Son competencias de la Sala Constitucional del Tribunal Supremo de Justicia: (...) 16. Avocar las causas en las que se presuma violación al orden público constitucional, tanto de las otras Salas como de los demás tribunales de la República, siempre que no haya recaído sentencia definitivamente firme".

Como vemos, en este supuesto el legislador suele ser mucho más impreciso en relación con los supuestos que justificarían la posibilidad de que la Sala Constitucional exija el envío de un asunto en trámite ante otra Sala del Tribunal Supremo. Es decir, otorga una facultad mucho más amplia y discrecional a la Sala Constitucional, al hablar de posibles quebrantamientos al "orden público constitucional", lo que sin duda se trata de un concepto jurídico indeterminado que puede dar lugar, básicamente, a cualquier cosa.

En primer lugar, la norma habla de situaciones donde se "*presuma*" el orden público constitucional. Es decir, ello podría justificar un avocamiento ante el riesgo de que otra Sala vaya a decidir en un determinado sentido, pudiendo comprometer algunos principios jurídicos fundamentales, lo que nos lleva más bien al campo de las especulaciones.

En segundo lugar, la LOTSJ pareciera admitir la posibilidad de que la Sala Constitucional se avoque a un juicio pendiente por ante otra Sala del Tribunal Supremo de Justicia, independientemente de la naturaleza del asunto. Es decir, podría tratarse de un asunto enteramente civil o exclusivamente penal, y ello no impediría el uso de esta facultad extraordinaria de la Sala Constitucional, pues el legislador parece no haberle puesto límite alguno a esa Sala.

Así, por ejemplo, en el caso de la impugnación del proceso electoral presidencial del año 2013, la Sala Constitucional decidió avocarse, de oficio, al juicio contentivo de los recursos contencioso-electorales que se encontraban pendientes de admisión por ante la Sala Electoral, a pesar de ser un asunto claramente de naturaleza comicial, lo que justifica la existencia misma de esa Sala del Tribunal Supremo. En efecto, en el fallo de fecha 20 de junio de 2013, caso: *Henrique Capriles R.*, se dispuso que:

Así pues, la jurisdicción constitucional en la oportunidad respectiva debe atender al caso concreto y realizar un análisis en cuanto al contrapeso de los intereses involucrados y a la posible afectación de los requisitos de procedencia establecidos para la avocación, en los términos expuestos, con la finalidad de atender prontamente a las posibles vulneraciones de los principios jurídicos y los derechos constitucionales de los justiciables. De esta manera, la competencia de la Sala establecida en la referida disposición viene determinada, como se expuso, en función de la situación de especial relevancia que afecte de una manera grave al colectivo, en cuyo caso, la Sala podría uniformar un criterio jurisprudencial, en aras de salvaguardar la supremacía del Texto Fundamental y, así, el interés general.

(...)

con mayor razón, existen méritos suficientes para que esta Sala estime justificado el ejercicio de la señalada potestad, pues ha sido cuestionada la trasparencia de un proceso comicial de la mayor envergadura, como el destinado a la elección del máximo representante del Poder Ejecutivo, así como la actuación de órganos del Poder Público en el ejercicio de sus atribuciones constitucionales, de lo que se deduce la altísima trascendencia para la preservación de la paz pública que reviste cualquier juzgamiento que pueda emitirse en esta causa[41].

Como vemos, esta atribución contenida en el artículo 25.16 de la LOTSJ termina de consolidar la tesis, asumida por la propia Sala Constitucional -y a nuestro juicio sin ningún tipo de respaldo del Texto Fundamental-, de que esa Sala es una especie de Tribunal Constitucional, superior al resto de las Salas del mismo Tribunal Supremo de Justicia[42].

---

41 Frente a este fallo uno puede preguntarse ¿qué sentido tiene que exista una Sala Electoral en el Tribunal Supremo de Justicia? si la Sala Constitucional requiere el expediente de los juicios de impugnación de las elecciones presidenciales sin que exista ni siquiera la primera actuación de la Sala, es decir, antes de la admisión del caso.

42 Sin embargo, es bueno indicar que tampoco en los ordenamientos jurídicos donde existen Tribunales o Cortes Constitucionales, dis-

Esta facultad discrecional tan amplia, junto a una Sala Constitucional nada tímida, nos permite plantearnos otra disyuntiva: ¿podrá la Sala Constitucional avocarse al conocimiento de un asunto en trámite por ante la Sala Plena del mismo Tribunal Supremo de Justicia?

Aun cuando ello pareciera un absurdo desde el punto de vista lógico, no descartamos la posibilidad de que la Sala Constitucional pretenda hacer uso de la facultad que le confiere el artículo 25.16 de la LOTSJ para arrebatarle un caso en trámite a la Sala Plena, a pesar que ésta conoce, básicamente, de antejuicios de mérito destinados a permitir el enjuiciamiento de altos funcionarios del Estado[43].

Nos atrevemos a realizar esta afirmación debido a que ya la Sala Constitucional ha admitido la posibilidad de *revisar*, conforme a la potestad consagrada en el numeral 10° del artículo 336 de la Constitución, decisiones definitivas de la Sala Plena, pues se consideró a ésta como otra Sala más del Tribunal Supremo de Justicia, a pesar de estar conformada por los magistrados que conforman las otras Salas[44]. Pues bien, si se es coherente con ese criterio, el cual no compartimos, habría que con-

---

tintos o fuera de los respectivos Tribunales Supremos de Justicia (*v.g.* España, Perú, Colombia, Alemania, etc.), se conoce una facultad tan importante y hasta injustificada, como es la posibilidad de que estas Cortes o Tribunales interfieran con un determinado proceso judicial llevado por ante los respectivos Tribunales Supremos de Justicia. Es decir, la figura del avocamiento, y en especial el que faculta a la Sala Constitucional a asumir el conocimiento de juicios tramitados ante otras Salas, es una innovación criolla que convierte a nuestra Sala Constitucional en, probablemente, el Tribunal con más poderes del mundo.

43 La otra competencia que tiene la Sala Plena, distinta a los antejuicios de mérito, es la consagrada en el artículo 24.3 de la LOTSJ la cual se refiere a dirimir los conflictos que se planteen entre tribunales de instancia con distintas competencias materiales, cuando no exista una Sala con competencia afín a la de ambos.

44 Véase la sentencia dictada por la Sala Constitucional, en fecha 11 de marzo de 2005, caso: *Julián Isaías Rodríguez.*

cluir, necesariamente, en la posibilidad de que la Sala Constitucional se avoque al conocimiento de asuntos pendientes por ante la Sala Plena, en cuyo caso, habrá quedado modificada la Constitución, en el sentido de que los antejuicios de mérito previos al enjuiciamiento de altos funcionarios del Estado pasarán a ser conocidos por la Sala Constitucional, a menos que ésta prefiera no asumir su facultad discrecional.

c. *El avocamiento para rescatar la competencia de una determinada Sala del Tribunal Supremo*

Vale la pena referirnos a la posibilidad de que una Sala del Tribunal Supremo de Justicia se avoque al conocimiento de un caso, por considerar que ella es la competente del asunto. Es decir, ello implicaría el uso de la facultad del avocamiento como una especie de regulación de la competencia.

En principio, pareciera contradictorio que una Sala del Tribunal Supremo de Justicia se avoque al conocimiento de un caso, cuando ella es la competente natural para tramitarlo. En efecto, avocarse implica la posibilidad de asumir un caso, a pesar de no tener la competencia para conocer de ese juicio. Sin embargo, es lo cierto que en varias oportunidades algunas Salas del Tribunal Supremo se han avocado a un juicio, por considerar que son éstas las competentes naturales para la tramitación del mismo.

En efecto, ello fue lo que ocurrió en el caso: *Ismael García,* a que hicimos referencia *supra,* donde la Sala Constitucional, ante una solicitud de avocamiento, decidió asumir el conocimiento del asunto, entre otras razones, por considerar que se trataba de la impugnación de un acto (emanado del Consejo Nacional Electoral) en ejecución directa e inmediata de la Constitución.

En el mismo sentido, en la sentencia de fecha 21 de abril de 2004, la Sala Político-Administrativa, ante una solicitud de avocamiento, anuló unas decisiones interlocutorias dictadas por la Corte Primera de lo Contencioso Administrativo, entre otras razones, por considerar que era esa máxima instancia la competente para conocer de la impugnación de una Resolución emanada del SENIAT.

d. *Es irrelevante la oportunidad procesal en que se encuentre el juicio cuyo avocamiento se solicita*

También vale aclarar que nuestra jurisprudencia ha admitido la posibilidad de que una Sala del Tribunal Supremo de Justicia se avoque al conocimiento de un juicio, independientemente de la fase o instancia en que éste se encuentre.

Así, la Sala Constitucional se ha avocado a procesos judiciales antes que se interpongan por ante el tribunal competente, tal y como sucedió en la decisión de fecha 15 de noviembre de 2005, caso: *Remavenca,* transcrito *supra,* donde la Sala Constitucional se avocó al conocimiento del asunto, antes de que este hubiese iniciado ante el tribunal competente. Es decir, la actora interpuso una acción de inconstitucionalidad por ante la Sala Constitucional, la cual consideró que no era la competente para conocer del asunto, pero se avocó al conocimiento del juicio, en virtud de la importancia del juicio (expropiación de unos silos del grupo de empresas Polar).

Ya hemos expuesto como en el fallo de fecha 20 de junio de 2013, caso: *Henrique Capriles R.*, la Sala Constitucional se avocó de oficio a los juicios que contenían las impugnaciones del proceso electoral del 2013, antes de que fuesen admitidos por la Sala Electoral.

Y, por otra parte, la Sala Constitucional y la Sala de Casación Social han señalado expresamente que el avocamiento procede aún en fase de ejecución de sentencia. En efecto, en el fallo de fecha 5 de abril de 2006, caso: *Representaciones Renaint,* la Sala Constitucional, haciendo referencia a un fallo de la Sala Social, dispuso lo siguiente: "Además, debe destacarse que, la Sala declarada competente puede avocarse de un juicio '...incluso después de que la sentencia definitiva quede firme, esto es, en fase de ejecución, pues, acorde con nuestra legislación, el juicio no concluye con la sentencia definitiva y firme...', como así declaró dicha Sala en sentencia N° 1442 del 15 de noviembre de 2004 (caso: *Arepera Punto y Coma S.R.L.*)".

Más controversial, por decir lo menos, es lo sucedido en una solicitud de avocamiento presentada por la empresa *Gene-*

ral Motors, donde la Sala Constitucional negó el avocamiento luego de dos años de espera. Se trataba de un caso donde se había solicitado el avocamiento, entre otros procesos, de un juicio de amparo que ya había decidido en sus dos instancias e, incluso, fue objeto de un recurso extraordinario de revisión por ante la misma Sala Constitucional. Sin embargo, a pesar de ello, la Sala Constitucional, en los fallos de fecha 15-07-2004 y 13-08-2004, requirió, a solicitud de la empresa *General Motors*, el expediente contentivo de ese proceso de amparo culminado y revisado por esa misma Sala.

B. *Es necesario que se hayan desatendido o mal tramitado los recursos ordinarios que los interesados hubieren ejercido*

El segundo requisito de admisibilidad es de suma importancia, pues es lo que justifica el carácter excepcional de la facultad de avocamiento, toda vez que una violación al ordenamiento jurídico, por muy grave que sea, puede ser remediada a través del sistema recursivo ordinario y extraordinario.

Permitir el ejercicio de la facultad de avocamiento, a pesar de la existencia de vías judiciales ordinarias (y hasta extraordinarias), implicaría distorsionar todo nuestro sistema procesal, lo que conllevaría a una violación a los principios de economía judicial y jerarquía del Poder Judicial. Además, dejaría mucho que desear nuestro ordenamiento jurídico si las distintas Salas del Tribunal Supremo de Justicia comienzan a dedicarse a la tarea de sustituirse en las funciones de los tribunales de instancia.

Es importante destacar que el primer párrafo del artículo 18 de la derogada LOTSJ de 2004, relacionado con la figura del avocamiento, hacía referencia a la necesidad de que hubiesen sido desatendidos los recursos *ordinarios* y *extraordinarios*. Sin embargo, en el artículo 108 de la vigente LOTSJ se relaja esta postura, al dejarse por fuera las vías extraordinarias. Es decir, pareciera que el legislador consideró que no era necesario la utilización de vías judiciales extraordinarias, como, por ejemplo, el amparo constitucional, el recurso de casación, entre otras, para considerar la admisibilidad de una solicitud de avocamiento.

A nuestro juicio esto debería considerarse como una simple imprecisión del legislador, de manera que siempre deberá exigirse el agotamiento, o la simple existencia de vías judiciales *ordinarias y/o extraordinarias* destinadas a combatir las graves violaciones a nuestro ordenamiento jurídico que podrían justificar la potestad de avocamiento.

La jurisprudencia de nuestro Máximo Tribunal ha sabido destacar, en ocasiones, este criterio de la excepcionalidad. Así, la Sala Político-Administrativa, en sentencia de fecha 21 de mayo de 1997, caso: *General Marien Service de Venezuela*, precisó lo siguiente: "esta Sala ha tenido ocasión de precisar que no puede significar la posibilidad excepcional del avocamiento una sustitución de los remedios y mecanismos procesales ordinarios que la legislación adjetiva otorga a los justiciables: '...tampoco sería suficiente para que la Sala ejerza su facultad de avocarse, ya que para corregir cualquier irregularidad procesal el ordenamiento jurídico pone a disposición del afectado suficientes medios legalmente consagrados'".

Ahora bien, una revisión detallada de la jurisprudencia de las distintas Salas del Tribunal Supremo de Justicia nos podría demostrar que este requisito de procedencia del avocamiento es probablemente el más ignorado, pues en la mayoría de los casos donde una Sala decide admitir una solicitud de avocamiento existe la posibilidad de que las partes hagan valer recursos o incidencias procesales destinadas a corregir los supuestos errores de juzgamiento.

Así, por ejemplo, en la decisión dictada por la Sala Político-Administrativa del Tribunal Supremo de Justicia, en fecha 4 de mayo de 2004, caso: *PDVSA Petróleo S.A.*, se justificó el avocamiento, en virtud de una medida cautelar dictada por la Corte Primera de lo Contencioso Administrativo, contra la cual ni siquiera se ejerció la oposición a que hace referencia los artículos 602 y siguientes del Código de Procedimiento Civil. Así, esa Sala se limitó a señalar lo siguiente:

En tal virtud, al trascender los efectos de dicha medida cautelar del mero interés privado de las partes e involucrar intereses públicos y generales que pueden afectar a la colectividad y al Estado Venezolano, incidiendo en el desarrollo y desenvolvimiento normal de la vida económica y social de la República Bolivariana de Venezuela, esta Sala, atendiendo a su deber de impartir justicia, imparcial, idónea, transparente, autónoma, independiente, responsable, equitativa y sin formalismos o reposiciones inútiles, considera **PROCEDENTE AVOCARSE** al conocimiento del amparo cautelar decretado por la Corte Primera de lo Contencioso Administrativo en fecha 12 de junio de 2003. Así se decide.

Lo mismo habría que decir en cuanto a la sentencia, comentada *supra*, dictada por la Sala Constitucional en el caso: *Ismael García*. En esa oportunidad se trató de una medida cautelar dictada por la Sala Electoral, contra la cual cabía la vía de la oposición, conforme a los mencionados artículos 602 y siguientes del Código de Procedimiento Civil.

Y ni hablar del caso del avocamiento del juicio de nulidad contra el proceso electoral de las elecciones presidenciales de 2013, donde la Sala Constitucional se avocó a ese asunto cuando ni siquiera se había dictado la primera sentencia del juicio, es decir, donde no había ninguna decisión que cuestionar y, por ende, ningún recurso que ejercer.

Ahora bien, a parte de estos casos de alto contenido político, consideramos que es imprescindible que la Sala respectiva, a la hora de evaluar la procedencia de una solicitud de avocamiento, analice en detalle los remedios procesales que se encuentran al alcance de las partes para tratar de corregir las injusticias o errores graves con que se pretende justificar el avocamiento.

En la medida en que las distintas Salas del Tribunal Supremo de Justicia sean rígidas, coherentes y uniformes en la exigencia de este requisito indispensable, en esa misma medida se evitará que esta potestad excepcional desborde los límites de lo razonable y se convierta en una perversa herramienta destinada a desconocer la autonomía e independencia del Poder

Judicial, así como los derechos fundamentales a ser juzgado por los jueces naturales y predeterminados, así como el derecho a la igualdad.

3. *La segunda etapa del procedimiento para tramitar las solicitudes de avocamiento*

Luego de que la Sala respectiva analiza las causales de inadmisibilidad de las solicitudes de avocamiento a que hemos hecho referencia anteriormente, la Sala puede tomar alguna de las siguientes decisiones: i) declarar inadmisible la solicitud, de acuerdo a alguna de las causales antes analizadas; ii) requerir el expediente respectivo, a los fines de analizar el caso y tomar los correctivos necesarios de ser el caso; o iii) excepcionalmente pronunciarse de una vez sobre el fondo del avocamiento, sin antes haber solicitado el expediente de donde surgieron los quebrantamientos constitucionales o legales denunciados.

En el primer caso, no habría lugar a la segunda etapa del procedimiento para tramitar el avocamiento, toda vez que al declararse la inadmisibilidad de la solicitud no hay posteriores incidencias ante la Sala respectiva. Sencillamente se archiva el expediente que contiene la solicitud y en nada se afecta el juicio que motivó el requerimiento. Muchas veces ni siquiera el resto de las partes se enteran de una solicitud de avocamiento declarada inadmisible, al no requerirse el envío del expediente a la Sala.

En el segundo supuesto, esto es, de haberse declarado admisible la solicitud de avocamiento, las Salas por lo general requieren, conforme a lo dispuesto en la última parte del artículo 108 de la LOTSJ, el envío del expediente respectivo, ordenando la suspensión del proceso hasta tanto se resuelva la solicitud de avocamiento. Ello, a los fines de tomar su decisión sobre la procedencia o improcedencia del avocamiento. Obviamente, el solo hecho de que se haya solicitado el expediente ya constituye un indicio bastante revelador de la posibilidad de que la Sala respectiva va a tomar una decisión que afectará el proceso objeto de análisis.

A. *El poder cautelar de las Salas del Tribunal Supremo en los avocamientos*

La doctrina más calificada ha sostenido, acertadamente, que el poder cautelar del juez es una condición inseparable de la posibilidad de resolver controversias en justicia[45]. En un Estado de Derecho no puede ejercerse la labor jurisdiccional si el que decide no tiene la posibilidad de asegurar que el fallo pueda cumplirse para cualquier de las dos partes en litigio.

Este poder cautelar inherente a las labores jurisdiccionales se encuentra recogido en forma contundente en el artículo 130 de la LOTSJ, donde se establece que la Sala Constitucional puede acordar, en cualquier estado y grado del proceso y aún de oficio, las medidas cautelares que considere pertinente. Destaca la norma que la Sala dispondrá de "amplios poderes cautelares" para garantizar la tutela judicial efectiva.

Pues bien, estos poderes cautelares pueden ser ejercidos por las distintas Salas del Tribunal Supremo frente a las solicitudes de avocamiento. Por lo general, la oportunidad en la que suelen decretarse medidas cautelares en este tipo de procedimientos es al momento de admitirse la solicitud y mientras se espera por la llegada del expediente respectivo a la Sala. Sin embargo, nada obsta a que la medida preventiva pueda dictarse luego de que la Sala ha recibido el expediente e iniciado el estudio del mismo.

En este sentido, en la sentencia dictada por la Sala Constitucional, en fecha 14 de agosto de 2017, caso: *Alconca C.A*, la Sala expuso:

> Tomando en cuenta esta Sala que en la presente solicitud se denunció la incursión en graves desórdenes procesales derivados de una serie de medidas cautelares dictadas en los juicios cuyo avocamiento se peticiona, al tiempo que se esgrimió la paralización del giro social de la sociedad mercantil Granja

---

45 GARCÍA DE ENTERRÍA, Eduardo, *La Batalla por las Medidas Cautelares*, 2da edición, Civitas, Madrid, 1995.

Alconca C.A., y dado que se demandó la nulidad de actas de asambleas relacionadas con la referida sociedad de comercio, por lo que se ha peticionado ante esta Sala la urgencia en el decreto de las cautelares peticionadas a los efectos de evitar mayores daños en los derechos de propiedad de los solicitantes y, en definitiva al haberse impugnado la validez de las convocatorias y actas de asambleas, se considera que se han cambiado los supuestos del artículo 275 del Código de Comercio que prescriben las facultades de la asamblea ordinaria en la sociedades de comercio, por lo que en criterio de esta Sala dada las circunstancias referidas no se está ante la actividad habitual de giro de la empresa, por lo que se cumplen los supuestos establecidos jurisprudencialmente tanto por la Sala de Casación Civil de este Tribunal Supremo de Justicia como por esta Sala, para que a instancia de parte sucumba la supremacía del órgano societario y se de paso a la determinación judicial de las siguientes medidas cautelares innominadas hasta tanto se resuelva el fondo de la presente solicitud de avocamiento., (Ver sentencia de la Sala de Casación Civil RC-0671 del 7 de noviembre de 2003, caso: *Ángelo Gianturco Di Bianco y otros vs. Mauro Bevilacqua y otros*; y decisión n.° 159 de esta Sala Constitucional dictada el 7 de abril de 2017, caso: *Francesco Accettura*, y en este sentido:

1.- Se levanta la medida dictada el 2 de febrero de 2016, por el Juzgado Segundo de Primera Instancia en lo Civil, Mercantil y Tránsito de la Circunscripción Judicial del Estado Aragua y la medida decretada el 7 de diciembre de 2016, por el Juzgado Primero de Primera Instancia en lo Civil, Mercantil y Tránsito de la Circunscripción Judicial del Estado Aragua, con sede en Cagua.

2.- Se convoca por esta Sala una Asamblea General Extraordinaria de Accionistas para definir con la mayoría prevista en el artículo 276 del Código de Comercio los miembros de la Junta Directiva de Granja Alconca C.A.

3.- Dicha convocatoria de la asamblea referida precedentemente, se realizará por analogía, conforme a lo previsto el artículo 277 del Código de Comercio mediante cartel librado por esta Sala y publicado en periódico de circulación nacional con cinco (5) días de anticipación por lo menos al fijado para la reunión.

4.- Dicha asamblea extraordinaria será celebrada en el domicilio social de Granja Alconca C.A., establecida en sus estatutos.

5.- Para la celebración de la Asamblea General Extraordinaria de Accionistas antes señalada, debe dejar fe pública mediante un juez de municipio o un juez de municipio ejecutor de medidas de la Circunscripción Judicial del Estado Aragua que sea comisionado para ello.

Como puede apreciarse, al momento en que la Sala Constitucional admitió la solicitud del expediente y ordenó su remisión, dictó una serie de medidas cautelares, a los fines de que la suspensión del juicio no impidiera la realización de unos actos societarios que la Sala consideró necesarios para restablecer la situación jurídica infringida.

Los requisitos de procedencia de las medidas cautelares en los procedimientos de avocamiento son los mismos que se exigen para todas las medidas preventivas, esto es, el *fumus boni iuris* y el *periculum in mora*. Para ello, es importante que el solicitante de la medida aporte todos los elementos necesarios que le permitan a la Sala realizar el estudio sumario sobre la procedencia de la cautelar. Ello no obsta a que la Sala ejerza sus poderes cautelares de oficio, incluso en contra de los intereses del solicitante del avocamiento.

En cuanto al trámite de la oposición, el artículo 131 de la LOTSJ dispone que la parte contra la cual recae la medida puede ejercer oposición dentro de los tres días de despacho siguientes a la notificación de la medida preventiva. En ese caso, se abrirá el respectivo cuaderno separado, así como una articulación probatoria de tres días de despacho para que las partes promuevan y evacúen las pruebas que consideren pertinentes[46]. La Sala deberá decidir dentro de los cinco días siguientes.

---

46 Si bien la norma no dispone nada al respecto, debe entenderse que luego de esos tres días de promoción de pruebas, la Sala debe admitir las que considere legales y pertinentes, a los fines de disponer la forma en que deberán evacuarse las pruebas admitidas.

B. *Las incidencias o actuaciones de las partes en el avocamiento*

Es probable, y ocurre a menudo en la práctica que, durante la segunda fase del avocamiento, el resto de las partes involucradas en el juicio cuyo expediente ha sido solicitado presentan escritos apoyando o rechazando la solicitud de avocamiento. Una vez que el Tribunal donde venía tramitándose la causa recibe el oficio y envía el expediente a la Sala respectiva, el resto de las partes del proceso pueden acudir a esa Sala a presentar sus consideraciones y para ello no pareciera haber límite temporal alguno. Es decir, al menos hasta que se dicte la sentencia sobre la procedencia o no del avocamiento, las partes están habilitadas para presentar sus escritos con sus respectivos anexos.

Obviamente, nada de esto obsta a que las partes presenten escritos ante la Sala respectiva, antes de la admisión del mismo, es decir, durante la primera etapa del procedimiento. El problema práctico es que el resto de las partes, distintas al solicitante, no suelen estar enterados de la existencia de la solicitud hasta tanto la Sala lo admite y comunica al tribunal que venía conociendo del asunto.

En relación a la facultad de solicitar diligencias probatorias, la verdad es que no conocemos de precedentes que lo hayan autorizado[47]. Sin embargo, en nuestro criterio, es perfectamente posible que las partes soliciten la evacuación de algún mecanismo probatorio indispensable para la mejor decisión sobre la procedencia o improcedencia del avocamiento, pues no puede perderse de vista que el artículo 89 de la LOTSJ dispone que las Salas pueden actuar de oficio en los casos que disponga la ley, lo que podría entenderse que estarían habilitadas para iniciar alguna incidencia probatoria que consideren pertinente, bien sea *motu proprio* o por que alguna de las partes lo ha solicitado.

---

[47] Obviamente es perfectamente posible acompañar a los distintos escritos pruebas documentales que apoyen las posiciones de las partes.

4. *Los requisitos de procedencia de las solicitudes de avocamiento*

En cuanto a la procedencia de una solicitud de avocamiento, el legislador estableció unas condiciones bastante rigurosas que, de ser seguidas al pie de la letra, implicaría que la figura del avocamiento sería prácticamente inexistente. Sin embargo, como veremos, estos requisitos suelen ser obviados con suma frecuencia, toda vez que las Salas del Tribunal Supremo de Justicia han venido entendiendo al avocamiento como una facultad discrecional que les permite, cuando lo consideran prudente o necesario, asumir el conocimiento directo de una controversia, bien sea para seguir conociendo de la misma o para restablecer alguna situación jurídica infringida y devolver al mismo tribunal que venía conociendo del asunto o a otro distinto.

Si bien bajo la vigencia de la LOCSJ se le había otorgado un amplísimo y hasta absoluto margen de discrecionalidad a la Sala Político-Administrativa de la antigua Corte Suprema de Justicia, no sucede lo mismo con la actual LOTSJ, donde parece haberse restringido o regulado los motivos que pudieran justificar el uso de esta facultad excepcional.

Lo paradójico del tema es que, bajo la vigencia de la LOCSJ, la Sala Político-Administrativa mantuvo una posición bastante conservadora, en el sentido de que fue extremadamente prudente con el uso de esta facultad; mientras que con la actual vigencia de la LOTSJ hemos observado cómo esta facultad suele utilizarse con mayor facilidad.

Es pertinente comenzar por recordar que el artículo 107 de la vigente LOTSJ señala que: "El avocamiento será ejercido con suma prudencia y sólo en caso de graves desórdenes procesales o de escandalosas violaciones al ordenamiento jurídico que perjudiquen ostensiblemente la imagen del Poder Judicial, la paz pública o la institucionalidad democrática".

De igual forma, el numeral 16 del artículo 25 de la misma LOTSJ dispone que son competencias de la Sala Constitucional: "Avocar las causas en las que se presuma violación al orden público constitucional, tanto de las otras Salas como de los demás tribunales de la República, siempre que no haya recaído sentencia definitivamente firme".

De acuerdo al contenido de esta disposición se puede concluir, *a priori*, que se trata de una facultad excepcional, que sólo podría utilizarse ante situaciones realmente inusuales, que justifiquen pasar por encima de la competencia de los tribunales que la ley ha considerado como idóneos para resolver esas situaciones. Es decir, si para la procedencia del avocamiento es necesario que esté en juego la institucionalidad democrática o la paz pública, resultaría prácticamente inútil este remedio judicial.

La primera condición que impone el artículo 107 de la LOTSJ es que en el proceso cuyo avocamiento es solicitado hayan ocurrido graves desórdenes procesales o escandalosas violaciones al ordenamiento jurídico, que además hayan perjudicado la imagen del Poder Judicial, la paz pública y la institucionalidad democrática. No se trata de cualquier violación legal, sino de graves errores que pongan en peligro la institucionalidad democrática y el decoro del Poder Judicial.

En nuestro criterio, la norma pareciera referirse a errores inexcusables de derecho, los cuales tendrían que implicar hasta el inicio de un procedimiento disciplinario en contra del juez responsable, pues de lo contrario no se justificaría el desconocimiento del juez natural y predeterminado por la ley. No olvidemos que frente a cualquier error judicial existen otras vías ordinarias y extraordinarias para corregirlos.

Por tanto, ante la ocurrencia de una infracción legal de profundas magnitudes se justificaría la potestad excepcional de avocamiento de alguna Sala del Tribunal Supremo de Justicia, lo que debería implicar el subsiguiente inicio de un procedimiento disciplinario contra el juez infractor.

Pero lo cierto es que la realidad jurisprudencial es muy distinta a la rigurosidad plasmada en la LOTSJ. Las distintas Salas del Tribunal Supremo nos muestran que las consideraciones para declarar procedente un avocamiento son mucho más flexibles, al punto de que podemos llegar a afirmar que pareciera más bien una potestad discrecional del Tribunal Supremo. Basta revisar algunas de las múltiples decisiones dictadas por las distintas Salas del Tribunal Supremo, donde se han declarado procedentes solicitudes de avocamiento, para verificar que los errores detectados, en la mayoría de los casos, distan mucho de ser "escandalosas violaciones" y mucho menos ponen en riesgo "la paz pública" o "la institucionalidad democrática".

En efecto, en algunos casos basta una motivación sencilla sobre la importancia del caso y su posible repercusión; y en otros pareciera suficiente relatar alguna violación legal o discrepancia jurídica.

Veamos brevemente algunos de los motivos que han generado la declaratoria de procedencia de las solicitudes de avocamiento.

A. *La importancia del caso y/o su posible repercusión*

Como hemos adelantado, en la práctica, la mayoría de los casos donde se admiten solicitudes de avocamiento no se observan esas gravísimas violaciones a nuestro ordenamiento jurídico a que trató de hacer referencia la LOTSJ. Sobre todo, cuando se trata de la Sala Constitucional, donde más bien lo que pareciera importar es la relevancia del caso y sus posibles efectos.

El primer caso que demuestra esta afirmación es la ya mencionada sentencia de fecha 20 de junio de 2013, caso: *Henrique Capriles R.*, donde la Sala Constitucional se avocó al conocimiento de unos recursos contencioso-electorales que estaban pendiente de admisión por ante la Sala Electoral. Es decir, no se había dictado la primera sentencia del proceso y sin embargo la Sala Constitucional consideró que debía avocarse al conocimiento del asunto y asumir el conocimiento de esos recursos. Para justificar esta actuación señaló:

> En relación con esta extraordinaria potestad, consecuente con las altas funciones que como máximo garante de la constitucionalidad y último intérprete del Texto Fundamental han sido asignadas a esta Sala Constitucional, la doctrina de esta juzgadora ha dispuesto que el avocamiento es una figura de superlativo carácter extraordinario, toda vez que afecta las ga-

rantías del juez natural y, por ello, debe ser ejercida con suma prudencia y sólo en aquellos casos en los que pueda verse comprometido el orden público constitucional (*vid.* sentencias números 845/2005 y 1350/2006).

Pero esta Sala no sólo hará uso de esta facultad en los casos de posible transgresión del orden público constitucional, ante la ocurrencia de acciones de diversa índole en las cuales se podría estar haciendo uso indebido de los medios jurisdiccionales para la resolución de conflictos o con el fin de evitar el posible desorden procesal que se podría generar en los correspondientes juicios, sino también cuando el asunto que subyace al caso particular tenga especial trascendencia nacional, esté vinculado con los valores superiores del ordenamiento jurídico, guarde relación con los intereses públicos y el funcionamiento de las instituciones o que las pretensiones que han generado dichos procesos incidan sobre la institucionalidad democrática o el ejercicio de los derechos fundamentales de los ciudadanos, particularmente sus derechos políticos. El esfuerzo de esta Sala debe, en fin, dirigirse a aclarar las dudas y agenciar los procesos previstos para darle respuesta a los planteamientos de los ciudadanos y garantizar el ejercicio de sus derechos.

Como vemos, con esta decisión la Sala Constitucional amplía considerablemente los requisitos de procedencia del avocamiento, pues ya no es sólo procedente cuando existan graves violaciones al ordenamiento jurídico, sino cuando se trate de asuntos de "trascendencia nacional" o donde estén vinculados "los valores superiores del ordenamiento jurídico". Es decir, pareciera suficiente que exista un caso que alguna de las Salas considere relevante, lo que evidentemente es el común denominador en los casos de naturaleza política.

Una posición similar asumió la Sala Constitucional en el fallo de fecha 16 de noviembre de 2012, caso: *Adriana Zorrilla*, en el caso relacionado con los problemas derivados de implantes mamarios defectuosos. En esa oportunidad se señaló que:

Ahora bien, toda vez que la jurisprudencia de este Máximo Tribunal ha justificado el ejercicio del avocamiento ante casos de manifiesta injusticia, denegación de justicia, amenaza en grado superlativo al interés público y social o necesidad de restablecer el orden en algún proceso judicial que así lo amerite en razón de su trascendencia e importancia y visto que, aún cuando en el presente caso se ordenó la reposición de la causa al estado de que se celebrara nuevamente la audiencia oral y pública, a la misma se ha adherido una considerable cantidad de posibles afectadas, lo cual pone de relieve que la repercusión de la presente causa trasciende el interés individual de la solicitante originaria y, por otra parte, la importancia que la misma tiene, por tratarse de los derechos a la salud y a la vida de las personas que solicitan tutela constitucional frente a una problemática que ya esta Sala calificó como de salud pública, justifica que, en esta oportunidad, la Sala avoque el conocimiento de la presente causa.

En consecuencia, esta Sala considera, dada la índole de los derechos que se denunció como afectados, esto el derecho a la vida y a la salud, aunado a la importancia y la trascendencia de la misma, procedente la solicitud en cuestión, avoca el conocimiento de la causa que se inició con la demanda de amparo que interpuso la ciudadana Adriana Alejandra Zorrilla González contra las sociedades mercantiles GALAXIA MÉDICA C.A., MULTI INDUSTRIAS MÉDICAS MULTIMED, C.A., LOCATEL SERVICIOS S.R.L., FARMACIA LOCATEL C.A. y LOCATEL FRANQUICIA C.A. y declara la nulidad del auto que emitió el Juzgado Noveno de Primera Instancia en lo Civil, Mercantil, del Tránsito y Bancario de la Circunscripción Judicial del Área Metropolitana de Caracas, el 9 de abril de 2012, mediante el cual ordenó la notificación a las partes de la fijación de la nueva audiencia oral por cuanto la causa seguirá su trámite ante esta Sala Constitucional. Así se decide.

Nótese que lo que justifica el avocamiento en estos dos casos no es tanto las irregularidades procesales que hayan podido existir, sino la importancia del tema y las repercusiones que pudieran derivarse de un posible error judicial.

B. *Las violaciones "graves" al ordenamiento jurídico*

En otras oportunidades las distintas Salas del Tribunal Supremo han declarado procedente solicitudes de avocamiento, no por la importancia del caso o su repercusión pública, sino por considerar que existe "una manifiesta injusticia, denegación de justicia, amenaza en grado superlativo al interés público y social o necesidad de restablecer el orden en algún proceso judicial que así lo amerite en razón de su trascendencia"[48].

Es decir, en muchos casos las Salas acuerdan la solicitud de avocamiento al entender que existen discrepancias jurídicas o simples errores de juzgamiento, que en forma alguna pueden llegarse a considerar como inexcusables, o que comprometan la imagen del Poder Judicial o la institucionalidad democrática.

Un buen ejemplo de esta afirmación lo encontramos en la jurisprudencia de la Sala de Casación Penal, la cual suele utilizar las solicitudes de avocamiento para corregir fallos que considera errados o que sencillamente no se ajustaron a derecho.

Por ejemplo, en la sentencia del 10 de agosto de 2011, caso: *Rolando Elías Ramírez*, la Sala Penal señaló lo siguiente:

> Ahora bien, de la revisión tanto de la decisión que acordó la orden de aprehensión (30 de noviembre de 2009), como la que decretó la medida de privación judicial preventiva de libertad (8 de septiembre de 2010) anteriormente transcritas, se desprende que efectivamente le asiste la razón a la defensa privada, por cuanto las mismas, no establecieron de manera clara y precisa, cuales eran las circunstancias directas que justificaban adoptar tales resoluciones, lo que denota falta de motivación, y por ende violación al debido proceso, al derecho a la defensa y a la tutela judicial efectiva.

En el mismo sentido, en otra decisión de la misma Sala Penal del 18 de diciembre de 2006, caso: *Pedro José Maggino Belicchi*, se destacó lo siguiente:

> Realizada la revisión del expediente, se observaron violaciones cometidas durante la fase preparatoria del proceso penal seguido a los ciudadanos Pedro José Maggino Belicchi e Ismael Barrios Conde, las cuales quebrantaron los derechos constitucionales y legales consagrados en los artículos 26 y 49

48 Sentencia dictada por la Sala Constitucional N° 845/2005, caso: *Corporación Televen C.A.*

> (numeral 1) de la Constitución de la República Bolivariana de Venezuela, y en los artículos 125, 130, 131 y 132 del Código Orgánico Procesal Penal. En efecto, aparece en autos lo siguiente:
>
> (...)
>
> Como se indicó anteriormente, se violaron disposiciones constitucionales y legales, con respecto a los ciudadanos Pedro José Maggino Belicchi e Ismael Barrios Conde, porque el acto de imputación formal al cual estaba obligado el Ministerio Público en el momento de atribuirle a los mencionados ciudadanos el supuesto delito de Transporte Ilícito Agravado de Sustancias Estupefacientes y Psicotrópicas no se llevó a cabo.
>
> (...)
>
> Con apoyo en los artículos 190, 191 y 195 del Código Orgánico Procesal Penal, la Sala de Casación Penal, en aras de garantizar la tutela judicial efectiva, el debido proceso, el respeto al derecho a la defensa y la correcta administración de justicia, en relación con los ciudadanos Pedro José Maggino Belicchi e Ismael Barrios Conde, ordena la reposición del proceso al estado en que el Ministerio Público cumpla con el respectivo acto de imputación formal con estricto cumplimiento a lo previsto en los artículos 125, 130, 131 y 133 del Código Orgánico Procesal Penal.

Por su parte, hemos observado como la Sala Político-Administrativa ha declarado procedente solicitudes de avocamiento, simplemente frente a la existencia de medidas cautelares dictadas por tribunales de inferior jerarquía, como las Cortes de lo Contencioso Administrativo o los Juzgados Superiores Contencioso-Administrativos, donde entiende que se han perjudicado los intereses de algunos organismos del Estado·

Por ejemplo, en la sentencia de fecha 21 de abril de 2004, caso: *SUDEBAN*, la Sala Político-Administrativa determinó que:

> Asimismo no puede dejar de apreciar esta Sala, que la decisión en la cual se acordó la aludida providencia cautelar, es precisamente la misma en que se admitió el recurso de nulidad, lo cual entre otras cosas, contraría el criterio que ha man-

> tenido reiteradamente este órgano jurisdiccional sobre la materia, en el sentido de que salvo el caso del amparo cautelar para el resto de las medidas de esa misma índole, debe abrirse cuaderno separado y una vez notificadas las partes de la acción principal proveerse sobre éstas.
>
> Tales elementos ponen en evidencia, que existen irregularidades de orden procesal que si bien podrían ser subsanadas, en principio, por vía de los recursos ordinarios previstos para ello, como es el caso de la apelación, no debe pasarse por alto el hecho de que dichos recursos en los actuales momentos serían absolutamente inoperantes, dada la suspensión de los miembros que integran a la Corte Primera de lo Contencioso Administrativos, y como quiera que el asunto debatido, rebasa el interés privado, como fuere explicado en las líneas que anteceden, no cabe duda que sí están dados los supuestos para que la Sala proceda a la avocación de la mencionada causa y así expresamente se decide.

En el mismo sentido se pronunció esa Sala en la sentencia de fecha 4 de mayo de 2004, caso: *PDVSA*, al señalar:

> De esta forma, la Corte Primera de lo Contencioso Administrativo, en su sentencia confundió, en criterio de esta Sala, el carácter anticipado, preventivo, instrumental y homogéneo de la pretensión cautelar, con la ejecución anticipada y en este caso condicional de la sentencia del recurso de nulidad; dejando a ésta, además, sin contenido u objeto, al haber analizado los efectos de las normas de la Ley Orgánica del Trabajo, referidas a la inamovilidad y estabilidad de los indicados trabajadores, a saber, artículos 427 y 450 de la Ley Orgánica del Trabajo, adelantando el dispositivo de lo que sería una sentencia futura, y sin hacer además, el necesario equilibrio al decretarla, para el supuesto de que los accionantes no resultaren vencedores en el proceso.
>
> En tal sentido, con todo el detallado análisis del expediente que ha sido objeto de la solicitud de avocamiento, concluye la Sala que la Corte Primera de lo Contencioso Administrativo, en su decisión soslayó los principios esenciales al instituto procesal de las medidas cautelares; en especial de la medida de amparo cautelar, al emitir un pronunciamiento de fondo e incurriendo en un claro prejuzgamiento, respecto de la con-

troversia debatida, dejando sin contenido u objeto de estudio al recurso de nulidad, al dictar una medida ejecutiva en vez de cautelar, que comprometió seriamente el interés público y trascendió el interés de las partes involucradas, toda vez que se evidencia la posibilidad de causarse un daño importante y grave al patrimonio económico de la República, lo cual justifica el avocamiento de esta Sala.

En consecuencia, tanto por las especiales razones de orden constitucional y legales señaladas y con la intención de corregir casos de graves injusticias de tal magnitud que escapen al mero interés subjetivo de las partes involucradas y que trascienden a la colectividad, afectando el interés general de la sociedad; vista la irregularidad en la que incurrió la Corte Primera de lo Contencioso Administrativo, al pronunciarse respecto del fondo de la controversia, por medio del decreto de una medida de amparo cautelar, el cual afecta no sólo a las partes involucradas o intereses privados, sino a los intereses públicos, al tratarse de una empresa cuya actividad y producción contribuye de manera determinante con los ingresos que permiten el cumplimiento sostenido de los elevados fines públicos del Estado; y finalmente visto que todo lo anterior comporta un grave perjuicio para el desarrollo normal de la actividad económica del Estado Venezolano, esta Sala Político-Administrativa del Tribunal Supremo de Justicia conforme a la facultad concedida por el ordinal 29 del artículo 42 de la Ley Orgánica de la Corte Suprema de Justicia, **DECLARA LA NULIDAD DEL DECRETO CAUTELAR DE SUSPENSIÓN DE EFECTOS dictado por la Corte Primera de lo Contencioso Administrativo en fecha 12 de junio de 2003,** contra la providencia administrativa s/n del 9 de diciembre de 2002, así como contra la providencia administrativa número 003-001, del 06 de enero de 2003, ambas dictadas por el Director de Inspectoría Nacional y Otros Asuntos Colectivos del Trabajo del Sector Privado del Ministerio del Trabajo. Así se decide.

En consecuencia, y conforme a las razones expuestas, esta Sala Político-Administrativa del Tribunal Supremo de Justicia, en virtud de la avocación acordada y al haberse declarado la nulidad del indicado decreto cautelar, **anula y deja sin efecto** todas las decisiones y actuaciones materiales dictadas por la Corte Primera de lo Contencioso Administrativo en ejecución de la referida medida. Así se decide.

Más simple aún resulta la argumentación expuesta por la Sala de Casación Social en el fallo de fecha 10 de noviembre de 2005, caso: *CVG Ferrominera Orinoco*, donde se señaló que:

> Expone así mismo que *"han existido irregularidades suscitadas durante todas las etapas procesales"*, y alega que es temeraria y errónea la pretensión del apoderado actor relativa al *" reajuste"* de la experticia complementaria del fallo -que concluyó que la demandada debía cancelar a los demandantes la suma de siete mil trescientos cuarenta y dos millones doscientos cuarenta y nueve mil ochenta y tres bolívares con noventa y ocho céntimos (Bs. 7.342.249.083,98)-, consignada en cumplimiento del mandato contenido en la sentencia del 7 de octubre de 1999, que resolvió en primera instancia el amparo sobrevenido; tal alegato se basa en que el mencionado fallo fue revocado por el Juzgado Superior Segundo del Trabajo de la Circunscripción Judicial del Estado Bolívar, el 17 de agosto de 2000. Adicionalmente, alega la solicitante que:
>
> *...en criterio de la Alzada no existe ninguna duda que alguna responsabilidad han tenido y tienen las anteriores y actuales Juntas Directivas y Consultores Jurídicos de CVG FERROMINERA (sic) en las dilaciones de la fase ejecutiva del proceso entablado en el año 1993 por 187 jubilados.*
>
> Determinado lo anterior, se observa que el asunto objeto de la solicitud de avocamiento, trata del cobro de beneficios laborales -materia que resulta afín con la competencia de esta Sala-, en cuyo trámite procedimental, según se denuncia, se quebrantó el ordenamiento jurídico; en este orden de ideas, se desprende de las actas procesales que en instancia fueron agotados los recursos ordinarios, mediante los cuales se pudieron atacar los vicios denunciados en la presente solicitud de avocamiento, sin que se lograra subsanar tales irregularidades, que en definitiva, afectan de manera negativa y patente la imagen del Poder Judicial venezolano.
>
> Por las razones expuestas, y al haberse verificado el cumplimiento de los requisitos *supra* señalados, resulta forzoso declarar la procedencia del avocamiento solicitado, de modo que corresponde a esta Sala el conocimiento y decisión de la pretensión de cobro de beneficios laborales planteada contra C.V.G. Ferrominera Orinoco C.A. Así se declara.

Como vemos, se trata de fallos donde sencillamente existe una discrepancia en la aplicación del derecho, lo que jamás podría considerarse como un error gravísimo; y mucho menos podría afirmarse que estas decisiones pusieron en riesgo la institucionalidad democrática.

En otros casos, la Sala Constitucional ha declarado la procedencia de una solicitud de avocamiento no tanto por las irregularidades procesales detectadas, sino por considerar que es necesario emitir un pronunciamiento de fondo relevante, como sería el caso de la desaplicación, por razones de inconstitucionalidad, de unas normas jurídicas.

Así, por ejemplo, la Sala Constitucional en sentencia del 8 de diciembre de 2011, caso: *Martín Jiménez*, declaró la procedencia de una solicitud de avocamiento, con la siguiente argumentación:

> Al mismo tiempo, la Sala al advertir en el presente caso la posible transgresión del orden público constitucional, en el marco de los principios fundamentales que informan el derecho al debido proceso, a la correcta aplicación de las leyes, y en lo que concierne a la adecuación típica, concebida como el proceso mediante el cual una conducta o comportamiento humano, encuadra dentro de un tipo penal determinado, función esta que le es propia al juzgador a quien atañe el conocimiento del caso en concreto, con el objeto de evitar decisiones arbitrarias que coloquen en entredicho la imagen del poder judicial, en aras de preservar el derecho a la tutela judicial efectiva, con la finalidad de determinar, efectivamente, la posible vulneración al orden jurídico constitucional, y con el objeto de evitar criterios jurisprudenciales contradictorios en el presente caso, se avoca a su conocimiento. Así se decide.
>
> (...)
>
> En consecuencia, bajo las consideraciones expuestas, al verificarse que el artículo 471-a y el artículo 472, ambos del Código Penal, que contienen los tipos penales de invasión y de perturbación a la posesión pacífica, no hacen distinción en cuanto a los casos en los cuales las acciones que se presuman delictivas, versen sobre la disputa de bienes destinados a la activi-

dad agraria o que pudieran presumirse de vocación agrícola, -en cuyo caso deben excluirse de los supuestos configurativos del tipo, pues en tal caso, los hechos objeto del proceso resultarían atípicos- y en consecuencia, se desprenda la falta de competencia material (*ratione materiae*) del juez penal, por lo que se entienden normas contrarias al deber de tipificación suficiente y a la garantía del debido proceso, establecido en el artículo 49 de la Constitución de la República Bolivariana de Venezuela, contentivo, a su vez, del principio de legalidad y del derecho a ser juzgado por los jueces naturales en las jurisdicciones ordinarias o especiales, -49.6 y 49.4 de la Constitución de la República Bolivariana de Venezuela-, aunado a la necesidad de generar seguridad jurídica en la interpretación del ordenamiento jurídico, esta Sala Constitucional, en uso de la potestad prevista en el artículo 334 de la Constitución de la República Bolivariana de Venezuela, desaplica por control difuso de la constitucionalidad los artículos 471-a y 472 del Código Penal Venezolano, en aquellos casos en donde se observe un conflicto entre particulares devenido de la actividad agraria, conforme a las previsiones establecidas en el artículo 197 de la Ley de Tierras y Desarrollo Agrario, resultando aplicable el procedimiento ordinario agrario establecido en el Capítulo VI del texto legal mencionado y competente para conocer en estos supuestos los juzgados de primera instancia agraria, teniendo el presente fallo carácter vinculante para todos los tribunales de la República, incluso para las demás Salas de este Tribunal Supremo de Justicia.

Como vemos, las distintas Salas del Tribunal Supremo de Justicia han considerado procedente, solicitudes de avocamiento sin atender a la rigurosidad de los requisitos establecidos en la LOTSJ. En la mayoría de los casos se utiliza alguna argumentación sencilla sobre alguna discrepancia legal para justificar la intervención de la Sala. Precisamente por ello, consideramos que en la práctica la figura del avocamiento se ha vuelto como una especie de potestad discrecional de las distintas Salas del Tribunal Supremo de Justicia, para intervenir en el caso y resolver lo que se entienda necesario.

Por ello, gran parte del foro ha visto en esta herramienta procesal una vía bastante efectiva para contrarrestar cualquier decisión desfavorable a sus respectivos intereses, con lo cual se permite acceder directamente a la Sala del Tribunal Supremo de Justicia competente, para tratar de modificar el curso de una determinada controversia.

Y como es lógico imaginarse, esta posición jurisprudencial flexible y extremadamente casuística es lo que ha conllevado a la multiplicación de solicitudes de avocamiento, al punto de que es difícil encontrar litigios de envergadura donde no se haya realizado alguna solicitud de avocamiento.

Pero, en definitiva, esta facultad extraordinaria de avocamiento le ha permitido a las distintas Salas del Tribunal Supremo entrar a conocer controversias antes de que se ejerzan los recursos ordinarios o extraordinarios respectivos. Ello en algunas ocasiones ha servido para sanear un proceso llevado en forma viciada, pero en otros casos ha servido más bien del canal adecuado para torcer el sano curso de un juicio.

Lo cierto es que la Sala Constitucional ha utilizado esta figura como una herramienta poderosa de control constitucional de sentencias, pues a través de esta institución puede entrar a conocer cualquier juicio donde estime que se han dictado decisiones (o se han dejado de dictar) en contravención con las normas, valores o principios constitucionales. De allí, que forma parte del catálogo de recursos extraordinarios destinados a controlar las decisiones judiciales, antes de que se haya producido una sentencia definitivamente firme.

5. *La oportunidad para decidir las solicitudes de avocamiento*

El principal problema que se ha presentado en la segunda fase del proceso de avocamiento es que las Salas no disponen de ningún plazo máximo para la toma de la decisión respectiva, lo que suele generar graves daños a las partes involucradas en una contienda judicial.

De hecho, en varios casos la Sala Político-Administrativa e, incluso la propia Sala Constitucional, han solicitado el envío de expedientes en manos de tribunales de instancia, paralizando el trámite procesal por más de 2 años, lo que es a todas luces injustificable y constituye una clara violación al derecho a un juicio sin dilaciones indebidas, lo que compromete la tutela judicial efectiva[49].

Este problema fue abordado por la Sala Constitucional, la cual dictó una decisión, con carácter vinculante, donde se trató de corregir este inconveniente. Sin embargo, se trató de un precedente aislado que nunca más fue repetido o seguido, ni siquiera por ella misma. Incluso, este fallo se ordenó publicar en la Gaceta Oficial, a los fines de darle la mayor divulgación posible, aun cuando su contenido sigue siendo ignorado por el resto de las Salas del Tribunal Supremo de Justicia (incluyendo la propia Sala Constitucional) y por los tribunales de instancia.

Nos referimos a la decisión de fecha 5 de abril de 2004, caso: *Mayra Rincón Lugo*, donde la Sala Constitucional estableció dos importantes pautas para el desarrollo del procedimiento del avocamiento. En primer lugar, estableció que las Salas, a la hora de admitir una solicitud de avocamiento, sólo podían solicitar *copia certificada del expediente* respectivo; y, en segundo lugar, una vez que la Sala respectiva recibiese las copias certificadas del expediente *disponía sólo de 30 días hábiles para tomar su decisión* sobre la procedencia o improcedencia de la solicitud de avocamiento. Y una vez transcurrido dicho lapso, el tribunal que venía conociendo del juicio quedaba habilitado para continuar el proceso.

Textualmente dispuso la Sala Constitucional:

> El objeto de la figura procesal del avocamiento es traer al Tribunal Supremo de Justicia en sus diferentes Salas -de acuerdo a la naturaleza del asunto discutido- "*cualquier asunto que por su gravedad y por las consecuencias que pudiera producir un fallo desatinado, amerite un tratamiento de excepción con el fin de prevenir antes de que se produzca una situación de caos, desquiciamiento, anarquía o cualesquiera otros inconvenientes a los altos intereses de*

---

[49] Véase, por ejemplo, la sentencia de fecha 15 de julio de 2004, caso: *General Motors* (Sala Constitucional); o el fallo del 4 de mayo de 2004, caso: *PDVSA*, (Sala Político-Administrativa).

la Nación y que pudiera perturbar el normal desenvolvimiento de las actividades políticas, económicas y sociales consagradas en nuestra carta fundamental".

Por tanto, constituye una figura de interpretación y utilidad restrictiva, toda vez que su tramitación representa una ruptura del principio de la instancia natural, la cual se desarrolla en dos etapas procesales denominadas "*Fases del Avocamiento*".

La primera, que se inicia con la solicitud de avocamiento, exige como requisitos de procedencia: 1) Que el asunto judicial curse ante algún otro Tribunal de la República, cualquiera que éste sea y con independencia de su jerarquía, competencia o su especialidad; 2) No importa la fase o etapa en que se encuentra el proceso; 3) Que el asunto rebase el interés privado y afecte el interés público o que exista la necesidad de evitar flagrantes injusticias, y 4) Que el asunto objeto de la solicitud de avocamiento verse sobre una materia que no esté prohibida expresa y directamente a la Sala, al constatarse el cumplimiento de los requisitos, se ordena la remisión de los expedientes que cursen ante otros tribunales, lo cual implica la orden de paralizar la causa, impidiendo, tanto al juez como a las partes, cualquier tipo de actuación.

Y una *segunda etapa,* que es la de avocarse propiamente al conocimiento del asunto, cuando la Sala lo juzgue pertinente, lo cual conlleva a que la última decisión puede tener implícita la nulidad de algún o todos los actos procesales, cuando se hubiere dejado de llenar un requisito esencial a su validez y, como consecuencia natural, la reposición de la causa al estado que la misma sentencia de avocamiento señale, e incluso pasar a la Sala el conocimiento material del asunto, o manejar o evitar un desorden procesal (*vid.* sentencia n.º 2.821 del 28 de octubre de 2003).

Ahora bien, a juicio de la Sala, es precisamente en las fases del avocamiento -concretamente en la primera de ellas- en las que puede resultar infringida la garantía constitucional de la tutela judicial efectiva, ya que la orden de remisión del expediente contentivo de la causa o causas cuyo avocamiento se solicitó, como antes se acotó, comporta inexorablemente la paralización de las mismas, con el consecuente retardo que produce la ruptura del **iter** procesal ordinario -paralización del procedimiento preestablecido-, mientras la Sala que pidió los expedientes los estudia y produce el fallo sobre el avocamiento solicitado.

La Sala apunta que, al no existir término para decidir, la paralización de las causas sobre las que se pide el avocamiento puede resultar desmedida, atentándose contra la celeridad procesal.

Por ello, la Sala pasa a establecer el lapso de treinta días hábiles -contados a partir del recibo del o de los expedientes pedidos- para que la Sala de este Tribunal Supremo, que en el trámite de una solicitud de avocamiento haya acordado la remisión de los expedientes, dicte la resolución respecto a la procedencia o no de la solicitud formulada.

Igualmente, para evitar las dilaciones indebidas en la resolución de las causas cuyos expedientes hayan sido solicitados para su estudio por las Salas, esta Sala Constitucional autoriza a los jueces que los conocen, remitir copia certificada de los expedientes a fin que, probado ante dichos jueces y en autos la preclusión del lapso para que las Salas decidan sin que ocurra sentencia sobre el avocamiento, procedan a sentenciar las causas paralizadas, previa citación de las partes. Y así se declara.

Sin duda que, de haberse aplicado este criterio, se hubiese reducido uno de los principales problemas de la potestad de avocamiento, pues la suspensión del juicio no sería exagerada y no se atentaría contra el derecho a un juicio sin dilaciones indebidas. Sin embargo, el problema es que una revisión de las decisiones posteriores a este fallo de la Sala Constitucional nos revela que la doctrina expuesta en esta sentencia no fue nunca aplicada, ni siquiera por la propia Sala Constitucional.

Compartimos plenamente la doctrina contenida en este fallo recaído en el caso: *Mayra Rincón Lugo*, pues es una buena forma de evitar las grandes injusticias que pueden generarse con el uso inadecuado de la potestad de avocamiento. Lamentamos profundamente que la LOTSJ no haya recogido esta doctrina jurisprudencial, y sobre todo que las Salas del Tribunal Supremo sigan haciendo caso omiso de esas importantes consideraciones.

Actualmente, ni la LOTSJ ni las decisiones de la Salas del Tribunal Supremo han establecido algún lapso para dictar la sentencia sobre la procedencia del avocamiento. Con ello, una vez que una Sala requiere un expediente y el juicio se paraliza, ésta suspensión puede extenderse en forma indefinida. Pero si hay que destacar que en muchas oportunidades las Salas sólo requieren copia certificada del expediente, lo que ayuda a agilizar la continuación del proceso, una vez que se decide el fondo de la solicitud del avocamiento.

6. *Los efectos de la solicitud de avocamiento. El contenido de la sentencia*

Una vez que la Sala respectiva recibe un expediente (bien sea en original o en copia certificada), a raíz de una solicitud de avocamiento, podrían tomarse varios tipos de decisiones.

En este sentido, el artículo 109 de la LOTSJ dispone lo siguiente:

> La sentencia sobre el avocamiento la dictará la Sala competente, la cual podrá decretar la nulidad y subsiguiente reposición del juicio al estado que tenga pertinencia, o decretar la nulidad de alguno o algunos de los actos de los procesos, u ordenar la remisión del expediente para la continuación del proceso o de los procesos en otro tribunal competente en la materia, así como adoptar cualquier medida legal que estime idónea para el restablecimiento del orden jurídico infringido.

Examinemos estas distintas alternativas por separado.

A. *Rechazo de la solicitud de avocamiento*

La primera alternativa ante una solicitud de avocamiento es que la Sala respectiva rechace la solicitud. Ello puede ocurrir en la propia primera fase, esto es, ante la simple solicitud de la parte interesada y sin necesidad de mayores consideraciones o trámites; o luego, en la segunda etapa de este procedimiento, es decir, una vez examinados los autos del juicio cuyo avocamiento se requiere.

En efecto, la inadmisibilidad e improcedencia del avocamiento puede realizarse en cualquier momento. Si la Sala correspondiente considera que no existen méritos para pedir un expediente cuyo avocamiento se solicita puede perfectamente hacerlo de una buena vez, bien por que considere que la solicitud es inadmisible o improcedente. Igualmente, si la Sala respectiva considera que de la solicitud existen méritos suficientes como para requerir un expediente, pero luego se percata que no existen razones para avocarse al asunto o tomar alguna decisión particular, entonces puede declarar la improcedencia del avocamiento.

Consideramos que, en este segundo caso, es decir, en el supuesto de que se haya requerido el expediente y luego haya determinado la improcedencia del avocamiento, debería condenarse en costas al solicitante, por todos los gastos y costos que le haya representado a su contraparte la incidencia del avocamiento. Ello ayudaría a mantener a raya esta facultad extraordinaria de las diversas Salas del Tribunal Supremo, y evitaría el abuso en su utilización por parte de los litigantes. Sin embargo, la posición tradicional ha sido la de negar las costas en casos de avocamiento, pero sin ningún tipo de justificación[50].

B. *La Sala decide quedarse con el expediente y continuar su tramitación*

En principio, esta sería la respuesta lógica ante una declaratoria de procedencia de una solicitud de avocamiento, y de hecho es lo que indica la propia definición del verbo "avocar". Sin embargo, como veremos más adelante esta opción pareciera ser hoy día la excepción.

En todo caso, la Sala respectiva puede considerar que, al tratarse de "escandalosas violaciones al ordenamiento jurídico que perjudique ostensiblemente la imagen del Poder Judicial, la paz pública o la institucionalidad democrática", es prudente que el asunto continúe tramitándose ante el Máximo Tribunal del país.

---

50 Véase, por ejemplo, las sentencias dictadas por la Sala de Casación Civil, en fechas 9 de noviembre de 2004 y 30 de junio de 2005, casos: *Promoción M-35* y *Vicente de Santis León,* respectivamente.

Ante este supuesto lo lógico es que en la propia sentencia donde la Sala decide quedarse con el expediente y continuar el procedimiento, se ordene la notificación de todas las partes del proceso y se otorgue un breve lapso prudencial para que se reanude el juicio en el estado en que se encontraba al momento de su suspensión, o en uno anterior si la misma Sala lo estima conveniente, ante la existencia de vicios procesales de cierta magnitud.

Así, una muestra de esta opción la constituye la decisión dictada por la Sala de Casación Social, en fecha 10 de noviembre de 2005, caso: *CVG Ferrominera Orinoco*, donde se dispuso lo siguiente:

> En mérito de las anteriores consideraciones, esta Sala de Casación Social del Tribunal Supremo de Justicia, administrando justicia en nombre de la República y por autoridad de la Ley, declara **PROCEDENTE** la solicitud de avocamiento presentada por la Consultora Jurídica de la sociedad mercantil C.V.G. Ferrominera Orinoco C.A. En consecuencia, **SE AVOCA** al conocimiento del juicio que por cobro de obligaciones laborales iniciaron 187 jubilados de C.V.G. Ferrominera Orinoco C.A. contra la mencionada empresa, y ordena la continuación del proceso objeto del avocamiento en el estado en que se encuentra, para lo cual se instruye al tribunal de la causa, Juzgado Cuarto de Primera Instancia de Sustanciación, Mediación y Ejecución del Régimen Procesal Transitorio del Trabajo de la Circunscripción Judicial del Estado Bolívar, con sede en Puerto Ordaz, la remisión inmediata de la totalidad del expediente inventariado bajo el número 8272, de acuerdo con su nomenclatura.

C. *La Sala respectiva decide enmendar algún error judicial y devolver el expediente al mismo u otro tribunal*

Recientemente, y sobre todo luego de la entrada en vigencia de la LOTSJ hemos podido observar como lo más común en materia de avocamiento pareciera ser el darle un tratamiento de medio de impugnación, a través del cual se toma una decisión "correctiva" y luego se remite el expediente al mismo tribunal que venía conociendo del asunto o a otro distinto.

Precisamente por esto es que hemos considerado esta controversial potestad de avocamiento como un recurso o medio de impugnación, pues a través de esta figura se puede lograr que una Sala del Tribunal Supremo de Justicia, como máxima instancia de las jurisdicciones ordinarias y especiales, revise una decisión, interlocutoria o definitiva, la anule total o parcialmente, y luego ordene la continuación del juicio en el mismo tribunal donde se estaba tramitando el caso, o en otro distinto de esa misma instancia.

Es decir, en estos casos el avocamiento funcionaría como una especie de apelación anticipada por ante el Máximo Tribunal de una determinada jurisdicción.

Así, por ejemplo, en la sentencia dictada por la Sala de Casación Penal, en fecha 16 de noviembre de 2004, caso: *María Corina Machado*, se señaló lo siguiente:

> Por las razones expuestas, el Tribunal Supremo de Justicia en Sala de Casación Penal, administrando Justicia en nombre de la República y por autoridad de la ley, hace los pronunciamientos siguientes: 1) Se AVOCA al conocimiento de la presente causa que se le sigue a los ciudadanos imputados MARÍA CORINA MACHADO, RICARDO L. ESTÉVEZ MAZZA y ALEJANDRO PLAZ CASTILLO; 2) *Ordena al Juzgado Cuadragésimo Primero de Primera Instancia en función de Control del Circuito Judicial Penal del Área Metropolitana de Caracas que realice la audiencia preliminar*; 3) Ordena que se admitan las pruebas indicadas en esta decisión y que fueran ya solicitadas por la Defensa, así como aquellas nuevas pruebas de las cuales hayan tenido conocimiento con posterioridad a la acusación fiscal y que sean pertinentes. (Cursivas añadidas).

En el mismo sentido, la Sala de Casación Civil, en sentencia de fecha 30 de junio de 2005, caso: *Vicente de Santis León*, declaró con lugar una solicitud de avocamiento señalando lo siguiente:

> En mérito de las anteriores razones, este Tribunal Supremo de Justicia de la República Bolivariana de Venezuela, administrando justicia en nombre de la República y por autoridad de la Ley, declara **CON LUGAR EL AVOCAMIENTO** solicitado por el ciudadano **VICENTE DE SANTIS LEÓN** y, en consecuencia:

1) NULA la sentencia de fecha 30 de octubre de 2003 que corre inserta a los folios 6 al 12 de la pieza signada 1 de 6, mediante la cual el Juzgado de Primera Instancia en lo Civil, Mercantil, Tránsito, Agrario, Trabajo, Bancario y Constitucional de la Circunscripción Judicial del estado Delta Amacuro decretó medida de embargo ejecutivo sobre bienes propiedad del ciudadano **VICENTE DE SANTIS LEÓN,** así como, **todas las actuaciones que de ésta se deriven y en especial:**

2) NULO el auto de fecha 18 de noviembre de 2003 del Juzgado de Primera Instancia en lo Civil, Mercantil, Tránsito, Agrario, Trabajo, Bancario y Constitucional de la Circunscripción Judicial del estado Delta Amacuro, que decretó medida de embargo ejecutivo sobre un lote de terreno y bienhechurías propiedad del ciudadano **VICENTE DE SANTIS LEÓN,** la cual consta a los folios 49 al 50 de la pieza signada 1 de 6.

3) NULA la sentencia de la Corte de Apelaciones del Circuito Judicial Penal del Estado Delta Amacuro, de fecha 27 de enero de 2004, que declaró sin lugar la apelación interpuesta por el ciudadano **VICENTE DE SANTIS LEÓN,** contra la decisión del Juzgado a quo de fecha 30 de octubre de 2003, la cual consta a los folios 192 al 212 de la pieza signada 1 de 6.

4) NULO el auto de fecha 11 de mayo de 2004 del Juzgado de Primera Instancia en lo Civil, Mercantil, Tránsito, Agrario, Trabajo, Bancario y Constitucional de la Circunscripción Judicial del Estado Delta Amacuro, que decretó medida ejecutiva de embargo sobre acciones propiedad del ciudadano **VICENTE DE SANTIS LEÓN,** en la sociedad mercantil Aserradero Don Vicente C. A. la cual consta a los folios 261 al 264 de la pieza signada 1 de 6.

5) NULOS los remates de bienes propiedad del demandado; el primero de fecha 21 de mayo de 2004, el cual consta a los folios 289 al 290, de la pieza signada 1 de 6, y el segundo en fecha 4 de abril de 2005, el cual consta a los folios 1316 al 1321, de la pieza signada 2 de 6 y la participación de dicho remate mediante oficio n.º 250-05 de fecha 04 de abril 2005 a la Oficina Inmobiliaria de Registro Público de los Municipios Sotillo, Uracoa y Libertador del estado Monagas. En consecuencia, el Juzgado de Primera Instancia, antes referido, deberá oficiar al mencionado Registrador de la nulidad aquí declarada y girar

las instrucciones necesarias a los fines de que se pueda realizar la entrega material de los bienes al mencionado ciudadano Vicente De Santis León.

En razón de las declaratorias de nulidades antes acordadas, se **ORDENA** la continuación de la causa al estado en que el Juzgado a quo fije el lapso para que las partes presenten informes, y luego de vencido el mismo, se dicte sentencia, en la oportunidad legal correspondiente, respecto al juicio que por cobro de bolívares incoara Pedro Sebastián Gil Marín en su carácter de endosatario en procuración del ciudadano Luís Antonio Idrogo Barberii contra Vicente De Santis.

Como vemos, las Salas anulan fallos definitivos o interlocutorios, reponen la causa a determinadas fases del proceso y reenvían el expediente al tribunal que venía conociendo del asunto.

Debe destacarse que la LOTSJ permite que una vez que se la Sala correspondiente del Tribunal Supremo de Justicia ha tomado la decisión de anular o no actos o decisiones judiciales de un determinado proceso, ordene la continuación del juicio en el mismo tribunal que venía conociendo del asunto, *o en otro tribunal competente por la materia.*

Ello implica, a nuestra juicio, una clara violación del derecho al juez natural, pues si bien algunos pueden justificar la potestad de avocamiento, ante la necesidad de que el Máximo Tribunal del país asuma el conocimiento de un importante o sensible juicio, no encontramos razones legítimas que permitan que una Sala del Tribunal Supremo le arrebate un expediente a un determinado tribunal y se lo asigne a otro de igual jerarquía, al menos sin que haya considerado que existieron errores judiciales graves que puedan comprometer la imparcialidad del juez.

Con esta habilitación legal, el avocamiento también puede funcionar como una especie de radicación de un juicio, pero en tribunales de una misma jurisdicción, lo que luce claramente inconstitucional. Y es que aun cuando se asigne el conocimiento del asunto en otro tribunal de otra jurisdicción, como para tratar de justificar esa especie de radicación, se estaría violando el derecho al juez natural, pues la figura de radicación tiene unos presupuestos bien concretos, al ser una figura destinada a evitar que se produzcan situaciones de presión pública en una determinada zona del país, que impidan garantizar el debido proceso.

La Sala de Casación Penal ha dictado varias decisiones en donde ha corregido errores judiciales y luego ha ordenado la continuación del juicio en un tribunal distinto al que venía conociendo del asunto. Así, por ejemplo, en la sentencia de fecha 21 de marzo de 2006, caso: *Douglas Matos*, señaló lo siguiente:

> Primero: Con Lugar la solicitud de avocamiento propuesta por los ciudadanos Fernando León Urdaneta y Amilcar Rafael Villavicencio López, abogados defensores de los ciudadanos Teniente Coronel (E) Douglas Alberto Matos Palomares y Capitán (Ej.) Aldrin Alexis Zambrano Colmenares.
>
> Segundo: declara competente a la jurisdicción penal ordinaria para conocer de la presente causa.
>
> Tercero: Radica la causa en el Circuito Judicial Penal del Estado Yaracuy y ordena remitir el expediente al Presidente del mismo Circuito Judicial Penal, para su distribución correspondiente.
>
> Cuarto: se ordena notificar de la presente decisión a la Sala Accidental de la Corte de Apelaciones del Circuito Judicial Penal del Estado Lara, al Tribunal Quinto de Primera Instancia en funciones de Juicio del mismo Circuito Judicial Penal y al Tribunal Militar Segundo de Juicio de Maracay, Estado Aragua.

Insistimos en que esta potestad de asignar el expediente a otro tribunal de la misma jerarquía al que venía conociendo del asunto luce abiertamente inconstitucional e injustificada. En todo caso, consideramos que, a lo menos, la remisión debe realizarse en el tribunal distribuidor correspondiente, para que éste a través del proceso de insaculación correspondiente asigne el expediente al nuevo tribunal. Con ello se trataría de evitar, con posibilidades de no lograrlo, que se escoja a dedo al juez a quien se quiere que continúe conociendo de un proceso.

Consideramos que, si una Sala del Tribunal Supremo de Justicia determina que ha existido un error judicial, y luego de corregirlo considera que el asunto debe seguir siendo tramitado por el tribunal que venía conociendo del caso, ello no puede dar lugar a una inhibición del juez *a-quo*, pues éste no puede separarse del caso por el simple hecho de que el Máximo Tribunal de esa jurisdicción haya asumido un criterio distinto. Pareciera de Perogrullo, pero hay que insistir en que no puede haber inhibiciones o recusaciones por discrepancias jurídicas entre un juez y su tribunal superior.

Las Salas del Tribunal Supremo de Justicia no tienen por qué presumir que el tribunal que venía conociendo del asunto va a incurrir de nuevo en el mismo error. Y si en todo caso, existen evidencias ciertas de que el juez se encuentra parcializado, la Sala tendrá que exponerlo debidamente y ordenar la apertura de la averiguación correspondiente por ante la instancia competente, pero eso ya es otro asunto que escapa a este tema.

Hay que resaltar que el artículo 109 de la LOTSJ faculta a la Sala respectiva a dictar "cualquier medida legal que estime idónea para el restablecimiento del orden jurídico infringido", lo que significa que se disponen de amplísimas facultades para corregir cualquier error judicial detectado. Ello puede implicar anulaciones, reposiciones, asunción de medidas cautelares, entre otras posibles soluciones.

Finalmente, hay que destacar que la LOTSJ no establece ninguna limitación al número de avocamientos que pueden solicitarse en un mismo proceso. Una sentencia de avocamiento causaría cosa juzgada pero sólo para los mismos supuestos que justificaron la solicitud, de allí que, si en un determinado juicio se niega un avocamiento, pero luego suceden nuevos desórdenes procesales que justifiquen una nueva solicitud, no podrá hablarse entonces de cosa juzgada. Cada una de las partes puede, en definitiva, pedir los avocamientos que considere necesario, con la sola salvedad que el uso malintencionado de esta institución podría derivar en las sanciones de multa a que se refiere el artículo 121 de la LOTSJ.

También debe tenerse presente que es posible que en un mismo juicio una Sala del Tribunal Supremo de Justicia se avoque al conocimiento de un asunto y luego la Sala Constitucional se avoque al mismo expediente, pues como hemos señalado ya y es una de las conclusiones del presente trabajo, la Sala Constitucional se ha auto configurado como un Tribunal Constitucional que se encuentra por encima del resto de las Salas.

CAPÍTULO III

EL RECURSO EXTRAORDINARIO DE REVISIÓN CONSTITUCIONAL

I. CONSIDERACIONES GENERALES

Unos de los más importantes aspectos positivos de la Constitución de 1999 fue la incorporación del *recurso extraordinario de revisión*, el cual se encuentra previsto en el numeral 10° del artículo 336 de la Constitución, a través del cual se le otorga a la Sala Constitucional competencia para revisar decisiones definitivamente firmes en los casos o supuestos que señala la Constitución y la jurisprudencia de la Sala Constitucional. Se trata de una herramienta procesal que apareció por primera vez en nuestro ordenamiento jurídico y que permite una ulterior revisión de una decisión judicial definitiva, para de esta forma corregir cualquier desviación constitucional.

Textualmente la norma expresa lo siguiente: "Son atribuciones de la Sala Constitucional del Tribunal Supremo de Justicia: (...) 10. Revisar las sentencias definitivamente firmes de amparo constitucional y de control de constitucionalidad de leyes o normas jurídicas dictadas por los tribunales de la República, en los términos establecidos por la ley orgánica respectiva"[51].

---

[51] La norma original que fue aprobada por el referéndum aprobatorio de la Constitución de 1999 no contenía la frase "definitivamente firmes", lo que le fue agregado en la supuesta corrección de errores materiales que se le efectuó al Texto Fundamental una vez que había sido aprobado (Gaceta Oficial N° 5.453 del 24 de marzo de 2000). En todo caso, consideramos que a pesar de las objecio-

Esta facultad revisora fue luego recogida, ya en forma ampliada, en la vigente LOTSJ, donde se establece:

> Son competencias de la Sala Constitucional del Tribunal Supremo de Justicia:
>
> 10. Revisar las sentencias definitivamente firmes que sean dictadas por los tribunales de la República, cuando hayan desconocido algún precedente dictado por la Sala Constitucional; efectuado una indebida aplicación de una norma o principio constitucional; o producido un error grave en su interpretación; o por falta de aplicación de algún principio o normas constitucionales.
>
> 11. Revisar las sentencias dictadas por las otras Salas que se subsuman en los supuestos que señala el numeral anterior, así como la violación de principios jurídicos fundamentales que estén contenidos en la Constitución de la República Bolivariana de Venezuela, tratados, pactos o convenios internacionales suscritos y ratificados válidamente por la República o cuando incurran en violaciones de derechos constitucionales.
>
> 12. Revisar las sentencias definitivamente firmes en las que se haya ejercido el control difuso de la constitucionalidad de las leyes u otras normas jurídicas, que sean dictadas por las demás Salas del Tribunal Supremo de Justicia y demás Tribunales de la República.

Esta faculta extraordinaria es, probablemente, la herramienta judicial más trascendente de nuestro ordenamiento jurídico, toda vez que permite la revisión de cualquier sentencia firme a la que se le impute alguna irregularidad constitucional. Ello permite que la Sala Constitucional tenga la última palabra en cualquier controversia que verse sobre temas constituciona-

---

nes que puedan hacerse por la usurpación de la voluntad popular, es lo cierto que la modificación realizada era de vital importancia para evitar equívocos en la utilización de esta importante herramienta procesal, pues permitir el ejercicio de la revisión constitucional frente a una decisión que todavía admite mecanismos ordinarios de impugnación podía distorsionar la finalidad y naturaleza misma de esta institución.

les, independientemente si el asunto proviene de tribunales o Salas civiles, penales, contencioso-administrativos, o de cualquier otra jurisdicción.

Es importante destacar que antes de la entrada en vigencia de la Constitución de 1999, no existía un órgano judicial encargado de ejercer el control absoluto de la constitucionalidad de las normas jurídicas y de las decisiones judiciales. Estas tareas se encontraban dispersas entre las distintas Salas de la antigua Corte Suprema de Justicia, pero sin que existiese una de ellas que tuviese la última palabra en materia de interpretación constitucional. Igualmente, no existía ningún mecanismo que atribuyera a un único tribunal, el control constitucional de las decisiones judiciales, por lo que una sentencia definitiva dictada por un tribunal de instancia podía diferir y hasta contrariar otra de una Sala de la Corte Suprema de Justicia, en relación a temas constitucionales.

De hecho, la Sala Plena de la Corte Suprema de Justicia no podía conocer o revisar las decisiones dictadas por el resto de las Salas de la Corte Suprema de Justicia y mucho menos las de tribunales de instancia. De allí, que podía darse el caso que cada una de las distintas Salas de la Corte Suprema de Justicia tuviesen un criterio distinto referente, por ejemplo, al contenido de algún derecho fundamental o al alcance de alguna norma constitucional.

Este problema se repetía también con los tribunales inferiores, pues no todos los casos podían llegar a la Corte Suprema de Justicia, por lo que los Juzgados Superiores de una determinada jurisdicción podían diferir de aquélla, con respecto a los criterios de interpretación constitucional. Así, por ejemplo, si una sentencia de un Tribunal Superior Civil ejercía el control difuso de la constitucionalidad de una norma jurídica, y por tanto tomaba una decisión desaplicando una norma de rango legal, por considerarla contraria a la Constitución, esa sentencia podía ser contraria a algún criterio constitucional expuesto por cualquiera de las Salas de la Corte Suprema de Justicia; e, incluso, podía ser contraria a una sentencia de las Salas que ejercían el control concentrado de la constitucionalidad de los actos normativos (Sala Plena y Político-Administrativa).

Esta situación, sin duda, generaba cierta inseguridad jurídica, pues una misma norma constitucional podía ser entendida o interpretada en forma distinta por diversos tribunales, sin la posibilidad de unificar o consolidar un criterio único de interpretación constitucional.

Ahora, con la Constitución de 1999 es difícil que ello ocurra, pues la Sala Constitucional puede, a través de los diversos mecanismos objeto del presente trabajo, verificar los criterios de interpretación constitucional de cualquier tribunal del país, lo que incluye al resto de las Salas del Tribunal Supremo de Justicia. Incluso, esta potestad de control puede ejercerse durante la tramitación del caso, tal y como vimos en el capítulo precedente (avocamiento).

De allí, que uno de los objetivos de la Constitución de 1999 fue el de integrar el sistema de interpretación constitucional, toda vez que ahora existe un órgano judicial (Sala Constitucional) que, para bien o para mal, tiene la última palabra en materia de interpretación constitucional. Si ocurren desigualdades en materia de interpretación constitucional, ya no será por una falla del sistema de justicia constitucional, sino por razones de otra índole que escapan al mundo de lo jurídico.

Tampoco podemos dejar de advertir, tal y como se pone en evidencia con este trabajo, que los distintos mecanismos de revisión de los criterios de interpretación constitucional, por parte de la Sala Constitucional, no se encuentran perfectamente relacionados y compatibilizados. Quizás debido a la novedad y particularidad de muchos de los mecanismos de control constitucional de sentencias utilizados por nuestra Sala Constitucional, y/o quizás debido a la audacia con que se han implementado estos remedios, no existen reglas claras en relación a cuál de ellos debe prevalecer en las distintas situaciones jurídicas que suelen presentarse ante nuestro Máximo Tribunal.

De allí que, por ejemplo, frente a una decisión dictada por un Tribunal Superior Civil, donde se haya hecho uso del control difuso de la constitucionalidad de alguna norma jurídica, pueden ejercerse, de oficio y a instancia de parte, varios recursos, incidencias o acciones, a través de los cuales se puede poner en conocimiento a la Sala Constitucional del asunto. Así, por ejemplo, por un lado, el juez tiene la obligación de enviar, de oficio, la sentencia a la Sala Constitucional, conforme a lo dispuesto en el artículo 25.12 de la LOTSJ; y al mismo tiempo esa sentencia puede ser cuestionada por las partes mediante el ejercicio de una acción de amparo constitucional o mediante una solicitud de revisión extraordinaria de sentencias, de acuerdo con lo establecido en el numeral 10 del artículo 336 de la Constitución. O, incluso, si la sentencia no se considerase firme, al existir la posibilidad de ejercer el recurso de casación, se podría ejercer una solicitud de avocamiento.

Lo grave es que este solapamiento de mecanismos de control por parte de la Sala Constitucional, no cuenta con ningún orden de prelación para resolver el problema, lo que puede generar importantes confusiones de índole procesal y hasta sustantivo, pues el alcance de cada uno de estos mecanismos son claramente distintos, tal y como exponemos en el presente trabajo.

Estas confusiones deberían ser anticipadas y solucionadas por el legislador, principalmente al momento de dictar la tan esperada y requerida *Ley Orgánica de la Jurisdicción Constitucional*. Mientras tanto, la jurisprudencia debería ir dando las pautas necesarias para evitar este tipo de confusiones.

En una de las primeras decisiones de la Sala Constitucional, referente al recurso extraordinario de revisión, se precisó lo siguiente:

> Esta facultad, concebida para garantizar la integridad de la interpretación y el cumplimiento de los valores constitucionales, expresa la preocupación por impedir que las declaraciones de la Constitución no se conviertan en adagios gastados por el tiempo, ni en una contraseña vacía de sentido, sino en principios vitales, vivos, que otorgan y limitan los poderes del gobierno y de los otros órganos del poder público en general. Preocupación que es manifestada en la sentencia dictada por esta Sala el 9 de marzo de 2000 (caso *José Alberto Quevedo*), en la cual se indica que:

"...Los principios inmersos en la Constitución, que la cohesionan, así no aparezcan en su texto, si no se aplican o se violan tienden a desintegrar a la Carta Fundamental, y si ello sucediere la Constitución desaparecería con todo el caos que ello causaría. Basta imaginar qué pasaría, si un juez ordena que un científico convierta a un humano en animal, o que cese el sistema democrático y se elija a un monarca, o que condene a muerte a alguien, a pesar de la aquiescencia de las partes del juicio donde surge esa situación. El Juez que dentro de un proceso lo conociera, que responde por la integridad y supremacía de la Constitución, de oficio tendría que dejar sin efectos tales determinaciones judiciales, ya que ellas contrarían el orden público constitucional y las violaciones del orden público se declaran de oficio. La Constitución, como se dijo, no sólo está formada por un texto, sino que ella está impregnada de principios que no necesitan ser repetidos en ella, porque al estar inmersos en la Constitución, son la causa por la cual existe...".

Si bien es cierto, que la Exposición de Motivos de la Constitución de la República Bolivariana de Venezuela remite a una Ley orgánica el desarrollo del mecanismo extraordinario de revisión de las decisiones de las otras Salas, la doctrina constitucional ha indicado el valor normativo directo del texto fundamental, para las competencias y funcionamiento de los órganos creados en la constitución. Precisamente, Eduardo García de Enterría (*La Constitución como Norma y el Tribunal Constitucional,* Editorial Civitas, tercera reimpresión 1994, páginas 77 a 82) ha indicado que "...Los preceptos orgánicos constitucionales son de inmediata aplicación por todos los poderes públicos y, en concreto, por los propios órganos a que la regulación constitucional se refiere. Existan o no normas complementarias o de desarrollo de esta regulación, ésta es plenamente eficaz por sí misma y, por tanto, rige la formación y el funcionamiento de los órganos afectados...".

En consecuencia, por constituir la facultad de revisión de los actos o sentencias dictadas por los tribunales de la República y de las otras Salas de este Tribunal Supremo, en especial en materia de amparo, una disposición constitucional vinculante para el funcionamiento de esta Sala, no obstante que no se ha promulgado la ley orgánica correspondiente, puede este órgano jurisdiccional, en resguardo del orden público constitucional, ejercer esa facultad en interés de la aplicación y correcta interpretación de los valores constitucionales, lo que a su vez es exigido por el ordinal 10 del artículo 336 de la vigente constitución"[52].

Como tendremos oportunidad de precisar, hasta los momentos esta importante institución ha sido manejada por la Sala Constitucional con una manga bastante ancha, en el sentido de que ha utilizado un exagerado casuismo que ha hecho bastante complicada su sistematización. En pocas palabras, la Sala Constitucional se ha venido aprovechando de la mora del legislador para ir conociendo de cada solicitud sin ningún tipo limitaciones y lineamientos procesales. Al punto, que se ha llegado hasta el absurdo de permitir la revisión de decisiones emanadas de la Sala Plena del Tribunal Supremo de Justicia, tal y como tendremos oportunidad de reseñar.

En nuestro criterio, este recurso requiere de una mayor sistematización y precisión, pues la inconsistencia que tendremos oportunidad de evidenciar genera una gran dosis de inseguridad jurídica, al mismo tiempo que produce una peligrosa concentración de poderes y potestades en un órgano judicial, lo que muchas veces no luce del todo conveniente.

Sencillamente este remedio judicial es el futuro de la justicia constitucional; y la importancia de esta jurisdicción es realmente vital en nuestro sistema de administración de justicia, sobre todo si consideramos que actualmente vivimos una época de constitucionalización de todas las controversias, como lo han evidenciado los más destacados filósofos del Derecho. Difícilmente hoy pueda conseguirse un debate judicial de donde no pueda generarse un conflicto constitucional, y a ello ha contribuido bastante la amplísima declaración de derechos fundamentales que se expone en nuestra Constitución de 1999.

---

52 Sentencia n.° 520 de fecha 7 de junio de 2000, caso: *Mercantil Internacional, C.A.*

II. LA FINALIDAD DE LA REVISIÓN EXTRAORDINARIA DE SENTENCIAS DEFINITIVAMENTE FIRMES

Del análisis de la Exposición de Motivos de la Constitución, así como de las experiencias comparadas en lo que a la revisión constitucional se refiere, podemos afirmar que los principales objetivos de este recurso es lograr y mantener la uniformidad de criterios constitucionales y garantizar el carácter vinculante de las decisiones de la máxima instancia del control constitucional de los actos del Poder Público (Sala Constitucional).

Si bien gran parte de la experiencia comparada nos enseña que el recurso extraordinario de revisión nace en los países con un pronunciado gobierno federativo, a los fines de preservar el sistema federal y la supremacía del derecho federal sobre el local, al final de cuentas se ha volcado a cumplir con la no menos finalidad de asegurar la integridad y supremacía de la Constitución. Esa es, al menos, la experiencia argentina, donde el recurso extraordinario ha pasado de servir exclusivamente a las cuestiones federales para resolver las controversias resueltas a través de "*sentencias arbitrarias*", lo que ha dado lugar a un interesante desarrollo jurisprudencial sobre el verdadero alcance de esta competencia extraordinaria de la Corte Suprema de La Nación[53].

En todo caso, creemos que, de la propia naturaleza de nuestro sistema de justicia constitucional, y de los primeros lineamientos que dio la jurisprudencia de la Sala Constitucional podemos desprender los principales fines de este novedoso recurso. Veamos por separado cada uno de estos objetivos:

---

53 YMAZ, Esteban y REY, Ricardo, "*El Recurso Extraordinario*", Abeledo-Perrot, Buenos Aires, 2000.

1. *La uniformidad de criterios de interpretación constitucional*

Tal y como lo recoge la temprana doctrina que adelantó opinión sobre este recurso[54], uno de los principales problemas que presentaba nuestro sistema de control de constitucionalidad antes de la entrada en vigencia de la Constitución de 1999, era la falta de *uniformidad* entre los distintos criterios que podían tener las distintas Salas de la antigua Corte Suprema de Justicia e incluso los distintos tribunales de instancia en las diferentes jurisdicciones especiales.

La propia y cuestionada Exposición de Motivos de la Constitución confiesa que la finalidad fundamental de este novedoso mecanismo judicial es:

> (...) garantizar la uniformidad en la interpretación de las normas y principios constitucionales, la eficacia del Texto constitucional y la seguridad jurídica...vinculará por vez primera y dejando a salvo la temprana regulación de la Constitución de 1901, los métodos de control difuso y concentrado de la constitucionalidad que han coexistido en nuestro ordenamiento jurídico por más de cien años, respondiendo con ello a la principal crítica formulada a nuestro sistema de justicia constitucional, que reconocía la coexistencia de los mencionados métodos de control, pero que destacaba que entre uno y otro no existía realmente una coordinación, vínculo o conexión que procurara armonizarlos o articularlos para lograr una interpretación uniforme de la constitución, razón por la cual no podía ser calificado como integral, dado que existían modalidades de control paralelas, establecidas una al lado de la otra, sin conexión

54 Consúltese, en especial, los artículos de CASAL, Jesús María; CANOVA GONZÁLEZ, Antonio; HARO, José Vicente; y KIRIAKIDIS, Jorge, los cuales se encuentran recogidos en la *Revista de Derecho Constitucional* n.° 3, Editorial Sherwood, Caracas, 2000. También ESCUDERO, Margarita, "El mecanismo de revisión de sentencias por parte de la Sala Constitucional del Tribunal Supremo de Justicia", en *Novedades Jurisprudenciales del Tribunal Supremo de Justicia*, Vadell Hermanos Editores, Caracas, 2002, pp. 61 y ss. En el mismo sentido, ESCOVAR LEÓN, Ramón, *El precedente y la interpretación constitucional*, Editorial Sherwood, Caracas, 2005.

entre sí. Por tal razón, la Constitución consagra un sistema mixto e integrado de control de la constitucionalidad, atribuyéndole a la Sala Constitucional la función de coordinar los métodos de control mediante la armonización de la jurisprudencia constitucional y la interpretación uniforme del Texto Fundamental.

Y es que mucho antes del inicio del debate constituyente que dio lugar a la Constitución de 1999, un importante sector de nuestra doctrina constitucional había abogado por la necesidad de una Sala Constitucional y un mecanismo extraordinario de revisión que permitiese darle coherencia y unidad a los criterios de interpretación constitucional. Así, sobre esta particular AYALA CORAO sostuvo lo siguiente:

> No parece lógico que los organismos judiciales encargados de interpretar los supuestos valores constitucionales, la estructura constitucional y su contenido, puedan tener opiniones contrarias o diferentes. Esta incoherencia, hasta cierto punto podemos afirmar, contraría la esencial del Estado de Derecho, cual es la primacía de la Constitución y la de la ley sobre los gobernantes y los ciudadanos. Si cada juez pudiera interpretar la Constitución a su antojo y en forma contradictoria por demás se acabaría con el principio del Estado de Derecho. De allí, la importancia de contar con una justicia constitucional integrada y unificada...
>
> Irónicamente, siendo Venezuela uno de los países que tiene un control de la constitucionalidad más complejo, por haber asimilado elementos de ambos sistemas, la diversidad de órganos y jueces constitucionales, ha dado pie para cierta incoherencia en la doctrina constitucional. Como hemos visto, la doctrina constitucional puede ser establecida en el caso del recurso de amparo por cualquier Juez de la República, y en la actualidad únicamente las sentencias sobre Amparo son recurribles por apelación por ante el tribunal Superior, no procediendo el Recurso de Casación. Igualmente, pudiera llegar a ocurrir en el caso de la cuestión o excepción de inconstitucionalidad, en el mejor de los casos controlada en la Corte de Casación. Además, tenemos la doctrina constitucional establecida por las Salas de Casación con motivo de la impugnación de sentencias de última instancia, por infracción de ley. Y, por úl-

timo, la doctrina constitucional establecida por la Corte en Pleno en los casos de recursos de inconstitucionalidad contra actos legislativos y Reglamentos; y por la Sala Político-Administrativa frente a los recursos de inconstitucionalidad de actos administrativos. Sin embargo, esta no fue la intención de nuestro constituyente, ni puede ser la de nuestra Constitución[55].

Igualmente, y con la objetividad con que suelen opinar los autores foráneos, el constitucionalista colombiano YÉPEZ ARCILA alertaba, al referirse al sistema venezolano, sobre la incoherencia de un sistema que combinaba el control concentrado de la constitucionalidad de las normas con el difuso en forma paralela. Así, afirmaba que:

> (...) para comprender el fenómeno y evaluarlo en toda su extensión, habría que replantearse si en la realidad los méritos que aplaudimos en el sistema dual colombiano y venezolano se basan en una característica del funcionamiento de éste. ¿Es realmente "mixto" ese sistema, como afirma el tratadista Brewer-Carías? En mi opinión la realidad estructural del sistema no lo configura como una modalidad mixta, dada la inexistencia de imbricación entre su modalidad de jurisdicción concentrada y su modalidad de jurisdicción difusa. Se trata, más que de un sistema mixto, de dos modalidades paralelas establecidas una al lado de la otra sin conexión entre sí, y su coexistencia sin la producción visible de efectos negativos durante las décadas precedentes es el fruto de la atrofia constante de una de ellas, la del control difuso. Tanto en Colombia como en Venezuela esta última, inequívocamente postulada por los textos constitucionales, nunca pasó a la *praxis* concreta en términos de podérsele atribuir importancia real, dado que sus manifestaciones fueron escasas y, en lo general, irrelevantes. La armonía del sistema llamado por Gaona "integral", y distinguido por Brewer-Carías como este

55 AYALA CORAO, Carlos M., "Algunas consideraciones sobre la jurisdicción constitucional en Venezuela", en *Una mirada a los Tribunales Constitucionales*, Comisión Andina de Juristas, Lima, 1995, pp. 241 y ss.

mismo calificativo así como con el de "mixto", se funda en que una de sus dos expresiones técnicas sea inoperante[56].

Como vimos anteriormente, el sistema constitucional previsto en la Constitución de 1961 carecía de uniformidad y hasta coherencia, toda vez que un importante grupo de tribunales tenían asignadas competencias constitucionales, a través de distintos mecanismos o remedios procesales, tales como el amparo constitucional, las acciones de inconstitucionalidad, los recursos contencioso-administrativos, los recursos de casación, etc. Sin embargo, no había ningún órgano jurisdiccional que tuviese la última palabra, que pudiese influir, para bien o para mal, en el resto de los tribunales, con relación a criterios constitucionales.

Con no poca frecuencia se presentaban en nuestro sistema situaciones disímiles que atentaban contra el grado mínimo de seguridad jurídica que se requiere en un Estado de Derecho. Así, por ejemplo, la jurisdicción contencioso-administrativa consideraba que el principio *solve et repete* era contrario al derecho a la defensa y al debido proceso, pero ello no era compartido por otras jurisdicciones especiales, como era la contencioso-tributaria. En el mismo sentido, los tribunales en materia de amparo constitucional podían tener criterios rígidos en relación con la interpretación, alcance y contenido de los derechos fundamentales; sin que estos criterios pudiesen ser valorados y calibrados por una instancia superior común a todas las jurisdicciones.

Sencillamente, había ocasiones donde el reconocimiento de un determinado derecho fundamental dependía únicamente de la suerte, pues el éxito en una determinada pretensión constitucional dependía de qué tribunal conociese del asunto, toda vez que no había criterios unificados.

---

56 YÉPEZ ARCILA, Hernando, "Interrogantes sobre la justicia constitucional en Colombia", en *II Jornadas Colombo-Venezolanas de Derecho Público*, Universidad del Externado de Colombia, Bogotá, 1996. En el mismo sentido, HARO, José Vicente, "La justicia Constitucional en Venezuela y la necesidad de un Tribunal Federal constitucional", en *Revista de Derecho Administrativo* n.º 6, Editorial Sherwood, Caracas, 1999.

Es por ello, que cuando la Constitución de 1999 crea una instancia superior en materia de control constitucional de los actos del Poder Público (Sala Constitucional) se pretende unificar y homogeneizar los distintos criterios que puedan existir sobre los valores, principios, normas y derechos fundamentales establecidos en nuestra Constitución. Ahora bien, ello no pudiese ser posible si no se le permite a esta Sala la posibilidad de acceder al conocimiento de asuntos constitucionales que fueron debatidos en instancias inferiores.

En este sentido, el recurso extraordinario de revisión le permite a la Sala Constitucional revisar fallos definitivamente firmes que contengan criterios constitucionales errados o disímiles, para de esta forma uniformar las respuestas judiciales ante los distintos conflictos que se presentan en nuestra sociedad.

Se trata de establecer una última y final posición ante la interpretación y alcance del Texto Fundamental o ante la disparidad de criterios que puedan tener los distintos jueces que ejercen jurisdicción constitucional.

Igualmente, CANOVA justifica la potestad revisora de la Sala Constitucional señalando que:

> (...) es aconsejable, acaso necesario, que la organización judicial que da aplicación de la Constitución se acomode de manera que exista un órgano único que fije las directrices en torno a la manera más correcta de interpretar las normas y principios constitucionales, que dirima definitivamente cualquier discusión acerca de las cuestiones constitucionales que se susciten en los tribunales, que tenga el poder de restablecer la constitucionalidad cuando por acción u omisión haya sido violada o menoscabada por la actividad pública, incluso la judicial, y que, en conjunto, vele por la uniformidad de la jurisprudencia constitucional[57].

---

57 CANOVA GONZÁLEZ, Antonio, "La Supersala (Constitucional) del Tribunal Supremo de Justicia", en *Revista de Derecho Constitucional,* n.° 3, Editorial Sherwood, Caracas, 2000, p. 299.

Por su parte, la Sala Constitucional no ha dudado en reconocer este cometido esencial de la revisión constitucional. Así, en sentencia fecha 2 de marzo de 2000, caso: *Francia J. Rondón Astor*, señaló lo siguiente: "...esta novísima figura de la revisión extraordinaria cuyo fundamento es el artículo 336 numeral 10 de la Constitución de la República Bolivariana de Venezuela, ha sido creada con la finalidad de uniformar criterios constitucionales, así como evitar decisiones que lesionen los derechos y garantías que consagra la Carta Magna".

Una buena muestra de esta función unificadora la podemos encontrar en la decisión dictada por la Sala Constitucional el 20 de noviembre de 2002 (caso: *Ricardo Baroni U.*), mediante la cual se resolvió un conflicto existente entre diversos tribunales, incluyendo Salas del propio Tribunal Supremo de Justicia. Específicamente, el problema se refería a cuál tribunal debía ser el competente para conocer de las negativas de los Inspectores del Trabajo a ejecutar forzosamente sus actos administrativos. Al respecto, la Sala de Casación Social, la Sala Político-Administrativa y la Corte Primera de lo Contencioso Administrativo tenían criterios diferentes.

En este fallo, la Sala Constitucional determinó que los órganos de la jurisdicción contencioso-administrativa, específicamente la Corte Primera de lo Contencioso Administrativo, debe conocer de las nulidades que se intenten contra los actos de los Inspectores del Trabajo; mientras que en el caso de que las actuaciones u omisiones de estos órganos administrativos se cuestionen a través de acciones de amparo constitucional, éstas podrían presentarse ante los jueces de la localidad, conforme a los criterios existentes para determinar la competencia en materia de amparo, expuestos por la Ley Orgánica de Amparo y la propia jurisprudencia de la Sala Constitucional[58].

58 En especial, atendiendo a lo dispuesto en la decisión dictada por esa misma Sala Constitucional en fecha 8 de diciembre de 2000, caso: *Yoslena Chanchamire Bastardo*. Sobre este articular puede con-

Pues bien, una vez constatada la disparidad de criterios existentes entre algunas Salas del Tribunal Supremo de Justicia, la Sala Constitucional justificó la necesidad de corregir la interpretación de la Sala Político-Administrativa señalando lo siguiente:

> Tal disparidad de criterios surge a todas luces inaceptable, contraria al principio de seguridad jurídica y de unificación de la jurisprudencia. En consecuencia, estima esta Sala necesario el ejercicio de la potestad de revisión extraordinaria que le atribuye el artículo 336, cardinal 10, de la Constitución de 1999, que antes se transcribió, en su condición de custodia de la uniforme interpretación y aplicación constitucional y, consecuentemente, declara que, en lo sucesivo, deberá prevalecer el criterio que se reitera en el presente fallo, el cual deberá acatarse por las demás Salas y tribunales del país. Así se decide.

Así, para resolver definitivamente el conflicto competencial existente, la Sala Constitucional dispuso categóricamente lo siguiente:

> Con fundamento en las consideraciones que se expusieron, y en ejercicio de la facultad de máxima intérprete del Texto Constitucional, esta Sala deja sentado el siguiente criterio, con carácter vinculante para las otras Salas del Tribunal Supremo de Justicia y demás tribunales de la República:
>
> (i) La jurisdicción competente para el conocimiento de las pretensiones de nulidad de los actos administrativos que dicten las Inspectorías del Trabajo, así como de cualquier otra pretensión -distinta de la pretensión de amparo constitucional- que se fundamente en las actuaciones u omisiones de dichos órganos, es la jurisdicción contencioso-administrativa.
>
> (ii) De los tribunales que conforman esta jurisdicción, el conocimiento de las pretensiones antes especificadas corresponde, en primera instancia, a la Corte Primera de lo Contencioso Administrativo y en segunda instancia, cuando ésta proceda, a la Sala Político-Administrativa de este Supremo Tribunal.

---

sultarse nuestro trabajo *El Nuevo Régimen del Amparo Constitucional en Venezuela*, Editorial Sherwood, Caracas, 2001, pp. 57 y ss.

(iii) De las demandas de amparo constitucional autónomo que se intenten contra los actos, actuaciones u omisiones de las Inspectorías del Trabajo, conocerán los Juzgados Superiores en lo Contencioso Administrativo de la Circunscripción Judicial correspondiente al lugar donde se produjo la supuesta lesión al derecho constitucional, y en segunda instancia, la Corte Primera de lo Contencioso Administrativo. A falta de los primeros en la localidad en donde se hubiere producido el hecho lesivo, conocerán, con fundamento y de acuerdo al procedimiento que establece el artículo 9 de la Ley Orgánica de Amparo sobre Derechos y Garantías Constitucionales, los tribunales de Primera Instancia en lo Civil -si lo hubiere- o de Municipio -a falta de aquél- de la localidad Así se declara.

Es importante destacar que el conflicto que resuelve la Sala Constitucional en esta decisión no se refiere a la interpretación de una norma, principio o derecho fundamental, sino más bien a la interpretación de las disposiciones legales que les atribuyen competencias a los tribunales de la jurisdicción contencioso-administrativa. Sin embargo, la revisión resultaba procedente toda vez que los conflictos se presentaban también en acciones de amparo constitucional, razón por la cual se requería la intervención de la última instancia de la jurisdicción constitucional. Además de que se estaba desconociendo una posición jurisprudencial anterior de la propia Sala Constitucional.

Este mismo ejemplo nos permite destacar lo importante de la uniformidad de criterios dentro de una determinada jurisdicción, pues la gran inseguridad jurídica que se había generado a raíz de la enorme indeterminación que se produjo con las disímiles decisiones emanadas de la Sala Político-Administrativa y de la Sala de Casación Social atentaban contra el ejercicio mismo del derecho constitucional que se reclamaba en cada una de las acciones destinadas a lograr la ejecución de los actos administrativos dictados por las Inspectorías del Trabajo. En efecto, la impugnación de las omisiones del Inspector del Trabajo se habían convertido en una verdadera lotería, pues no existía certeza alguna del órgano judicial encargado de ejercer ese control, lo que producía importantes retardos que iban en desmedro de la tutela judicial efectiva[59].

Por tanto, no cabe duda que el recurso extraordinario de revisión cumple una función unificadora importante. Este cometido es esencial para nuestro Estado de Derecho, pues la seguridad y certeza jurídica son valores fundamentales que encuentran respaldo expreso en nuestra Constitución[60], y además son consustanciales con cualquier comunidad organizada. En suma, consideramos que es preferible disponer de un criterio definitivo, aunque sea errado; que permitir la coexistencia de distintas posiciones, pues los criterios errados pueden combatirse con mejores argumentos; pero la desigualdad que se genera ante la ausencia de una última palabra es, simplemente, imposible de solventar.

2. *La garantía del carácter vinculante de las decisiones de última instancia*

Otro de los principales cuestionamientos que se le hacía al sistema de control constitucional establecido en la Constitución de 1961 se refería a la imposibilidad de consolidar los criterios jurisprudenciales de las máximas instancias judiciales; sobre todo cuando éstas ejercían el control concentrado de la constitucionalidad de actos normativos. Ello, entre otras razones, debido a que no existía un único órgano encargado de dar la última palabra en materia constitucional; al mismo tiempo que no existía la obligación constitucional o legal de respetar las decisiones de los tribunales de mayor jerarquía.

---

59 No queremos decir con esto que la decisión de la Sala Constitucional haya sido la solución más acertada, pues a nosotros nos luce que todavía el problema no se ha atacado en su raíz, pues lo lógico sería dotar a los órganos administrativos del poder suficiente para ejecutar sus propios actos, de modo de evitar que el particular tenga que acudir a instancias judiciales para ejecutar una decisión administrativa firme. Pero no cabe duda que el fallo acabó, al menos temporalmente, con la incertidumbre generada por los distintos y dispersos criterios jurisprudenciales previos.

60 Artículo 335 de la Constitución.

Como hemos señalado, bajo nuestro sistema constitucional anterior podía suceder que la Sala Plena de la Corte Suprema de Justicia asumiese un criterio constitucional específico a la hora de decidir una determinada acción de inconstitucionalidad; sin embargo, ese criterio podía o no ser compartido por el resto de los tribunales del país a la hora de ejercer el control difuso de la constitucionalidad de las normas, o a la hora de conocer de acciones de amparo constitucional.

Es decir, existía una total independencia entre el mecanismo de control concentrado y el mecanismo del control difuso; al mismo tiempo de que las decisiones de los tribunales de mayor jerarquía no eran vinculantes para el resto de los tribunales del país.

Esta situación implicaba que no se disponía de garantías suficientes que permitiesen respetar las decisiones de los principales órganos de administración de justicia. A fin de cuentas, todo dependía del valor moral que se le quisiese dar a la jurisprudencia.

Pues bien, ante esta realidad, y reconociendo la tendencia universal de ir hacia la creación de Salas o Tribunales Constitucionales, la Constitución de 1999 concentró en un solo tribunal (Sala Constitucional)[61] el poder suficiente para controlar todas las decisiones con implicaciones constitucionales, dándole a sus decisiones un carácter vinculante y obligatorio para el resto de los tribunales del país.

En efecto, el artículo 335 de la Constitución establece lo siguiente:

---

61 Según lo dispuesto en el artículo 266 de la Constitución, la Sala Plena del Tribunal Supremo de Justicia tiene únicamente atribuida la competencia para conocer de los antejuicios de mérito de los funcionarios de mayor jerarquía. Por tanto, ha sido la Sala Constitucional la que quedó con el mayor número de competencias constitucionales, entre las cuales se encuentra la de conocer de los recursos extraordinarios de revisión.

> El Tribunal Supremo de Justicia garantizará la supremacía y efectividad de las normas y principios constitucionales; será el máximo y último intérprete de esta Constitución y velará por su uniforme interpretación y aplicación. Las interpretaciones que establezca la Sala Constitucional sobre el contenido o alcance de las normas y principios constitucionales son vinculantes para las otras Salas del Tribunal Supremo de Justicia y demás tribunales de la República.

En este sentido, explica CANOVA, que era necesario:

> (...) introducir un órgano judicial máximo, especializado, que se encargue de revisar tales decisiones y de sentar los criterios interpretativos definitivos que deben ser seguidos en el futuro por el resto del Poder Judicial, y, por la otra, facilitar los medios a través de los cuales dicho tribunal dedicado a los temas constitucionales tenga oportunidad de llevar a cabo efectivamente esa misión de dirección y fiscalización. Como bien lo destaca RUBIO LLORENTE, a razón de la actual percepción de la Constitución y de la formulación muy genérica, lapidaria, de sus preceptos, y por ende ante la atenuación del valor de la ley y el riesgo de incertidumbre y de arbitrariedades de los jueces: "...la vigencia plena de los derechos exige no sólo el control de constitucionalidad de las leyes, sino también, directamente, el de las decisiones judiciales que las aplican..."[62].

Así, en los Estados Unidos de Norteamérica, una de las principales finalidades del *writ of certiorari* es, precisamente, denunciar el desconocimiento de criterios judiciales previamente expuestos por la Corte Suprema de Justicia. En efecto, el artículo 17, numeral 1° de la normativa de este órgano judicial dispone lo siguiente:

> La revisión no constituye una cuestión de derecho, sino de discreción judicial, y únicamente se concederá cuando existan razones especiales e importantes para ello. A continuación, se exponen con carácter indicativo y no exhaustivo la índole de las razones que serán consideradas:

---

62 CANOVA GONZÁLEZ, Antonio, *La Supersala (Constitucional) del Tribunal Supremo de Justicia, op. cit.* p. 303.

Cuando un tribunal federal de apelación haya resuelto contrariamente a lo resuelto por otro tribunal federal de apelación sobre la misma cuestión; o se haya resuelto sobre una cuestión federal contrariamente al criterio de un tribunal estatal superior; se haya apartado de lo que hasta ahora se considera el curso normal del procedimiento judicial, o haya realizado esa desviación por un tribunal inferior, a fin de requerir la intervención de este tribunal.

Cuando un tribunal estatal supremo haya dictaminado una cuestión federal contrariamente a otro tribunal estatal o un tribunal federal de apelación.

Cuando un tribunal estatal o uno federal de apelación haya dictaminado una cuestión importante relativa al Derecho Federal que no haya sido fallada, pero lo debería haber sido por este Tribunal, *o haya dictaminado una cuestión federal contrariamente a las decisiones aplicables de este Tribunal* (Resaltado añadido).

Vemos entonces como una de las razones que la Corte Suprema de los Estados Unidos toma en consideración a la hora de seleccionar los casos que va a revisar es el hecho de que se trate de un asunto federal que haya sido decidido en forma distinta a los mandamientos de la propia Corte Suprema, es decir, se utiliza el *certiorari* para hacer respetar el carácter vinculante de las decisiones de la máxima instancia (*stare decisis*).

Y es que mal podría consolidarse un sistema integrado, coherente y unificado de control constitucional si no se le otorga a la máxima instancia de la jurisdicción constitucional el carácter vinculante y obligatorio de sus decisiones. Y, aunado a ello, la posibilidad de revisar y corregir las decisiones que contraríen sus interpretaciones, pues de lo contrario, ese carácter vinculante de sus fallos quedaría en una mera recomendación o sugerencia. Por tanto, el recurso extraordinario de revisión cumple una función de policía, en el sentido que le permite a la Sala Constitucional asumir el conocimiento de una sentencia definitivamente firme que ha desconocido un criterio de interpretación constitucional previamente expuesto por la misma Sala Constitucional.

Como un ejemplo del ejercicio de esta función fiscalizadora de los criterios previos de la Sala Constitucional, podemos mencionar la decisión dictada por la Sala Constitucional en fecha 14 de diciembre de 2001, en el caso: *D.H.L.*, donde se dispuso lo siguiente:

> En efecto, esta Sala Constitucional, en ejercicio de su labor interpretativa de la Constitución, se pronunció sobre la imposibilidad de declarar la perención de la instancia ante la inactividad del órgano jurisdiccional después de vista la causa, cuando no cumpliera con su obligación de sentenciar en los términos señalados en las leyes, paralizando con ello la causa, pues, sólo cuando la paralización sea incumbencia de las partes, podrá ocurrir la perención, razón por la cual debe considerarse que la sentencia recurrida se ha apartado abiertamente de la interpretación mencionada, en perjuicio de los derechos constitucionales de las compañías recurrentes a la defensa, al debido proceso y a la tutela judicial efectiva. Asimismo, tal como fue expresado anteriormente, en salvaguarda de quienes tuvieren causas paralizadas pendientes de decisión ante esta Sala y otros tribunales de la República, en protección del derecho a la tutela judicial efectiva y del principio de la confianza legítima, esta Sala Constitucional determinó que el juez podrá declarar, de oficio o a instancia de parte, la extinción de la acción, previa notificación del actor, para que concurriese en el término fijado para ello, a desvirtuar la presunción de abandono que, hasta ese momento, revelara su inactividad en obtener una decisión que pusiera fin al proceso.
>
> Precisado lo anterior, considera esta Sala que la adopción obligatoria por parte de los tribunales de la República y de las demás Salas de este Tribunal Supremo de Justicia, de la doctrina jurisprudencial mencionada, ha debido ser cumplida, inexorablemente, a partir del 1° de junio de 2001, por ser esta la ocasión en la que esta Sala Constitucional formalmente asumió, por primera vez, un criterio interpretativo sobre la perención de la instancia y el artículo 26 de la Constitución vigente.
>
> Por tanto, se concluye que, si y sólo si se evidencia que una actuación jurisdiccional, posterior a la oportunidad indicada, resulta ser contraria a la doctrina sentada por esta Sala Constitucional en la interpretación constitucional aludida, será conveniente la injerencia de esta Sala y el correspondiente control

posterior que tenga como objetivo subsanar la violación producida, como una expresión de la potestad correctiva de la que goza.

Sentado lo anterior, se observa que, en el presente caso, la sentencia cuya revisión se solicita, fue proferida con posterioridad al fallo dictado por esta Sala Constitucional el 1° de junio de 2001, motivo por el cual la Sala, para garantizar la uniformidad de la interpretación de las normas y principios constitucionales, en ejercicio de las potestades que tiene atribuidas en materia de revisión, en los términos indicados en el presente fallo, anula la decisión n.° 762 del 8 de mayo de 2001, dictada por la Sala Político Administrativa del Tribunal Supremo de Justicia y, en consecuencia, ordena la reposición de la causa al estado en que dicha Sala se pronuncie acerca del recurso contencioso administrativo de anulación interpuesto y, así se declara[63].

---

63 Debemos destacar que la decisión que estaba siendo objeto de revisión era una de las tantas dictadas por la Sala Político-Administrativa, mediante las cuales se declaraba la perención de la instancia luego de dicho visto, es decir, luego de que el caso se encontraba en estado de sentencia. Y lamentablemente la Sala Constitucional sustentó la revisión del fallo cuestionado en el desconocimiento de una sentencia de la propia Sala Constitucional de junio del 2001, en lugar de sustentarlo en otras causales que posteriormente estudiaremos, como es el caso de la omisión de aplicación de normas constitucionales. Con ello, negó la revisión de fallos idénticos pero dictados con anterioridad a la decisión de la Sala Constitucional del 1° de junio de 2001, donde se había expuesto un criterio sobre la perención de la instancia en materia de amparo constitucional. Con ello, se creó una gran injusticia, pues fueron muchas las decisiones que la Sala Político-Administrativa dictó antes del 1° de junio de 2001, declarando la perención de la instancia luego que la causa se encontraba esperando sentencia, y esas decisiones previas no pudieron ser revisadas por la Sala Constitucional. Y esto tiene un significado importante, sobre todo si tomamos en consideración que el criterio jurisprudencial de la Sala Político-Administrativa fue, sencillamente, una de los más terribles criterios jurisprudenciales de nuestra historia.

Incluso, tal y como tendremos oportunidad de profundizar más adelante, la protección de los criterios previos de la Sala Constitucional fue lo que ha venido justificando la posibilidad de que la Sala Constitucional revise decisiones del resto de las Salas del Tribunal Supremo de Justicia[64]. En efecto, en el fallo de fecha 25 de enero de 2001, caso: *Baker Hughes, S.A.* se señaló lo siguiente:

> Dicha potestad de revisión se deduce positivamente del artículo 335 *eiusdem,* cuando afirma que las "interpretaciones que establezca la Sala Constitucional sobre el contenido y alcance de las normas y principios constitucionales son vinculantes para las otras Salas del Tribunal Supremo de Justicia y demás Tribunales de la República". Tal vinculación no podría ser meramente ética, como lo era la Ley para el Monarca en un estadio de la evolución política del Estado Moderno, quien estaba supuesto a cumplirla en tanto código valorativo de conducta, pero no existía poder alguno, más que su propia conciencia, para hacer que la cumpliera.
>
> No estamos frente a una situación siquiera parecida a la que fue objeto de la reseña anterior. Nuestra Constitución, por el contrario, al vincular a las demás Salas de este Tribunal Supremo a la doctrina de la Sala Constitucional (artículo 334, primer párrafo y artículo 335, segundo párrafo), según el principio de supremacía de la Constitución, y al dar potestad a esta Sala Constitucional para tutelar la Carta Magna como cúspide de la Jurisdicción Constitucional, en ejercicio del Poder de Garantía Constitucional, deviene, pues, autorizada para revisar tanto las decisiones que dicten las demás Salas en contravención de la Norma Fundamental, como en oposición a las interpretaciones que de la Constitución asiente la Sala Constitucional.

En el mismo sentido, en una de las sentencias líderes en materia del recurso extraordinario de revisión constitucional

---

64 Insistimos que sobre este tema volveremos más adelante, principalmente, para cuestionar la posibilidad de revisar sentencia de la Sala Plena del Tribunal Supremo de Justicia.

(caso: *Corpoturismo*)[65], se precisa como uno de los supuestos que habilita la revisión constitucional, conforme al numeral 10° del artículo 336 de la Constitución: "Las sentencias definitivamente firmes que hayan sido dictadas por las demás Salas de este Tribunal o por los demás tribunales o juzgados del país apartándose u obviando expresa o tácitamente alguna interpretación de la Constitución contenida en alguna sentencia dictada por esta Sala con anterioridad al fallo impugnado, realizando un errado control de constitucionalidad al aplicar indebidamente la norma constitucional".

Es importante resaltar una importante polémica que tiene que ver con el carácter vinculante de las decisiones de la Sala Constitucional, pues para algunos lo vinculante debe ser únicamente la específica interpretación constitucional que se realice sobre un determinado asunto, y no el resto del contenido del fallo, pues la letra del artículo 335 se refiere únicamente a las interpretaciones que se realicen sobre "el contenido y alcance de las normas y principios constitucionales". Y este debate no es baladí, sobre todo si tomamos en consideración que el contenido de muchas decisiones de la Sala Constitucional no se limita a considerar normas o principios constitucionales, sino que interpretan otras disposiciones de rango inferior.

Así, por ejemplo, en la decisión a que hicimos referencia en el aparte anterior (caso: *Ricardo Baroni U.*) la Sala Constitucional básicamente se limitó a interpretar normas de rango legal, como es el caso de las distintas disposiciones de la antigua LOCSJ que distribuían las competencias dentro de la jurisdicción contencioso-administrativa. Por tanto, de limitarse el carácter vinculante de las decisiones de la Sala Constitucional a los criterios de interpretación constitucional, entonces tendríamos que llegar a la conclusión de que todo lo dispuesto en esa decisión no sería vinculante para el resto de los tribunales del país, ya que no se trató de la interpretación de una norma o principio constitucional.

---

65 Sentencia del 6 de febrero del 2001.

Existe entonces cierta contradicción a nivel constitucional, pues por un lado el numeral 10 del artículo 336 de la Constitución permite la revisión de los fallos definitivamente firmes de amparo constitucional, con la lógica intención de unificar criterios en esta materia; y no pareciera que esta unificación se refiere únicamente al contenido del fondo de los asuntos tratados en los amparos, esto es, a las consideraciones referentes a los derechos fundamentales en controversia. Mientras que, por otra parte, la letra del artículo 335 de la Constitución parece limitar el carácter vinculante únicamente a las interpretaciones sobre el contenido y alcance de las normas y principios constitucionales.

La posición que se asuma traerá importantes consecuencias en lo referente al alcance y potencia de la Sala Constitucional, toda vez que no cabe la menor duda que la labor de esta Sala ha ido mucho más allá que la simple interpretación de normas o principios constitucionales. Sobre todo, cuando la Sala ha asumido la revisión de decisiones de amparo constitucional para aclarar la interpretación que debe dársele a la *Ley Orgánica de Amparo sobre Derechos y Garantías Constitucionales*, buscando unificar los dispersos criterios que manejan todos los tribunales que conocen de acciones de amparo constitucional. En este supuesto, somos del criterio que el carácter vinculante de las decisiones de la Sala Constitucional no puede limitarse únicamente a las interpretaciones sobre el contenido y alcance de las normas y principios constitucionales, pues de lo contrario se vería insatisfecho el principio de seguridad jurídica, debido a que permanecería una de las razones que justificó la aparición de esta importante herramienta procesal.

Ahora bien, si bien por un lado luce conveniente extender el carácter vinculante de las decisiones de la Sala Constitucional al caso de la interpretación de las normas relacionadas con la materia de amparo constitucional; por otra parte no luciría descabellado tratar de limitar el carácter vinculante de las decisiones de la Sala Constitucional cuando ésta pretenda extender sus competencias más allá de los límites que la propia Constitución le ha impuesto, pues ello podría servir de contrapeso al exagerado poder que se ha atribuido la propia Sala Constitucional, la cual ha llegado a usurpar atribuciones conferidas a otras jurisdicciones e incluso a otros órganos del Poder Público.

Un buen ejemplo de esta afirmación lo podemos encontrar en la decisión de fecha 19 de noviembre de 2002, caso: *Gladys J. Jorge Saad*, donde la Sala Constitucional revocó un fallo de la Sala Político-Administrativa que había negado la responsabilidad extracontractual del Estado, en el caso del asesinato del conocido abogado Ramón Carmona. Para justificar la revocatoria, la Sala Constitucional consideró lo siguiente:

> De allí que difiera esta Sala del criterio expresado por la Sala Político-Administrativa en la sentencia objeto de revisión cuando expresa que la responsabilidad extracontractual de la Administración debe ser interpretada bajo criterios restringidos a objeto de evitar generalizaciones que lleven a la Administración a asumir la responsabilidad de todas las situaciones de daño y afecten el erario público. Antes bien, considera esta Sala Constitucional que tratándose la responsabilidad patrimonial del Estado de una garantía constitucional inherente a todo Estado de Derecho, consagrada a favor del particular afectado por la conducta administrativa dañosa, la misma debe ser interpretada por los jueces en forma progresiva y amplia, a favor del administrado.
>
> Del análisis de la normativa constitucional vigente, infiere esta Sala que la responsabilidad patrimonial del Estado no debe ser considerada como una garantía en favor de los entes públicos; por el contrario, su consagración constitucional exige que la misma sea interpretada por los jueces en sentido amplio y progresista como una garantía patrimonial del administrado frente a las actuaciones de la Administración generadoras de daño.
>
> En cambio, la Sala Político-Administrativa haciendo una interpretación restringida del régimen de responsabilidad patrimonial del Estado previsto en la Constitución de la República Bolivariana de Venezuela, y dando mayor relevancia al carácter subjetivo de la conducta de los agentes involucrados y a la integridad del erario público por sobre el carácter objetivo que la Constitución confiere a la responsabilidad del Estado,

-criterio respecto del cual esta Sala Accidental Constitucional ya manifestó su desacuerdo-, consideró que los agentes públicos cometieron el hecho dañoso impulsados por razones de odio, venganza y enemistades, actitudes éstas de marcada naturaleza dolosas que no se corresponden con la prestación del servicio de policía y que excluyen, por tanto, la responsabilidad del Estado, por tratarse del hecho de terceros; llegándose a señalar en la sentencia, que las conductas dolosas de los agentes excluyen la responsabilidad de la Administración incluso cuando éstos hubieren estado en aparente ejercicio de la función pública o actuando con ocasión de la misma (folio. 87 de la sentencia).

Ahora bien, además de insistir en que la interpretación efectuada por la Sala Político-Administrativa para arribar a la conclusión precedentemente expuesta no resulta cónsona y acorde con la intención del Constituyente al consagrar la responsabilidad del Estado como una garantía a favor del particular; observa esta Sala que la existencia de una falta personal del funcionario no excluye directamente la responsabilidad del Estado, pues cuando esa falta concurra con el servicio o no esté totalmente desligada del mismo compromete la responsabilidad patrimonial de la Administración.

En ese sentido, trasladando las consideraciones precedentes al caso concreto, esta Sala observa que del análisis del acervo probatorio se desprenden indicios suficientes que la llevan a la convicción de que el hecho dañoso que culminó con el homicidio del ciudadano Ramón Carmona Vásquez fue ejecutado por los agentes involucrados valiéndose y aprovechándose de los medios, instrumentos y poderes que su condición de funcionarios prestadores del servicio de policía les brindaba. Concretamente, los funcionarios se sirvieron del vehículo que era propiedad del Estado, de las armas que como funcionarios policiales tenían asignadas y de su posición dentro del organismo policial con el fin de establecer tácticas dirigidas al desvío de las investigaciones.

Estas circunstancias constituyen, en criterio de esta Sala, razones más que suficientes para afirmar que el hecho dañoso cometido por los agentes públicos involucrados no estuvo desprovisto de todo vínculo con el servicio de policía, a cuya prestación con parámetros medios de calidad estaba obligada la Administración, a tenor de lo establecido en el ordinal 6 del artículo 156 de la Constitución, razón por la cual estima esta Sala que el Estado si resulta responsable por los daños derivados del homicidio del ciudadano Ramón Carmona Vásquez, cometido por agentes de policía. Así se declara.

Aun cuando la Sala Constitucional trata de fingir una vinculación constitucional, es claro que lo que realiza es una nueva revisión del caso concreto, para determinar la existencia de responsabilidad del Estado. Lejos de revisar criterios de interpretación constitucional de normas o principios constitucionales, se entra en el detalle de la consideración de los supuestos de procedencia de la responsabilidad extracontractual del Estado, lo que sin duda es materia exclusiva de la jurisdicción contencioso-administrativa. En efecto, no puede considerarse que con la mera excusa de que existe una norma constitucional (artículo 140) que se refiere a la consagración del principio de responsabilidad del Estado, la jurisdicción constitucional está facultada para determinar cuándo se dan los supuestos de procedencia de la responsabilidad o para considerar y ponderar el acervo probatorio del caso. Si así fuere, sencillamente estamos en presencia de una jurisdicción constitucional todo poderosa que sin duda penetrará en los rincones más recónditos del resto de las jurisdicciones de nuestro sistema judicial[66].

En efecto, no puede desconocerse que de toda controversia judicial siempre es posible extraer alguna remota conexión constitucional con algún principio o valor constitucional. Es por ello importante tratar de mantener cierta prudencia para evitar

---

66 No queremos decir con esto que defendemos el fondo o el mérito de la decisión dictada por la Sala Político-Administrativo que fue objeto de revisión por el fallo que comentamos, pues sin lugar a dudas que se trató de una interpretación bastante limitada del alcance de la responsabilidad del Estado; pero queremos alertar que de permitirse la revisión de este tipo de fallos por parte de la Sala Constitucional se estaría abriendo las puertas a una jurisdicción ilimitada que rompería con los parámetros y limitaciones impuestas por la propia Constitución.

que se desborde el alcance del recurso extraordinario de revisión, y con ello la propia jurisdicción constitucional[67]. Y una buena forma de reducir el alcance de la jurisdicción constitucional es reservando el carácter de vinculante únicamente a los fallos que interpreten directamente normas o principios constitucionales.

3. *Corrección de errores graves de interpretación constitucional*

Por último, otro de los principales objetivos del recurso extraordinario de revisión es la corrección de errores graves de interpretación constitucional en que hayan incurrido el resto de los tribunales de nuestra organización judicial. En efecto, al ser la Sala Constitucional, conforme a lo dispuesto en el artículo 335 de la Constitución, el máximo y último intérprete del Texto Fundamental, tiene entonces la competencia para revisar los fallos que ésta considere contrarios a la sana y adecuada interpretación de las normas y principios constitucionales.

Con este objetivo puede verse claramente la gran importancia del recurso extraordinario de revisión, pues con tan sólo justificar que se ha cometido un error grave de interpretación constitucional; o que incluso, se ha dejado de aplicar o valorar un principio o derecho constitucional en una determinada controversia, la Sala Constitucional puede traer a su seno el conocimiento de cualquier sentencia definitivamente firme para revocarla, modificarla o confirmarla. E insistimos que rara vez puede encontrarse algún asunto judicial donde no pueda encontrarse alguna vinculación constitucional.

Ya la Sala Constitucional ha confirmado que la corrección de errores graves de interpretación constitucional es motivo suficiente para revisar fallos definitivamente firmes. Así, en la

---

67 Sobre este particular volveremos al momento de precisar los efectos de la decisión del recurso extraordinario de revisión constitucional.

misma decisión del 21 de enero de 2001 (caso: *Baker Hughes, S.A.*) se señaló lo siguiente:

> 1.- La potestad de revisión abarca, pues, tanto las decisiones que se denuncien violatorias de la doctrina de la Sala Constitucional, ***como las decisiones que infrinjan principios o reglas de rango constitucional,*** siempre que hubieren sido dictadas con posterioridad a la entrada en vigencia de la Constitución. Ello en razón de que sería un contrasentido que la Sala Constitucional (órgano en ejercicio del Poder de Garantía Constitucional), pueda vincular con sus decisiones a las demás Salas (cúspides en sus respectivas jurisdicciones: penal, civil, político-administrativa, social, electoral, plena), pero que éstas no estuvieran vinculadas a la Constitución más que formalmente, y sus posibles decisiones inconstitucionales, no estén sujetas a ningún examen. No es lógico que la fuente del ordenamiento político-jurídico de nuestro país no pudiera, según esta tesis, contrastarse con las decisiones de las demás Salas, pero, que sí cupiera el contraste de estas decisiones con la doctrina de la Sala Constitucional, que es realización de esa Norma Fundamental. (Resaltado añadido).

Igualmente, en la importante sentencia mencionada anteriormente (caso: *Corpoturismo*), también se precisa como otro de los supuestos que habilita la revisión constitucional, conforme al numeral 10° del artículo 336 de la Constitución:

> 4.- Las sentencias definitivamente firmes que hayan sido dictadas por las demás Salas de este Tribunal o por los demás tribunales o juzgados del país que de manera evidente hayan incurrido, según el criterio de la Sala, en un error grotesco en cuanto a la interpretación de la Constitución o que sencillamente hayan obviado por completo la interpretación de la norma constitucional. En estos casos hay también un errado control constitucional.

Insistimos en que es importante resaltar que la Sala Constitucional aumenta el alcance de su competencia para ejercer la revisión constitucional a que se refiere el artículo 336, numeral 10°, no sólo en los casos de errores graves de interpretación constitucional, sino también a los casos donde una sentencia definitivamente firme haya obviado la interpretación de una norma constitucional. Esto, indudablemente, conlleva a la posibilidad de revisar básicamente cualquier decisión que le provoque a la Sala Constitucional, pues como decía el Magistrado HOLMES, al hablar del *writ of certiorari*, la revisión procederá cuando las decisiones "contengan una equivocación tan grosera que aparezca como inconcebible dentro de una racional administración de justicia"[68].

Es por ello, y tomando en consideración la enorme brecha que este objetivo abre dentro de la revisión constitucional, que cuestionamos profundamente que la Sala Constitucional haya fundamentado la revisión de los fallos de la Sala Político-Administrativa mediante los cuales se decretaba la perención de la instancia luego de dicho vistos[69], basándose en el desconocimiento del carácter vinculante de una sentencia de la misma Sala Constitucional del 1° de junio del 2001, cuando ha podido justificar la revisión, y así exterminar ese cáncer jurisprudencial por completo, con el simple argumento que esos fallos obviaban la aplicación del derecho fundamental a la tutela judicial efectiva, previsto en los artículos 26 y 49 de la Constitución.

En suma, podemos concluir en que si bien la Sala Constitucional ha señalado en sus decisiones que la finalidad del recurso extraordinario de revisión es buscar la uniformidad y homogeneidad ante los distintos criterios jurisprudenciales que puedan tener el gran número de tribunales que ejercen competencias constitucionales en nuestro sistema judicial (ya sea a través del control difuso o concentrado); hacer respetar sus interpretaciones vinculantes sobre las normas y principios constitucionales frente al resto de los tribunales del país; así como corregir los errores o las omisiones graves de interpretación constitucional; no es menos cierto que en la práctica este remedio procesal, como veremos, se ha convertido en un mecanismo de depuración

68 STERN, Robert y GREESMAN, Eugene, *Supreme Court Practice* Seventh Edition, The Bureau of National Affairs, Washington, D.C., 1995.

69 Sentencia *D.H.L.*, del 14 de diciembre de 2001, transcrita parcialmente *supra*.

de errores constitucionales y legales, lo que ha implicado que la Sala Constitucional se ha convertido en la última instancia de las distintas jurisdicciones de nuestro ordenamiento jurídico.

Por tanto, nos atrevemos a afirmar que la verdadera finalidad de la revisión extraordinaria es lograr un control absoluto de todas las posibles decisiones de los distintos tribunales del país, de modo tal que no haya ninguna decisión que escape del alcance de la Sala Constitucional. Este mecanismo procesal ha convertido a esta Sala en un verdadero Tribunal o Corte Constitucional.

III. LA NATURALEZA JURÍDICA DEL RECURSO EXTRAORDINARIO DE REVISIÓN CONSTITUCIONAL

Un punto que generó cierta polémica en la doctrina nacional fue el de la naturaleza jurídica de esta competencia asignada a la Sala Constitucional, toda vez que la forma como se buscó concebir este mecanismo difiere de las concepciones procesales tradicionales que se han manejado en nuestro foro hasta el presente. Esto no quiere decir que se trate de un particular descubrimiento realizado por el constituyente, pues como veremos existen suficientes ejemplos en Derecho Comparado que nos permiten realizar un balance sobre las distintas alternativas que se le presentarán al legislador a la hora de promulgar la *Ley Orgánica de la Jurisdicción Constitucional.*

Sobre este aspecto también la Exposición de Motivos de la Constitución da algunas luces, al señalar:

> Ahora bien, la referida competencia de la Sala Constitucional no puede ni debe entenderse como parte de los derechos a la defensa, tutela judicial efectiva y amparo consagrados en la Constitución, sino, según lo expuesto, como un mecanismo extraordinario de revisión cuya finalidad constituye únicamente darle uniformidad a la interpretación de las normas y principios constitucionales.
>
> Por ello, no siendo un derecho y teniendo en cuenta que el legislador puede ensayar y errar en forma evolutiva en la búsqueda del mecanismo extraordinario más adecuado, la Asamblea Nacional Constituyente decidió dejar a la ley orgánica

respectiva su desarrollo concreto. Siendo así, la ley orgánica podrá establecer, por ejemplo, un mecanismo extraordinario de revisión de ejercicio discrecional por la Sala Constitucional, tal como el *writ of certiorari* que utiliza la Suprema Corte de los Estados Unidos de América; un mecanismo cuyos rasgos de discrecionalidad no sean absolutos, como el utilizado por el Tribunal Constitucional Federal de Alemania; o bien, un mecanismo cuyos requisitos de admisibilidad y procedencia estén preestablecidos en la ley, como el que se puede evidenciar en algunos ejemplos de derecho comparado.

Puede observarse entonces que la primera idea que se desprende de la Exposición de Motivos es el hecho de que este recurso no forma parte del derecho a la defensa del solicitante, básicamente debido a que, como veremos más adelante, la revisión está reservada a decisiones definitivamente firmes, por lo que se entiende que ya para ese momento los litigantes han obtenidos remedios procesales suficientes como para resolver sus controversias.

En efecto, las distintas leyes procesales establecen un conjunto de acciones y recursos a través de los cuales se pueden resolver los conflictos de los particulares y de los órganos del Poder Público. Muchas veces para obtener una decisión definitivamente firme se requiere pasar hasta por tres tipos de tribunales distintos, si tomamos en cuenta los casos donde procede el recurso de casación. Pareciera entonces que nuestro Estado de Derecho otorga garantías suficientes para resolver todo tipo de controversia, razón por la cual puede considerarse la revisión extraordinaria como un remedio que no forma parte del catálogo de garantías judiciales de los ciudadanos.

Esta concepción del recurso extraordinario no ha sido fácil de digerir por la doctrina tradicional, sobre todo cuando un remedio de esta naturaleza debuta en un determinado ordenamiento jurídico. Por ejemplo, cuando en la legislación argentina se introdujo el artículo 280 del Código de Procedimiento Civil y

Comercial de la Nación (ley 23.774)[70], no se hicieron esperar las reacciones a este cambio de concepción procesal tan contundente. Así, PADILLA destacó inmediatamente que esta innovación constituía una "lesión al derecho de acceso a la justicia, pues la utilización del recurso extraordinario es un derecho del litigante y no una gracia del tribunal"[71]. Sin embargo, el Tribunal Supremo argentino ha expuesto en forma reiterada que el indicado artículo 280 le otorga facultades discrecionales para rechazar recursos intrascendentes, sin justificación alguna.

Desde las primeras decisiones de la Sala Constitucional, en materia de revisiones de sentencias definitivamente firmes, se hizo suficiente hincapié en que se trataba de una herramienta procesal de carácter excepcional, discrecional y selectiva. Así, en la primera sentencia de esta Sala se hizo referencia a esta facultad en los siguientes términos:

> La labor revisora de las sentencias de amparo que atribuye el numeral 10 del artículo 336 de la vigente Constitución a esta Sala y que será desarrollada por la ley orgánica respectiva, la entiende esta Sala en el sentido de que en los actuales momentos una forma de ejercerla es mediante la institución de la consulta, prevista en el artículo 35 de la Ley Orgánica de Amparo Sobre Derechos y Garantías Constitucionales, pero como la institución de la revisión a la luz de la doctrina constitucional es otra, y las instituciones constitucionales deben entrar en vigor de inmediato, cuando fuera posible, sin esperar desarrollos legislativos ulteriores, ***considera esta Sala que en forma selectiva, sin atender a recurso específico y sin quedar vinculado por peticiones en este sentido, la Sala por vía excepcional puede revisar discrecionalmente las sentencias de amparo*** que, de acuerdo a la competencia tratada en este fallo, sean de la exclusiva competencia de los Tribunales de Segunda Instan-

---

70 Esta norma dispone que "la Corte, según su sana discreción, y con la sola invocación de esta norma podrá rechazar el recurso extraordinario, por falta de agravio federal suficiente o cuando las cuestiones resultaran insustanciales o carentes de trascendencia".

71 PADILLA, Miguel, *Constitución de la Nación Argentina*, Editorial Abeledo-Perot, Buenos Aires, 1994.

> cia, quienes conozcan la causa por apelación y que por lo tanto no susceptibles de consulta, así como cualquier otro fallo que desacate la doctrina vinculante de esta Sala, dictada en materia constitucional, ello conforme a lo dispuesto en el numeral 10 del artículo 336 de la Constitución de la República Bolivariana de Venezuela[72]. (Subrayado añadido)

Posteriormente, en otra decisión de la misma Sala Constitucional, de fecha 2 de marzo de 2000, caso: *Francia Rondón*, se precisó que:

> En efecto, esta novísima figura de la revisión extraordinaria cuyo fundamento es el artículo 336 numeral 10 de la Constitución de la República Bolivariana de Venezuela, ha sido creada con la finalidad de uniformar criterios constitucionales, así como evitar decisiones que lesionen los derechos y garantías que consagran la Carta Magna. Su eficacia dependerá de la forma como se sistematice y la correcta aplicación de sus postulados.
>
> En este contexto, esta Sala Constitucional ha venido diseñando la estructura de este medio extraordinario, cuando en decisión de fecha 20 de enero del año 2000, a raíz de la interpretación que hiciere del referido artículo 336 numeral 10 de la Constitución, señaló que, esta revisión respecto de las sentencias dictadas por los Juzgados Superiores de la República, Corte Primera de lo Contencioso Administrativo y las Cortes de Apelaciones en lo Penal se ejerce, bien de manera obligatoria -entre las cuales se encuentran las consultas o apelaciones a que se refiere el artículo 35 de la Ley Orgánica de Amparo sobre Derechos y Garantías Constitucionales- o de manera facultativa, cuando la decisión llegue a esta Sala una vez agotada la doble instancia.
>
> Ahora bien, esta discrecionalidad que se le atribuye a la revisión a que se ha hecho referencia, no debe ser entendida como una nueva instancia, ya que como se dijo precedentemente, la misma sólo procede en casos de sentencias ya firmes, esto es, decisiones que hubieren agotado todas las instancias que prevé el ordenamiento constitucional.

---

72 Sentencia del 20 de enero de 2000, caso: *Emery Mata*.

> De allí que la Sala no se encontraría en la obligación de pronunciarse sobre todos y cada uno de los fallos que son remitidos para su revisión, ni podría ser entendida su negativa, como violación del derecho a la defensa y al debido proceso de las partes, por cuanto se trata de decisiones amparadas por el principio de la doble instancia judicial.
>
> Todo lo anterior, facultaría a esta Sala a desestimar la revisión, sin motivación alguna, cuando en su criterio, constate que la decisión que ha de revisarse, en nada contribuya a la uniformidad de la interpretación de normas y principios constitucionales, ni constituya una deliberada violación de preceptos de ese mismo rango.

Y luego, en la decisión que se mantuvo como líder, al menos hasta la entrada en vigencia de la LOTSJ (caso: *Corpoturismo*), la Sala señaló lo siguiente:

> Para determinar el ámbito de la potestad revisora de sentencias de amparo definitivamente firmes por parte de esta Sala, es necesario, ante todo, interpretar lo establecido en el Texto Constitucional. En este sentido, el numeral 10 del artículo 336 antes citado, establece la potestad extraordinaria de esta Sala para revisar las sentencias de amparo definitivamente firmes, así como de control de constitucionalidad de leyes o normas jurídicas dictadas por los tribunales de la República. Ahora bien, esta norma constitucional no intenta de manera alguna crear una tercera instancia en los procesos de amparo constitucional o de control de constitucionalidad de leyes o normas jurídicas. El precepto constitucional referido lo que incorpora es una potestad estrictamente excepcional, extraordinaria y discrecional para la Sala Constitucional. Es por ello que esta Sala, al momento de ejecutar tal potestad de revisión de sentencias definitivamente firmes, está obligada, de acuerdo a una interpretación uniforme de la Constitución, y en consideración de la garantía de la cosa juzgada, a ser excesivamente prudente en cuanto a la admisión y procedencia de recursos que pretendan la revisión de sentencias que han adquirido dicho carácter de cosa juzgada judicial.

Y básicamente en casi todas las sentencias subsiguientes en materia de revisión, la Sala Constitucional ha tratado de dejar claro que se trata de un mecanismo judicial distinto, que la faculta a rechazar sin motivación alguna las solicitudes que no considere relevante, al no tratarse de una tercera instancia. Ha insistido hasta la saciedad en su carácter extraordinario, discrecional y excepcional.

Ahora bien, todas estas precisiones de la Sala Constitucional no le niegan, en nuestro criterio, el carácter recursivo y subjetivo de la revisión extraordinaria, pues en definitiva en la gran mayoría de los casos el proceso se inicia con un recurso o solicitud, donde la parte perjudicada por una decisión definitivamente firme le solicita a la Sala su nulidad, alegando motivos de inconstitucionalidad[73].

Ello, como veremos, sin descartar la posibilidad que tiene la propia Sala de ejercer la revisión de oficio.

Y este carácter recursivo no solo deriva de la forma como se activa el mecanismo, sino también por el hecho de que al menos hasta ahora la Sala Constitucional analiza cada solicitud y la responde con una sentencia donde se expone alguna motivación. A veces esta motivación suele ser escueta y preformateada, pero responde a los hechos y denuncias concretas de cada caso. Es decir, la Sala analiza cada solicitud y la responde, bien sea para rechazarla sucintamente o para considerar una posible revisión del fallo cuestionado.

Ello a diferencia de la revisión extraordinaria en algunos otros ordenamientos jurídicos, donde simplemente se rechazan las solicitudes al no incluirlas en la lista de sentencias que serán objeto de consideración, tal y como sucede en el caso del *writ of certiorari* en los Estados Unidos. En efecto, en el caso de los Estados Unidos, la Corte Suprema de Justicia suele recibir entre 5.000 a 10.000 solicitudes de revisión, pero se limita a conocer entre 100 a 300 casos. Y sólo en algunos de esos casos tramita

73 DEVIS ECHENDIA define el término procesal recurso como "la petición formulada por una de las partes, principales o secundarias, para que el mismo juez que profirió una providencia o su superior la revise, con el fin de corregir los errores del juicio o de procedimiento". Véase, *Compendio de Derecho Procesal*, Bogotá, Editorial ABC, 1985, p. 557.

un procedimiento donde permite la presentación de escritos y realiza una audiencia pública. En el resto de los casos no produce decisión alguna, pues se entiende que ha quedado firme la sentencia objeto de cuestionamiento[74].

Por tanto, el recurso de revisión de sentencias definitivamente firmes en Venezuela tiene muchas de las características del resto de los recursos ordinarios y extraordinarios de nuestro ordenamiento jurídico, pues constituye un medio de impugnación de una decisión previa (definitivamente firme), a la cual se le imputan unos vicios, los cuales son analizados (al menos sucintamente) por la Sala Constitucional. Y, como veremos más adelante, la jurisprudencia de esta Sala muchas veces le ha dado el tratamiento a la revisión de una tercera instancia o al menos de una apelación, pues se han anulado decisiones, entre otras razones, por errores en la interpretación de los hechos, por falta de apreciación de las pruebas, por errores de interpretaciones legales (y no sólo constitucionales).

En efecto, baste sólo con adelantar un par de fallos dictados por la Sala Constitucional. El primero del 27 de marzo de 2009, caso: *Jesús R. Jiménez,* donde se afirmó lo siguiente:

> Ahora bien, de las actas del expediente se desprende que la situación planteada se ajusta a los fines que persigue la potestad excepcional de revisión constitucional, dado que es posible examinar en esta sede extraordinaria la valoración que efectuó el juzgador para dictar el dispositivo cuestionado y el alcance de las interpretaciones de normas legales realizadas en la referida sentencia, toda vez que se detectó que la misma contraría en forma manifiesta la doctrina vinculante de esta Sala Constitucional.

Y el segundo, de fecha 17 de enero de 2017, caso: *Inver Group,* donde se señaló:

> Ante tales eventos procesales, considera esta Sala que en el presente asunto se violentó el debido proceso y derecho a la

---

74 Véase, al respecto, JACKSON, Vicki y TUSHNET, Mark, *Comparative Constitutional Law*", Foundation Press, 1999, pp 609. y ss.

defensa de la parte solicitante de la revisión, pues la decisión señalada como lesiva consideró que los demandados en el juicio principal habían incurrido en confesión ficta por no haber contestado la demanda, ni haber probado nada en su favor, **cuando se verifica de los autos una absoluta falta de certeza de los lapsos procesales transcurridos en el juicio primigenio ocasionada por la irregularidad que se presentó con lo dispuesto en el auto dictado por el tribunal de cognición el 17 de mayo de 2016 -que sirvió de base para los cómputos procesales- contenidos en la decisión que hoy se revisa**, pues con tal actuación se cambió no solo la forma de citación acogida en el auto de admisión de la demanda -citación personal en cada uno de los demandados- quienes conformaban un litisconsorcio pasivo necesario y que debían ser llamados a juicio en la forma legalmente prevista para cada uno de acuerdo a su condición de personas naturales y/o jurídicas, sino que además estableció nuevos lapsos, sin que mediara notificación para las partes de tales cambios, lo que sin duda alguna creó un caos procesal que indeterminó toda certeza que se pudiera tener sobre los actos cumplidos y por cumplir en el proceso, toda vez que lo establecido en el auto de admisión primigenio no fue revocado, ni anulado por las vías correspondientes para ello.

Asimismo, se aprecia que en el juicio primigenio por decisión del 16 de marzo de 2017, el Juzgado Décimo de Primera Instancia en lo Civil, Mercantil del Tránsito y Bancario de la Circunscripción Judicial del Área Metropolitana de Caracas, homologó un desistimiento de la acción presentado por la parte demandante únicamente con relación a uno de los co-demandados en la causa principal, ciudadano Alejandro Filomeno Spatafora, homologación ésta que se produjo después de haberse dictado sentencia de fondo en el asunto, **en razón de lo cual la misma no se atuvo a las previsiones de los artículos 263 y 264 del Código de Procedimiento Civil, pues el desistimiento puede efectuarse en cualquier estado y grado de la causa hasta tanto no se hubiera pronunciado sentencia firme** o se hubiera culminado el juicio -como ocurrió en el presente asunto-, lo que indefectiblemente quebrantó el derecho a la defensa, el debido proceso y la seguridad jurídica de los codemandados en el juicio primigenio.

Por tanto, evidenciadas como han sido las múltiples transgresiones de orden constitucional en el juicio originario, considera esta Sala que de acuerdo a lo dispuesto en el artículo 35 de la Ley Orgánica del Tribunal Supremo de Justicia, el efecto de la presente revisión debe ser anulatorio no sólo de la sentencia objeto de revisión sino de todos los actos llevados a cabo en el juicio originario luego de la admisión de la demanda verificada el 17 de diciembre de 2015, por lo que se deberá ordenar en el dispositivo de la presente decisión la reposición de la causa al estado que se realicen las citaciones conforme al auto de admisión en referencia, tomando en cuenta que las personas naturales y jurídicas co-demandadas deben ser llamadas a juicio en forma personal de acuerdo a su condición procesal, en las direcciones contractualmente establecidas y, en atención a las previsiones contenidas en los artículos 215 y siguientes del Código de Procedimiento Civil. Y así se decide.

Como vemos, se ha considerado que el análisis de las interpretaciones legales de las decisiones cuestionadas forma parte del alcance del recurso extraordinario de revisión constitucional, pues éstas pueden contrariar precedentes de la misma Sala Constitucional. De allí, que el alcance de este recurso luce bastante parecido a una nueva instancia.

Quizás la gran diferencia entre la revisión constitucional y el resto de los recursos tradiciones estribe en: i) el hecho de que no exista un procedimiento para tramitar estas solicitudes; ii) en algunos casos se ejerce de oficio por la propia Sala Constitucional; y iii) la motivación de las sentencias que niegan la revisión son bastante simples, sin necesidad de referirse a cada uno de los argumentos presentados por el solicitante, pues muchas veces la Sala Constitucional se limita a destacar que este remedio no es una tercera instancia o el caso no presenta ninguna denuncia constitucional relevante.

En suma, consideramos que estamos en presencia de un medio de impugnación de sentencias definitivamente firmes (recurso), independientemente de las facultades de oficio que tiene la Sala Constitucional. Ello, como afirma ESCOVAR

LEÓN, ha convertido a la Sala Constitucional "en una nueva instancia y, 'la voz última' en todos los asuntos judiciales"[75].

IV. LOS SUJETOS QUE INTERVIENEN EN LA REVISIÓN EXTRAORDINARIA DE SENTENCIAS DEFINITIVAMENTE FIRMES

En principio, la legitimación para presentar un recurso extraordinario de revisión constitucional la tiene cualquiera de las partes que participó en el juicio que dio lugar al fallo cuestionado, y por lo general, esto se reduce a la parte que resultó derrotada, total o parcialmente, en ese juicio. Esto incluye a cualquier otro tercero particular o institucional (Ministerio Público, Defensoría del Pueblo, entre otros) que haya formado parte del litigio[76].

Sin embargo, la Sala Constitucional ha negado la legitimación del juez que dictó el fallo cuestionado para ejercer la solicitud de revisión. Así, en sentencia de fecha 14 de noviembre de 2005, caso: *Eliana Cherubini*, se precisó que:

> En todo caso, advierte la Sala que, en el caso que se examina, se trataría de supuestos agravios a derechos fundamentales que derivaron de los antes referidos fallos que expidieron el Juez Superior Tercero en lo Penal de la Circunscripción Judicial del Área Metropolitana de Caracas y la Sala de Casación Penal de la Corte Suprema de Justicia, supuesto en el cual la legitimación para la solicitud de revisión de dichos pronunciamientos, supuesta la subsunción de los mismos en alguno de los supuestos que esta Sala estableció en su fallo n.° 0093, de 06 de febrero de 2001 (caso *CORPOTURISMO*), recae, exclusivamente, en los titulares de dichos derechos, vale decir, los antes mencionados procesados penales. Por consiguiente,

---

75 ESCOVAR LEÓN, Ramón, *El precedente y la interpretación constitucional, op. cit.* p. 120.

76 Así, por ejemplo, en la sentencia n.° 1202 del 16 de junio de 2006, la Sala declaró procedente un recurso de revisión intentado por unos inquilinos desalojados de un inmueble, quienes no habían sido parte del proceso de ejecución de hipoteca que concluyó con la sentencia objeto de revisión.

ni siquiera bajo la situación que se ha descrito en este párrafo, tenía la Jueza Quinta de Ejecución del Circuito Judicial Penal del Área Metropolitana de Caracas competencia para la solicitud de revisión que impulsó la presente causa, lo cual es una razón que se añade como fundamento de la declaración de inadmisibilidad de dicha pretensión. Así se declara.

Ahora bien, la jurisprudencia de la Sala Constitucional ha considerado que también otras personas ajenas a la controversia pueden solicitar la revisión extraordinaria del fallo definitivamente firme, lo que en principio luce contrario a la sana lógica, toda vez que, si las partes estuvieron conformes con la decisión final, mal podría permitirse que un sujeto ajeno al pleito pida la anulación o modificación del fallo.

Sin embargo, en un caso de clarísima naturaleza política, la Sala Constitucional admitió que una organización (sin personalidad jurídica) ejerciese un recurso extraordinario de revisión, a pesar de que no era parte del juicio que dio lugar a la sentencia cuestionada. En efecto, la solicitud de revisión constitucional que originó la sentencia del 23 de marzo de 2004, caso: *Ismael García,* fue presentado por este ciudadano, un Diputado de la Asamblea Nacional, quien decía representar al llamado *Comando Ayacucho,* esto es una organización de hecho, creada por el Presidente de la República, destinada a llevar adelante su campaña electoral en ese referéndum revocatorio.

El *Comando Ayacucho* no era parte del juicio donde se había producido la sentencia (cautelar) objeto de revisión constitucional, sin embargo, la Sala Constitucional, sin hacer ni siquiera referencia al tema de la legitimación, declaró con lugar la revisión y anuló la sentencia cuestionada[77].

77 Para un análisis de los distintos hechos y decisiones relacionados con este polémico y trascendente caso relacionado con la convocatoria a un referéndum revocatorio del Presidente de la República, puede verse la obra colectiva *La Guerra de las Salas del TSJ frente al Referéndum Revocatorio*, Aequitas, Caracas, 2004.

Pero al igual que expusimos en el capítulo precedente, referido al tema del avocamiento, cuando se admite que la Sala Constitucional pueda iniciar un determinado proceso *de oficio*, esto trae consigo la ampliación de la legitimación activa, pues es claro que cualquier persona podría "denunciar" o presentar una "queja" ante la Sala respectiva, a los fines de que ésta ejerza sus poderes de oficio.

Y es que también en el caso del recurso extraordinario de revisión, la Sala Constitucional ha entendido que dicha revisión puede iniciarse de oficio, es decir, sin que ninguna de las partes lo solicite. Ello a pesar de que la LOTSJ no la faculta expresamente para ello, como si lo hace para los casos de avocamiento[78].

Así, en la sentencia líder en esta materia, de fecha 6 de febrero de 2001, caso: *Corpoturismo*, la Sala señaló: "En cuanto a la potestad de esta Sala para revisar de oficio las sentencias definitivamente firmes en los mismos términos expuestos en la presente decisión, esta Sala posee la potestad discrecional de hacerlo siempre y cuando lo considere conveniente para el mantenimiento de una coherencia en la interpretación de la Constitución en todas las decisiones judiciales emanadas por los órganos de administración de justicia".

Esta facultad de oficio ha sido efectivamente ejercida por la Sala Constitucional en algunos casos -como puede imaginarse- de impacto político. Muestra de ello es la sentencia dictada el 15 de octubre de 2007, caso: *Yolanda Vivas*, donde se dispuso el inicio de la revisión de oficio de una sentencia dictada por la Sala Político-Administrativa, donde se había cuestionado la posibilidad de destituir jueces provisorios sin garantizarles el debido proceso. La Sala Constitucional consideró de suma gra-

78 Nótese que el artículo 89 de la LOTSJ faculta a las distintas Salas del Tribunal Supremo a actuar de oficio, pero sólo cuando la ley expresamente lo disponga. Y es el caso que para la revisión extraordinaria de sentencias no existe ninguna norma que faculte a la Sala Constitucional para actuar de oficio.

vedad esta legítima posición de la Sala Político-Administrativa y por ello dispuso en este fallo lo siguiente:

> 1.- ORDENAR a la Secretaría de la Sala Constitucional del Tribunal Supremo de Justicia, abrir el correspondiente expediente a los fines de que esta Sala en ejercicio de las competencias contenidas en los artículos 336.10 de la Constitución de la República Bolivariana de Venezuela, 5.4 de la Ley Orgánica del Tribunal Supremo de Justicia de la República Bolivariana de Venezuela y del criterio vinculante de su sentencia n.° 93 del 6 de febrero de 2001 (caso: *Corpoturismo*), conozca de oficio la revisión de la sentencia n.° 1.415/2007 de la Sala Político Administrativa del Tribunal Supremo de Justicia, para lo cual se ordena realizar todos los trámites de ley correspondientes a tal efecto.
>
> 2.- ORDENAR a la Secretaría de la Sala Constitucional del Tribunal Supremo de Justicia, oficiar a la Sala Político Administrativa de este Tribunal, a los fines que remita copia certificada de la sentencia n.° 1.415/2007, ya identificada, dentro del lapso de tres (3) días contados a partir de su notificación.

Y en una sentencia posterior, del 20 de diciembre de 2007, la Sala dispuso que se:

> **ANULA**, de oficio, la sentencia n.° 01415, dictada el 2 de agosto de 2007 por la Sala Político-Administrativa de este Tribunal y, consecuencia, **ORDENA** a esa Sala reponer la causa a efecto de que dicte nuevo pronunciamiento respecto de la demanda de nulidad interpuesta por la ciudadana Yolanda del Carmen Vivas Guerrero, que se ajuste al criterio establecido en este fallo.

Como vemos, la Sala Constitucional inició una revisión extraordinaria de oficio y dispuso la nulidad del fallo objetado, sin que ninguna de las partes de ese proceso lo hubiese solicitado. Frente a esta posición jurisprudencial no podemos más que insistir en que los jueces están para *resolver casos y controversias*, no para generarlas o prolongarlas. Si los jueces inician los litigios o incidencias y ellos mismos los resuelven, entonces se pierde gran parte de las bondades de un proceso judicial, esto es, la adversidad y contención.

En cuanto a la legitimación pasiva consideramos que debe también admitirse la mayor amplitud para que el resto de los sujetos procesales que participaron en el juicio que dio lugar al fallo impugnado puedan presentar sus argumentos y consideraciones, a los fines de defender sus respectivos intereses. Otro problema será el de la oportunidad para ejercer esa participación, lo que analizaremos más adelante, al referirnos al procedimiento para tramitar este recurso.

Pero, en suma, el mismo criterio de amplitud debe asumirse para la intervención de los terceros frente al ejercicio de la potestad revisora de sentencias definitivamente firmes.

V. LAS SENTENCIAS OBJETO DEL RECURSO EXTRAORDINARIO DE REVISIÓN CONSTITUCIONAL

Toca revisar cuáles son las decisiones que pueden ser objeto de revisión constitucional, conforme a lo dispuesto en el numeral 10° del artículo 336 de la Constitución, los numerales 10, 11 y 12 del artículo 25 de la LOTSJ y la jurisprudencia de la Sala Constitucional.

Lo primero que debemos advertir es que el numeral 10° del artículo 336 de la Constitución parece haber dejado claro que esta facultad quedaba limitada a dos tipos de sentencia, a saber, las sentencias definitivamente firmes en materia de amparo constitucional y las sentencias definitivamente firmes en materia de control constitucional de leyes (control difuso). Sin embargo, en la sentencia líder mencionada *supra* (caso: *Corpoturismo*), la Sala Constitucional realizó una interpretación concatenada de este numeral 10° del artículo 336 de la Constitución con el artículo 335 *eiusdem*. Por la importancia del tema conviene la extensa cita:

> Ahora bien, ¿puede esta Sala, de conformidad con lo establecido en la Constitución, revisar las sentencias definitivamente firmes diferentes a las establecidas en el numeral 10 del artículo 336 de la Constitución que contraríen el criterio interpretativo que esta Sala posee de la Constitución?
>
> Es necesario en este aspecto interpretar lo establecido en el artículo 335 de la Constitución, el cual textualmente indica:

"El Tribunal Supremo de Justicia garantizará la supremacía y efectividad de las normas y principios constitucionales; será el máximo y último intérprete de la Constitución y velará por su uniforme interpretación y aplicación.

Las interpretaciones que establezca la Sala Constitucional sobre el contenido o alcance de las normas y principios constitucionales son vinculantes para las otras Salas del Tribunal Supremo de Justicia y demás tribunales de la República". (Subrayado nuestro)

De acuerdo con la norma transcrita, no existe duda alguna de que esta Sala posee la máxima potestad de interpretación de la Constitución y que sus decisiones son vinculantes para las otras Salas del Tribunal Supremo de Justicia y los demás tribunales de la República. Así las cosas, las demás Salas del Tribunal Supremo de Justicia y los demás tribunales y juzgados de la República están obligados a decidir con base en el criterio interpretativo que esta Sala tenga de las normas constitucionales. El hecho de que el Tribunal Supremo de Justicia o los demás tribunales de la República cometan errores graves y grotescos en cuanto a la interpretación de la Constitución o no acojan las interpretaciones ya establecidas por esta Sala, implica, además de una violación e irrespeto a la Constitución, una distorsión a la certeza jurídica y, por lo tanto, un quebrantamiento del Estado de Derecho. Por ello, la norma contenida en el artículo 335 de la Constitución establece un control concentrado de la constitucionalidad por parte de esta Sala en lo que respecta a la unificación de criterio relativa a la interpretación de la Constitución.

El Texto Fundamental le otorga pues a la Sala Constitucional una potestad única y suprema en cuanto a la interpretación de la Constitución. Dicha potestad tiene por objeto tal como lo señala la autora española Ana Aba Catoira, el *"...preservar la unidad del Texto Constitucional, de donde deriva la necesidad de coherencia o ausencia de contradicciones en los preceptos constitucionales..."*. Asimismo, señala la misma autora como principios de interpretación *"...el principio de la función integradora que cumple la Constitución al ser instrumento de cohesión o unión y, por último, el principio de la fuerza normativa de la Constitución en cuanto que norma jurídica suprema del ordenamiento que actúa como límite"*. (*V. Ob. Cit*, p. 241).

Ahora bien, ¿cómo puede esta Sala ejercer esa potestad máxima de interpretación de la Constitución y unificar el criterio interpretativo de los preceptos constitucionales, si no posee mecanismos extraordinarios de revisión sobre todas las instancias del Poder Judicial incluyendo las demás Salas en aquellos casos que la interpretación de la Constitución no se adapte al criterio de esta Sala? Es definitivamente incongruente con la norma constitucional contenida en el artículo 335 antes citado que, habiendo otorgado la Constitución a esta Sala el carácter de máximo intérprete de los preceptos constitucionales en los términos antes señalados, y habiendo establecido el Texto Fundamental el carácter vinculante de tales decisiones, no pueda esta Sala de oficio o a solicitud de la parte afectada por una decisión de alguna otra Sala del Tribunal Supremo de Justicia o de algún tribunal o juzgado de la República, revisar la sentencia que contraríe una interpretación de algún precepto constitucional previamente establecido o que según esta Sala erróneamente interprete la norma constitucional.

De conformidad con lo anterior, sería inútil la función integradora y de mantenimiento de la coherencia o ausencia de contradicciones en los preceptos constitucionales ejercida por esta Sala, si ésta no poseyera la suficiente potestad para imponer el carácter vinculante de sus interpretaciones establecido expresamente en el artículo 335 de la Constitución o que no pudiera revisar sentencias donde es evidente y grotesca la errónea interpretación.

En el mismo sentido, la norma constitucional referida sería inútil si los tribunales de la República o las demás Salas del Tribunal Supremo de Justicia, en ejercicio del control difuso de la constitucionalidad establecido en el artículo 334 de la Constitución, no pudieren corregir decisiones que se aparten del criterio interpretativo establecido por la Sala Constitucional. Es, más bien, imperativo para todos los tribunales del país, así como para las demás Salas del Tribunal Supremo de Justicia, en ejercicio del control difuso de la constitucionalidad establecido en el artículo 334 de la Constitución de la República Bolivariana de Venezuela, revocar en segunda instancia aquellas decisiones que se aparten de alguna interpretación que esta Sala haya realizado de las normas constitucionales.

Es pues evidente, que la Constitución de la República Bolivariana de Venezuela estableció una fórmula para cohesionar la interpretación de la norma constitucional, y, en tal sentido, el Texto Fundamental designó a la Sala Constitucional como el ente con la máxima potestad para delimitar el criterio interpretativo de la Constitución y hacerlo vinculante para los demás tribunales de la República y las demás Salas del Tribunal Supremo de Justicia. Por ello, la Sala Constitucional posee discrecionalmente la potestad coercitiva otorgada por la Constitución para imponer su criterio de interpretación de la Constitución, cuando así lo considere en defensa de una aplicación coherente y unificada de la Carta Magna, evitando así que existan criterios dispersos sobre las interpretaciones de la norma constitucional que distorsionen el sistema jurídico creando incertidumbre e inseguridad en el mismo.

Por consiguiente, esta Sala considera que la propia Constitución le ha otorgado la potestad de corregir las decisiones contrarias a las interpretaciones preestablecidas por la propia Sala o que considere la Sala acogen un criterio donde es evidente el error en la interpretación de las normas constitucionales. Esto tiene el propósito de imponer la potestad constitucional de la Sala Constitucional de actuar como "máximo y último intérprete de la Constitución". Se desprende entonces del artículo 335 de la Constitución de la República Bolivariana de Venezuela, que esta norma establece expresamente la potestad de revisión extraordinaria de sentencias definitivamente firmes que se aparten de la interpretación que de manera uniforme debe imponer esta Sala. Posee entonces potestad esta Sala para revisar tanto las sentencias definitivamente firmes expresamente establecidas en el numeral 10 del artículo 336 contra aquellas, tal como se dejó sentado anteriormente, así como las sentencias definitivamente firmes que se aparten del criterio interpretativo de la norma constitucional que haya previamente establecido esta Sala, lo que en el fondo no es más que una concepción errada del juzgador al realizar el control de la constitucionalidad, y así se declara.

En pocas palabras, con este fallo la Sala Constitucional consideró que su función de último garante de la interpretación constitucional, encomendada por el artículo 335 de la Constitución, conlleva a la posibilidad de revisar cualquier sentencia que considere contraria a la Constitución.

Y en tal virtud, en esa misma sentencia expuso los 4 tipos de sentencias que podían ser objeto de revisión, los cuales luego recogidos legislativamente en los numeral 10, 11 y 12 del artículo 25 de la LOTSJ. Estas disposiciones textualmente señalan:

> Son competencias de la Sala Constitucional del Tribunal Supremo de Justicia:
>
> 10. Revisar las sentencias definitivamente firmes que sean dictadas por los tribunales de la República, cuando hayan desconocido algún precedente dictado por la Sala Constitucional; efectuado una indebida aplicación de una norma o principio constitucional; o producido un error grave en su interpretación; o por falta de aplicación de algún principio o normas constitucionales.
>
> 11. Revisar las sentencias dictadas por las otras Salas que se subsuman en los supuestos que señala el numeral anterior, así como la violación de principios jurídicos fundamentales que estén contenidos en la Constitución de la República Bolivariana de Venezuela, tratados, pactos o convenios internacionales suscritos y ratificados válidamente por la República o cuando incurran en violaciones de derechos constitucionales.
>
> 12. Revisar las sentencias definitivamente firmes en las que se haya ejercido el control difuso de la constitucionalidad de las leyes u otras normas jurídicas, que sean dictadas por las demás Salas del Tribunal Supremo de Justicia y demás Tribunales de la República

Con base en estas competencias la Sala Constitucional puede, básicamente, revisar cualquier sentencia definitivamente firme, dictada por cualquier tribunal del país o Sala del Tribunal Supremo que considere contraria a la Constitución; contrario a alguno de sus precedentes; o que simplemente haya ejercido el control difuso de la constitucionalidad de las normas jurídicas.

Son estos supuestos los que se utilizan como motivos de procedencia de los recursos de revisión, pues para que se declare procedente una solicitud de revisión debe alegarse, entre otras razones, que hubo una errada aplicación de una norma o principio constitucional, que se violó algún precedente de la

Sala Constitucional o que se desconoció un principio jurídico fundamental. Por lo que sobre el contenido de estos tres numerales volveremos más adelante.

Ahora bien, conviene de seguidas referirnos a algunos supuestos donde la Sala Constitucional ha extendido su potestad revisora, desafiando la letra misma de la Constitución y la LOTSJ; así como la única limitación que hasta ahora se ha impuesto, al menor formalmente, esto es, las decisiones dictadas por ella misma.

1. *Las sentencias dictadas con anterioridad a la entrada en vigencia de la Constitución*

En la tantas veces citada sentencia *Corpoturismo*, la Sala Constitucional parecía haber dejado claro que su potestad revisora sólo podía extenderse a fallos dictados con posterioridad a su creación, es decir, a la entrada en vigencia de la Constitución de 1999. De hecho, esa sentencia declaró inadmisible la solicitud de revisión, entre otras razones, por haber sido dictada antes de la entrada en vigencia de la Constitución de 1999.

Esta posición fue asumida más claramente en una decisión posterior, de fecha 25 de septiembre de 2001, caso: *Antonio Volpe*, donde se dispuso que:

> Por eso esta Sala, ya desde sus primeras decisiones sobre el tema, determinó, conforme a la disposición contenida en el artículo 24 de la Constitución vigente (la cual prohíbe que disposición alguna tenga efecto retroactivo, excepto cuando imponga menor pena), que las solicitudes de revisión dispuestas en el artículo 336.10 *eiusdem*, así como las que la propia jurisprudencia le ha sumado (*cf.* sent. 93/2001, caso: *Corpoturismo*), sólo tuvieran alcance respecto a decisiones dictadas durante la vigencia de la norma configuradora de dicho medio; debido a que para las decisiones dictadas bajo el régimen jurídico surgido bajo la Constitución de 1961 no estaba previsto una vía de revisión con este talante, ni existía un órgano con la entidad que hoy ostenta la Sala Constitucional, es decir, titular del *poder garantizador de la Constitución*, el cual, según alguna doctrina (Peces-Barba, p.ej.), es una rama o dimensión que debe

añadirse a la clásica división del Poder Público (ejecutivo, legislativo y judicial), que en nuestro caso se ha visto ampliada con un reciente añadido (electoral y moral).

Con ello parecía quedar claro el límite temporal de las decisiones objeto de revisión, pues la consolidación de la unificación de los criterios constitucionales sólo podía llevarse a cabo luego de creada la Sala Constitucional, a la cual el artículo 335 le otorgó esa facultad de ser el máximo y último intérprete del Texto Fundamental.

Sin embargo, en esa misma sentencia se dispuso una excepción, mediante la cual se quiso "atemperar" el criterio antes expuesto. Así, la Sala señaló que:

> No obstante, la Sala, en reciente decisión (exp. n.° 00-2548, caso: *Jesús Ramón Quintero*), dejó abierta la posibilidad de revisar sentencias proferidas con anterioridad a la vigencia de este medio. Sin embargo, debe acotarse que tal posibilidad es de aplicación restrictiva, y sólo procederá bajo aquéllas circunstancias en que la propia Constitución permite la retroactividad de una norma jurídica, esto es, **en el supuesto que contempla el artículo 24 constitucional, referido a la aplicación de normas que impongan menor pena (el cual ha sido extendido por la dogmática penal a circunstancias distintas mas no distantes de la reducción de la extensión de una sanción determinada)**. Así, dentro, de las normas que mejoran una condición o situación jurídica derivada de la actuación de los entes públicos en materia penal, esta Sala considera que se encuentra la solicitud de revisión tantas veces aludida. Por lo que la admisión de un medio tal, en los casos referidos a la excepción contenida en el artículo 24 (que imponga menor pena, entendido dicho enunciado en sentido amplio), no viola el principio de irretroactividad de la ley contenido en dicho precepto. De allí que la retroactividad de la revisión quede definitivamente asociada a la nulidad de decisiones relacionados con los bienes fundamentales tutelados por el derecho penal, acaecidas con anterioridad a la Constitución de 1999, pero cuya irracionalidad o arbitrariedad, puestos en contraste con las normas constitucionales, exija su corrección, aparte, además, aquellas decisiones que evidencien de su contenido un error ominoso que afecte el orden público, es decir, que la sentencia a revisar contenga una grave inconsistencia en cuanto a la aplicación e interpretación del orden jurídico-constitucional.

> Se atempera de este modo, el criterio que a este respecto sentó la Sala en su sentencia n.° 44/2000 del 2 de marzo, caso: *Francia Josefina Rondón Astor*. (Destacado añadido).

Pero posteriormente, esa excepción referida únicamente a los casos donde la nueva normativa legal impusiese una menor pena, fue ampliada para más bien volver sobre procesos penales donde se habían exculpado a los imputados. Es decir, se comenzó a utilizar el recurso de revisión para volver a enjuiciar a personas que habían sido absueltas[79].

Concretamente, en la sentencia de fecha 21 de julio de 2015, caso: *Juan Carlos Tabares*, se dispuso lo siguiente:

> Ahora bien, según se desprende de las actas, esta Sala observa que la sentencia sometida a revisión fue dictada el 25 de mayo de 1971 por el Juzgado Militar de Primera Instancia Permanente de Maturín, en la fase sumarial del proceso penal militar, regido por el Código de Justicia Militar (1967) y supletoriamente por el Código de Enjuiciamiento Criminal (1962), investida del carácter definitivo porque puso fin al proceso y que, con posterioridad, fue confirmada en consulta por el Consejo de Guerra Permanente de Maturín, mediante la sentencia dictada el 11 de junio de 1971; por lo que adquirió firmeza y pasó a ser una sentencia irrecurrible, es decir, definitivamente firme. Así se declara.
>
> Sin embargo, es pertinente insistir en que la revisión constitucional procede respecto de aquellos fallos dictados en vigencia de la Constitución de 1999 y, de forma restrictiva y muy excepcionalmente, de sentencias que hayan sido dictadas antes de dicho Texto Fundamental, sólo, como en este caso, cuando evidencien la existencia de gravísimas violaciones a los derechos fundamentales, que amerite la intervención de esta Sala Constitucional con el propósito de cumplir con la garantía universal de los derechos humanos, en atención al valor superior de justicia, principio rector e inspirador de la Carta Magna de 1961, así como de la actual y a lo previsto también en los diferentes tratados internacionales suscritos por Venezuela.

[79] El matiz político de esta jurisprudencia resulta más que evidente.

En este orden de ideas, la Ley Para Sancionar los Crímenes, Desapariciones, Torturas y otras Violaciones de los Derechos Humanos por Razones Políticas en el Período 1958-1998, en su artículo 19, señala lo siguiente:

"Cuando de las investigaciones del Ministerio Público o de la Comisión por la Justicia y la Verdad, se evidencie la existencia de pruebas fehacientes que constaten plenamente la materialidad de violaciones graves a los derechos humanos y delitos de lesa humanidad, o la responsabilidad plena en la perpetración de los mismos, por las razones previstas en la presente Ley, las cuales sean pertinentes a causas judiciales o procedimientos administrativos que por cualquier razón procesal se encontrasen firmes, siendo dichas pruebas de tal naturaleza que de haber sido conocidas en su oportunidad la decisión definitiva hubiese sido distinta a la que constase en autos, el Ministerio Público solicitará a la Sala Constitucional del Tribunal Supremo de Justicia la revisión del expediente a los fines de su reapertura. La Sala Constitucional se pronunciará sobre la solicitud y, de considerarla pertinente, ordenará al Ministerio Público la reapertura del caso y su tramitación procesal por vía ordinaria".

Cabe destacar que a la luz de dicha norma, la Sala Constitucional con ocasión de la pretensión de revisión constitucional formulada por el Ministerio Público -cuando de las investigaciones realizadas éste evidencie la existencia de pruebas fehacientes de violaciones graves a los derechos humanos y delitos de lesa humanidad o la responsabilidad plena en la comisión de los mismos, que de haber sido conocidas en su oportunidad la decisión definitiva hubiese sido distinta-, analizará la sentencia cuestionada y de ser procedente la solicitud, determinará la pertinencia de reabrir la causa penal y su tramitación procesal por la vía ordinaria.

Al respecto, es pertinente precisar que en el ejercicio de la potestad de revisión que le atribuye a la Sala el artículo 19 de la referida Ley, le corresponde analizar la sentencia cuestionada en atención a las denuncias formuladas por el Ministerio Público, a la Constitución y leyes vigentes para la fecha en la cual fue dictada y a los elementos probatorios que consten en autos, pero en ningún caso esta instancia constitucional se pronunciaría sobre la determinación de los hechos ni a la responsabilidad penal pues ello corresponde al juez natural de la materia penal, como expresamente lo señala dicha norma.

> En este sentido, se reitera lo señalado por esta Sala en la sentencia número 1.713/2007, que es del tenor siguiente:
>
> "Pero la tarea que ha de desplegar la Sala en este sentido consistirá en advertir elementos que den lugar a la reapertura de una investigación, mas no de determinar que efectivamente ocurrieron unos hechos de un modo tal o cual, o que quienes actuaron lo hicieron con una intención determinada.
>
> Si así fuese, es decir, si el ejercicio de la potestad de revisión que le atribuye el artículo 19 de la Ley a esta Sala consistiese en un juicio acerca de si efectivamente ocurrieron unos hechos y quiénes son sus responsables, no tendría sentido la reapertura del expediente permitida en dicha disposición, ni tampoco tendría sentido la posibilidad consentida por dicha norma de que se tramite nuevamente el caso ante la jurisdicción ordinaria".
>
> Precisado lo anterior, pasa esta Sala a analizar la solicitud de revisión, la sentencia cuestionada y las actas procesales que constan en autos para determinar si, en este caso, existen suficientes elementos que autoricen abrir nuevamente la causa y sustanciar un proceso penal para que se determine si hubo la comisión de un hecho punible y la responsabilidad penal, conforme a las garantías previstas en la Constitución y en el Código de Justicia Militar vigentes para la fecha en la cual fue dictado el fallo objeto de revisión, esto es, el 25 de mayo de 1971, en cuanto a lo sustantivo en atención al principio *ratione temporis*, exceptuando las normas procesales actuales que resulten aplicables o las sustantivas que beneficien a los responsables en virtud del principio *in dubio pro reo*.

Como vemos, con esta nueva tesis jurisprudencial se extiende la facultad revisora de sentencias a fallos dictados con anterioridad a la Constitución de 1999, amparándose en *Ley Para Sancionar los Crímenes, Desapariciones, Torturas y otras Violaciones de los Derechos Humanos por Razones Políticas en el Período 1958-1998*, con lo cual se crea un peligroso precedente que puede dar lugar a una serie de retaliaciones políticas y claras violaciones al debido proceso, pues resulta obvio que la defensa procesal de los (de nuevo) imputados, luego de más de 40 años, puede ser, a lo sumo, extremadamente difícil.

Y no es de extrañar que la Sala Constitucional siga desconociendo esta limitación temporal para fallos que no guarden relación con procesos penales.

2. *La revisión constitucional de sentencias interlocutorias*

A pesar de que la Constitución y la LOTSJ parecen haber sido bastante claras en cuanto a que la facultad revisora de sentencias se limitaba a decisiones definitivamente firmes, como veremos de seguidas la Sala Constitucional ha extendido sus poderes a fallos interlocutorios, es decir, a aquellos que no ponen fin al proceso.

En un primer momento la Sala Constitucional había negado tajantemente esta posibilidad de revisar sentencias interlocutorias. Así, en la tantas veces citada sentencia *Corpoturismo*, la Sala negó la revisión, entre otras razones, por tratarse de una sentencia que no era definitiva. Y fue mucho más clara en una decisión posterior del 29 de octubre de 2003, caso: *Tulio Álvarez*, en la cual señaló:

> En tal sentido, visto que la sentencia emanada de la Sala Electoral Accidental objeto de la presente solicitud de revisión, en virtud de sus efectos provisionales no podía adquirir la condición de una sentencia definitivamente firme, lo cual constituye un requisito sine qua non para que esta Sala pueda ejercer la potestad extraordinaria, excepcional y discrecional de revisión que tiene atribuida de conformidad con lo previsto en el Texto Fundamental, con base en el criterio contenido en su decisión n.° 93/2001, del 6 de febrero, complementado por la doctrina reiterada en sentencias números 910/2001, del 1 de junio, y 3090/2002, del 3 de diciembre, en las que se estableció la inadmisibilidad de la revisión constitucional cuando sea solicitada respecto de sentencias interlocutorias, como son las que resuelven amparos cautelares resulta, en consecuencia, forzoso declarar inadmisible la solicitud de revisión planteada en el caso de autos. Así se decide.

Como puede observarse, la Sala Constitucional expresamente señaló que no procedía la revisión extraordinaria de sentencias cautelares dictadas por la Sala Electoral. En cambio, en una oportunidad posterior, ante una medida cautelar de la

Sala Electoral, mucho menos drástica que la cuestionada en la sentencia anteriormente citada, la Sala Constitucional decidió con una velocidad abrumadora un recurso extraordinario de revisión interpuesto por una persona ajena al proceso que había originado el fallo cuestionado, declarando la nulidad de esa medida preventiva, sin ni siquiera señalar que se apartaba de su criterio anterior (y de la Constitución).

En este fallo del 23 de marzo de 2004, caso: *Ismael García*, la Sala Constitucional estableció:

> Ahora bien, esta Sala en anteriores oportunidades ha declarado que no ha lugar a las solicitudes de revisión de sentencias referidas a pretensiones de amparo cautelar, cuando penden de una causa principal que cursa ante el mismo tribunal que la profirió, dado la pendencia de pronunciamiento definitivo sobre el mérito de la controversia (*Vid.* sentencia n.º 2858/2003 del 3 de noviembre, caso: *Arnoldo José Echegaray Salas*). No obstante, la decisión cuya revisión se solicita, en virtud de que frente a ella no hay posibilidad de ejercer recurso de apelación ni posibilita la consulta prevista en el artículo 35 de la Ley Orgánica de Amparo sobre Derechos y Garantías Constitucionales, no es susceptible de impugnación por vía de los medios judiciales ordinarios, por lo que adquiere carácter de sentencia definitivamente firme, aunque haya sido proferida en sede cautelar.
>
> Aunado a lo anterior, la doctrina establecida por esta Sala Constitucional en el fallo n.º 93/2001, antes citado, respecto a las sentencias sobre las cuales la Sala ejerce su potestad de revisión, incluye no sólo los fallos dictados en amparos autónomos, sino también los pronunciados en sede cautelar, siempre que sea definitivamente firme.

Sobre esta motivación es imprescindible destacar, al menos, dos cosas. Primero es completamente falso que contra la medida cautelar dictada por la Sala Electoral no existía la posibilidad de ejercer recurso alguno, pues tal y como lo señaló luego la propia Sala Electoral ésta abrió el cuaderno separado respectivo para que pudiese ejercerse la oposición a que hace referencia el artículo 602 y siguientes del *Código de Procedimiento Civil*, lo que en efecto ocurrió, pues en ese cuaderno separado se ejerció una oposición. Pero más aún, ¿y es que acaso ese fallo cautelar no iba a extinguirse con la sentencia definitiva de ese proceso? Las partes involucradas en ese juicio podían -como en efecto lo hicieron- aportar sus argumentos, tanto en la oposición de la cautela como en el propio cuaderno principal, y así tratar de convencer con mejor derecho a la Sala Electoral. En suma, es completamente falso que la medida cautelar que fue cuestionada hubiera adquirido "carácter de sentencia definitivamente firme"[80].

Este drástico cambio jurisprudencial (y hasta constitucional) se realizó en un caso claramente político, por lo que quedaba la duda si ese criterio iba a repetirse. Y la duda fue aclarada con algunas sentencias posteriores que confirman la posibilidad de cuestionar, vía revisión constitucional, sentencias interlocutorias.

Así, en la sentencia de fecha 23 de febrero de 2012, caso: *CEMEX*, donde se citan otros fallos anteriores, la Sala Constitucional señaló lo siguiente:

> Como punto previo, visto que la presente revisión constitucional fue interpuesta contra una decisión cautelar dictada por la Sala Político Administrativa, esta Sala destaca que en anteriores oportunidades ha conocido de solicitudes de revisión de sentencias referidas a medidas cautelares, no obstante, pendan de una causa principal que cursa ante el mismo tribunal que la profirió y del pronunciamiento definitivo sobre el mérito de la controversia. En efecto, se advierte que respecto de la decisión cuya revisión se solicita, no hay posibilidad de ejercer recurso de apelación, no es susceptible de impugnación por vía de los medios judiciales ordinarios, por lo que adquiere carácter de sentencia definitivamente firme, aunque haya sido proferida en sede cautelar, razón por la cual, es susceptible de revisión constitucional (*Vid.* Sentencias de esta Sala Nros. 442/2004 y 428/2005, entre otras).

80 Sobre este polémico caso puede verse la obra colectiva *La Guerra de las Salas del TSJ frente al Referéndum Revocatorio*, Aequitas, Caracas, 2004.

Nuevamente la Sala Constitucional incurre en el error de considerar que una sentencia cautelar puede considerarse como definitivamente firme, por el hecho de que contra ella no pueda ejercerse recurso alguno, pues es evidente que este tipo de sentencias cautelares no son definitivas, pues fenecen con la sentencia de fondo, al ser las medidas preventivas un instrumento de la decisión final del proceso.

En nuestro criterio, esta tesis de la Sala Constitucional no solo desconoce la letra de la Constitución, sino también la lógica, justificación y razón de ser del recurso extraordinario de revisión, pues éste fue diseñado para corregir la emisión de sentencias que contradigan la Constitución, luego de que se han agotado todos los remedios y vías ordinarias y extraordinarias para cuestionar el fallo. No se justifica, bajo ningún supuesto, que la Sala Constitucional entre a revisar decisiones cuyos vicios aún pueden ser subsanados a través de algún recurso o, lógicamente, con la sentencia definitiva del propio proceso donde surgió la decisión interlocutoria.

3. *La revisión de sentencias dictada por la Sala Plena del Tribunal Supremo de Justicia*

Aunque parezca insólito, la Sala Constitucional ha llegado a revisar decisiones dictadas por la Sala Plena (de la cual forman parte sus magistrados), en casos relacionados con la declaración de méritos para enjuiciar a altos funcionarios del Estado. Obviamente, se trata de una jurisprudencia de altísimo contenido político, pero que pone en evidencia la voracidad de la Sala Constitucional en el uso y abuso de la potestad revisora de sentencias definitivamente firmes.

Así, en la sentencia del 11 de marzo de 2005, caso: *Julián Isaías Rodríguez*, la Sala Constitucional revisó una decisión de fecha 14 de agosto de 2002, dictada por la Sala Plena del Tribunal Supremo de Justicia, mediante la cual se había declarado no haber lugar al enjuiciamiento de cuatro militares de alto rango, y su consecuente sobreseimiento.

Sin ningún tipo de justificación y sin ni siquiera abordar la muy cuestionada competencia para anular una sentencia de una Sala de la cual ella misma forma parte, la Sala Constitucional desconoció las normas constitucionales y legales que le atribuyen al Pleno del Tribunal Supremo la competencia político-jurídica de considerar si hay méritos o no para enjuiciar a altos funcionarios del Estado. En nuestro criterio, con esta posición jurisprudencial se desconoce la voluntad del constituyente de otorgarle la consideración de esta importante prerrogativa en favor de determinados funcionarios, a todos los magistrados (y no sólo a 7) del Tribunal Supremo de Justicia.

Por tanto, la única competencia relevante que tiene asignada la Sala Plena es prácticamente de adorno, pues su decisión puede ser controlada y revisada por la Sala Constitucional, lo que parece confirmar la tesis de que más bien estamos en presencia de un Tribunal o Corte Constitucional que está por encima del resto de los órganos jurisdiccionales del Poder Judicial.

4. *La revisión de fallos definitivamente firmes que han ejercido el control difuso de la constitucionalidad de normas jurídicas*

Con el objeto de darle mayor eficacia y conexión a los dos sistemas de control constitucional de normas jurídicas (concentrado y difuso), el numeral 12 del artículo 25 de la LOTSJ estableció que la Sala Constitucional debe: "Revisar las sentencias definitivamente firmes en las que se haya ejercido el control difuso de la constitucionalidad de las leyes u otras normas jurídicas, que sean dictadas por las demás Salas del Tribunal Supremo de Justicia y demás Tribunales de la República".

Con ello se busca que cualquier desaplicación de una norma jurídica que realice algún tribunal del país, para un caso concreto y en uso de la facultad otorgada por el artículo 334 de la Constitución, deba ser evaluada por la Sala Constitucional, como máximo y último intérprete de la Constitución.

Y aunque no lo diga la norma antes citada, la jurisprudencia de la Sala Constitucional ha señalado que esta revisión es *obligatoria*, de allí que los jueces que dicten decisiones definitivamente firmes, y que hayan utilizado el control difuso de normas jurídicas, deben enviar su decisión a la Sala Constitucional, a los fines de que ésta verifique que se trata de una interpretación correcta y, de ser el caso, determine si debe dársele o no efectos *erga omnes* a esa desaplicación, mediante la declaratoria general de inconstitucionalidad de la norma desaplicada.

Incluso, antes de la entrada en vigencia de la LOTSJ ya la Sala Constitucional había considerado que esta remisión era obligatoria y necesaria para garantizar lo dispuesto en los artículos 335 y numeral 10° del 336 de la Constitución. Así, en sentencia del 22 de julio de 2003, caso: *Bernabé García,* se determinó que:

> En lo que respecta a las decisiones definitivamente firmes de control de constitucionalidad se revisa una decisión que declara la inconstitucionalidad de una norma -con efectos sólo en el caso concreto-, cuya aplicación o desaplicación puede vulnerar el orden público constitucional, y cuya inconstitucionalidad, con efectos vinculantes para las demás Salas y todos tribunales de la República, sólo puede ser pronunciada por esta Sala, la única con atribución constitucional para tal pronunciamiento.
>
> Esta Sala, en anterior decisión con respecto a la remisión por los jueces, de oficio, de la decisión definitivamente firme en la cual desaplicaron una norma jurídica en ejercicio del control difuso de la constitucionalidad, estableció:
>
> "En atención a la incidencia en el ordenamiento jurídico de tal cuestión, el Tribunal o Sala desaplicante deberán remitir a esta Sala Constitucional copia de la decisión, a la cual anexarán copia de los autos, con el fin de someterlo a la revisión correspondiente, todo en obsequio de la seguridad jurídica y de la coherencia que debe caracterizar al ordenamiento jurídico en su conjunto..." (s S.C. n.° 1225, del 19-10-00. Subrayado añadido).

Y en algunas oportunidades la Sala Constitucional ha negado la desaplicación de normas jurídicas, anulando la decisión que fue remitida por el tribunal o Sala que aplicó el control difuso. Así, en la sentencia de fecha 26 de agosto de 2013, caso: *Sindicato de Obreros del Estado Falcón*, se señaló lo siguiente:

> Siendo ello así, toda desaplicación por control difuso amerita un análisis de contraste entre el Texto Fundamental y las disposiciones cuya aplicación se considera lesiva de la Carta Magna y, en tal sentido, del examen de la sentencia sobre la cual versan las presentes consideraciones se observa, que la Sala Electoral de este Alto Tribunal obvió cualquier análisis que permita deducir alguna colisión entre el artículo 406 de la Ley Orgánica del Trabajo, las Trabajadoras y los Trabajadores y la Constitución de la República Bolivariana de Venezuela.
>
> En efecto, la referida decisión se limitó a establecer que es evidente que "la jurisdicción" que debe conocer del asunto planteado es la que pertenece a la Sala Electoral, sin precisar, cuál o cuáles son los preceptos constitucionales vulnerados y en qué consiste la eventual vulneración.
>
> En tal virtud, resulta patente que la decisión bajo examen no hizo el debido contraste entre la Constitución y la norma desaplicada, razón por la cual, se hace necesario declarar no conforme a derecho la desaplicación y, en consecuencia, anular la decisión sometida a consulta y ordenar a la Sala Electoral de este Alto Tribunal, que vuelva a emitir un pronunciamiento tomando en consideración la doctrina vertida en el presente fallo. Con lo cual, deberá precisar en qué consiste la eventual inconstitucionalidad del artículo 406 de la Ley Orgánica del Trabajo, las Trabajadoras y los Trabajadores y cuáles son las disposiciones constitucionales vulneradas. Así se decide.

De igual forma, en sentencia del 1 de junio de 2007, caso: *Gregory Maka Valero*, la Sala Constitucional destacó:

> Sin duda alguna, la inmotivación que se aprecia en la desaplicación efectuada en la decisión *sub examine*, contraviene el principio *reddere rationem, y, especialmente,* los derechos a la defensa, al debido proceso y a la tutela judicial efectiva.
>
> En efecto, entre las exigencias de la tutela judicial efectiva y del debido proceso se encuentra la de dar respuesta motivada y fundada en derecho, a las cuestiones suscitadas en el proceso que ameritan un pronunciamiento judicial, pues como lo afirma el jurista italiano Luigi Ferrajoli, *"es por la motivación como las decisiones judiciales resultan avaladas y, por tanto, legiti-*

madas por aserciones, en cuanto tales verificables y refutables, aunque sea de manera aproximativa" (Ferrajoli, Luigi. *Derecho y Razón*. Segunda edición, Trotta, Madrid, 1997, p. 623).

(...)

En este orden de ideas, considera este órgano jurisdiccional que para determinar si existe incompatibilidad o no entre el Texto Constitucional y una o varias normas jurídica, y, en caso de que exista, aplicar las disposiciones constitucionales respectivas en el caso concreto y, por supuesto, omitir la aplicación de la otra u otras normas ('desaplicación'), el juez debe efectuar una serie de actividades intelectivas encaminadas a tal fin, las cuales deben estar plasmadas, cuando menos sintéticamente, en el texto de la decisión.

Así pues, básica y sistemáticamente, el juez debe determinar cuáles son las normas en posible conflicto, tanto las de rango legal como las de rango constitucional y, seguidamente, debe desentrañar el sentido y alcance de las mismas, es decir, debe interpretarlas, para luego proceder a analizar si efectivamente la o las normas legales colisionan con la o las normas constitucionales en cuestión, para posteriormente arribar a una conclusión y decidir en ese sentido, todo lo cual deberá ser expresado suficientemente en la decisión, para cumplir con el cardinal principio *reddere rationem*, y, especialmente, para garantizarles a los justiciables el derecho a la defensa, y, en fin, al debido proceso y a la tutela judicial efectiva.

Por tanto, conforme al indicado numeral 12 del artículo 25 de la LOTSJ, todas las sentencias definitivamente firmes dictadas por cualquier tribunal o Sala, donde se haya hecho uso del control difuso previsto en el artículo 334 de la Constitución, deben ser remitidas de oficio por los propios tribunales a la Sala Constitucional, a los fines de que esta se pronuncie sobre el uso adecuado de este mecanismo de control constitucional.

5. *La imposibilidad de revisar sentencias dictadas por la propia Sala Constitucional*

Por último, vale la pena destacar que, al menos hasta ahora, la Sala Constitucional ha señalado que no es posible la revisión de sentencias dictadas por la propia Sala Constitucional.

En efecto, en el fallo de fecha 14 de mayo de 2008, caso: *María Pulido,* se señaló lo siguiente:

> En el presente caso, se ha ejercido el recurso de revisión **contra una sentencia que dictó la propia Sala Constitucional**, el 21 de noviembre de 2006, la cual declaró inadmisible la acción de amparo constitucional interpuesta por los abogados Juan José Flores, Héctor Rafael Febres González y Nery José Febres González, en su carácter de apoderados judiciales de la ciudadana María de Lourdes Pulido de Cermeño.
>
> La eficacia de la autoridad de la cosa juzgada, según lo establecido por la doctrina de este Máximo Tribunal en numerosas oportunidades, (*Vid.* s. SCC-C.S.J. del 21-02-90), se traduce en tres aspectos: a) inimpugnabilidad, según la cual la sentencia con autoridad de cosa juzgada no puede ser revisada por ningún juez cuando ya se hayan agotado todos los recursos que dé la ley, inclusive el de invalidación (*non bis in idem*). A ello se refiere el artículo 272 del Código de Procedimiento Civil; b) Inmutabilidad, según la cual la sentencia no es atacable indirectamente, por no ser posible abrir un nuevo proceso sobre el mismo tema; no puede otra autoridad modificar los términos de una sentencia pasada en cosa juzgada; y, c) Coercibilidad, que consiste en la eventualidad de ejecución forzada en los casos de sentencias de condena; esto es, *"la fuerza que el derecho atribuye normalmente a los resultados procesales"*; se traduce en un necesario respeto y subordinación a lo dicho y hecho en el proceso.
>
> Las decisiones dictadas por esta Sala Constitucional adquieren, desde su publicación, el carácter de cosa juzgada formal, consagrado en el artículo 272 del Código de Procedimiento Civil, lo que se traduce en que lo decidido en la sentencia en cuestión, no es atacable y al mismo tiempo se perfecciona el carácter de cosa juzgada material dispuesto en el artículo 273 *eiusdem*, que impone que se tenga en cuenta el contenido de la decisión en todo proceso futuro entre las mismas partes y sobre el mismo objeto. En tal sentido, esta Sala en decisión número 3180 del 15 de diciembre de 2004 (caso: *Tecnoagrícola Los Pinos, C.A.*) indicó que la autoridad de la cosa juzgada constituye un aspecto esencial de la seguridad jurídica entendida como un principio constitucional. Así pues, se añade que existe expectativa legítima en derecho cuya base es la uniformidad

de la jurisprudencia. Por tanto, permitir que la Sala Constitucional del Tribunal Supremo de Justicia considere sus propias decisiones mediante el mecanismo extraordinario de la revisión conduciría a un caos interpretativo, que afectaría la transparencia y la imparcialidad del sistema de administración de justicia. (Destacado añadido).

Ahora bien, aun cuando esta posición jurisprudencial ha sido respetada por la Sala Constitucional desde su creación, no podemos dejar de mencionar las polémicas sentencias n.° 157 y 158 del 1° de abril de 2017, donde la Sala Constitucional modificó dos decisiones previas que generaron una importantísima polémica nacional, en virtud de su clara extralimitación de funciones.

Pues bien, a raíz de las polémicas generadas, de la reacción de una buena parte de la comunidad nacional e internacional y frente a una extraña e inédita convocatoria del Presidente de la República al Consejo de Defensa de la Nación, la Sala Constitucional decidió modificar dos decisiones (las n.° 155 y 156 del 28 y 29 de marzo de 2017) que claramente tenían carácter definitivo. Si bien ello no lo hizo mediante la potestad revisora de sentencias, prevista en el numeral 10° del artículo 336 de la Constitución, al menos hay que destacar que se trató de una anulación parcial de fallos previamente dictados por ella.

Para ello, la Sala hizo uso de la norma prevista en el artículo 252 del *Código de Procedimiento Civil*, referente a las aclaratorias de sentencias, más, sin embargo, resulta evidente que lejos de aclarar sus decisiones lo que hizo fue reconsiderarlas y anularlas parcialmente.

Así, en el fallo de fecha 1 de abril de 2017, caso: *Héctor Rodríguez*, la Sala Constitucional señaló:

> Ahora bien, en dicha sentencia n.° 155 del 28 de marzo de 2017, esta Sala hizo referencia en la motiva a la inmunidad parlamentaria, mas no en su dispositiva. Dicho señalamiento aislado en la motiva, fue tema central del debate público, toda vez que medios de comunicación nacionales e internacionales, voceros políticos y autoridades legítimas del Estado Venezolano emitieron opiniones e interpretaciones disímiles del mismo, hecho este que la Sala saluda como expresión de una

robusta democracia en el marco del Estado Democrático y Social de Derecho y de Justicia que se desarrolla y funciona plenamente en Venezuela, donde existe una democracia participativa y protagónica, que permite el desarrollo de opiniones diversas y del libérrimo ejercicio de la libertad de expresión, dentro del pluralismo político reconocido por nuestra Constitución.

Esta Sala Constitucional del Tribunal Supremo de Justicia respeta las diversas opiniones que sobre sus fallos se emiten en el marco del Estado de Derecho reinante en Venezuela, toda vez que nuestra Constitución a diferencia de las anteriores, permite el pleno protagonismo de la ciudadanía a expresarse libremente.

Por otra parte, a cualquier ciudadano o ciudadana que tenga interés legítimo en un proceso judicial o autoridad pública, incluyendo a la Procuraduría General de la República, a la Defensoría del Pueblo o a la Fiscalía General de la República, entre otros, les asiste el derecho a solicitar formalmente la aclaratoria de cualquier sentencia, una vez pronunciada la misma, en atención a la tutela judicial efectiva y al debido proceso consagrados en el Texto Fundamental.

En el marco del derecho a la información veraz y oportuna que tienen los ciudadanos y ciudadanas y habitantes de la República, esta Sala Constitucional en el ámbito de sus competencias en Protección de la Constitución y velando por el ejercicio pleno de este derecho, observa que se difundieron diversas interpretaciones erradas sobre algunos aspectos de la decisión objeto de esta aclaratoria.

Ahora bien, la convocatoria efectuada por el Jefe del Estado en aplicación del artículo 323 de la Constitución para reunir al Consejo de Defensa de la Nación, a objeto de tratar en su seno la controversia surgida entre autoridades del Estado venezolano, se nos presenta como una situación inédita para la jurisdicción constitucional.

Sobre la base de lo antes expuesto, en ejercicio de la potestad que para este caso corresponde y con base en el artículo 252 del Código de Procedimiento Civil, el cual es aplicable supletoriamente a las causas que conoce este Máximo Tribunal, en concordancia con el artículo 98 de la Ley Orgánica del Tribunal Supremo de Justicia, esta Sala **procede de oficio a aclarar** que en el fallo n.° 155 dictado el 28 de marzo de 2017 el dispositivo 5.1.1 y lo contenido sobre el mismo en la motiva; así como lo referido a la inmunidad parlamentaria, obedecen a medidas cautelares dictadas por esta Sala conforme a la amplia potestad que es propia de su competencia (artículo 130 de la Ley Orgánica del Tribunal Supremo de Justicia) y, en consecuencia, como garantía de la tutela judicial efectiva consagrada en el artículo 26 constitucional, teniendo en cuenta que las mismas se caracterizan por la instrumentalidad, provisionalidad y mutabilidad, esto es, que para este ejercicio se tendrán en cuenta las circunstancias del caso y los intereses públicos en conflicto (sentencia de esta Sala n.° 640 del 30 de mayo de 2003), se revocan en este caso la medida contenida en el dispositivo 5.1.1, así como lo referido a la inmunidad parlamentaria. Así se decide.

Téngase la presente decisión como parte complementaria de la sentencia n.° 155 del 28 de marzo de 2017. Así se decide.

Insistimos, si bien no se basó la Sala en la faculta revisora prevista en el numeral 10° del artículo 336 de la Constitución, si hay que reconocer que se trató de la anulación parcial de unos fallos definitivos dictados por ella misma. Como suele advertirse, los casos políticos generan deficiente jurisprudencia.

VI. EL PROCEDIMIENTO PARA TRAMITAR LOS RECURSOS EXTRAORDINARIOS DE REVISIÓN

Debemos comenzar por destacar que a pesar de haber transcurrido ya casi dos décadas de la entrada en vigencia de la Constitución de 1999, aún no se ha dictado la tan necesaria *Ley Orgánica de la Jurisdicción Constitucional*. Ello ha implicado que la jurisdicción más importante no tiene una regulación detallada de sus aspectos sustantivos y adjetivos, lo que ha generado una clara inseguridad jurídica y, en muchos casos, graves extralimitaciones de funciones por parte de la Sala Constitucional.

Hasta ahora, la única regulación parcial de los aspectos adjetivos de la jurisdicción constitucional se encuentra en las Disposiciones Transitorias de la LOTSJ, donde se establecen algunos procedimientos constitucionales. Sin embargo, el artículo 128 de la LOTSJ excluye de la aplicación de los procedimientos allí mencionados a los recursos extraordinarios de revisión de sentencias definitivamente firmes.

Por tanto, ha sido la jurisprudencia de la propia Sala Constitucional la que ha venido regulando los aspectos procesales relacionados con esta facultad revisora. Así, en un primer momento, la sentencia líder en esta materia, de fecha 6 de febrero de 2001, caso: *Corpoturismo*, trató de dar los primeros lineamientos procesales para el uso de esta importante competencia de la Sala Constitucional. Textualmente señaló la Sala:

> Luego de aclarado lo anterior, y partiendo de la protección constitucional a la tutela judicial efectiva establecida en los artículos 26 y 27 de la Constitución que establece el derecho de las partes de acudir al poder judicial para defender sus derechos e intereses, tomando a su vez en consideración que no ha sido dictada la ley orgánica que regule el procedimiento de revisión extraordinaria, y considerando además que existen una serie de solicitudes de revisión interpuestas ante esta Sala y que es obligación de esta Sala analizar su admisibilidad y procedencia en respeto de la tutela judicial efectiva; es menester, en esta oportunidad, determinar el procedimiento que debe aplicarse en caso de solicitud de revisión extraordinaria de sentencias definitivamente firmes de conformidad con los términos establecidos anteriormente. En este sentido, es necesario definir un procedimiento especial para llevar a cabo la potestad revisora de esta Sala. Esto, de acuerdo a lo establecido en el artículo 102 de la Ley Orgánica de la Corte Suprema de Justicia, el cual establece que "*cuando ni en esta Ley, ni en los códigos y otras leyes nacionales se prevea un procedimiento especial a seguir, la Corte podrá aplicar el que juzgue más conveniente, de acuerdo con la naturaleza del caso*".
>
> Al respecto esta Sala acoge, en caso de ser admitido el recurso de revisión extraordinaria de sentencias definitivamente firmes, el procedimiento de apelación de sentencias de amparo constitucional establecido en la Ley Orgánica de Amparo sobre Derechos y Garantías Constitucionales y en la jurisprudencia de esta Sala. En lo que respecta a la admisibilidad de tales solicitudes de revisión extraordinaria esta Sala posee una

potestad discrecional de admitir o no admitir el recurso cuando así lo considere, y, en todo caso, la Sala no admitirá aquellos recursos que no se refieran a las sentencias o a las circunstancias que define la presente decisión. En este sentido, se mantiene el criterio que dejó sentado la sentencia dictada por esta Sala en fecha 2 de marzo de 2000 (caso: *Francia Josefina Rondón Astor*) en cuanto a que esta Sala no está en la obligación de pronunciarse sobre todos y cada uno de los fallos que son remitidos para su revisión, y la negativa de admitir la solicitud de revisión extraordinaria como violación del derecho a la defensa y al debido proceso de las partes, por cuanto se trata de decisiones amparadas por el principio de la doble instancia judicial.

Por lo tanto, esta Sala puede en cualquier caso desestimar la revisión, "*...sin motivación alguna, cuando en su criterio, constate que la decisión que ha de revisarse, en nada contribuya a la uniformidad de la interpretación de normas y principios constitucionales...*".

En esta sentencia la Sala Constitucional señala que el procedimiento para tramitar los recursos extraordinarios de revisión será el de apelación de sentencias de amparo constitucional, previsto en el artículo 35 de la *Ley Orgánica de Amparo sobre Derechos y Garantías Constitucionales*. Pero lo irónico es que esa norma no establece ningún procedimiento, sino únicamente un plazo para dictar sentencia (treinta días).

Por tanto, lo que ha dispuesto la Sala Constitucional es que, sencillamente, no debe haber ningún tipo de trámites o incidencias procesales frente a una solicitud de revisión extraordinaria de sentencias; sino que una vez presentado el recurso, la Sala dispone de un plazo de treinta días para dictar su sentencia, el cual por cierto rara vez se cumple.

Esto quiere decir que la Sala Constitucional puede anular o revocar un fallo en forma *inaudita alteram parte*, esto es, sin antes haberle dado a las partes involucradas en el proceso que produjo la sentencia revisada una oportunidad para hacer valer sus consideraciones, lo que en nuestro criterio compromete el derecho a la defensa y al debido proceso.

Sí es pertinente destacar que durante una época la Sala Constitucional dejó abierta la posibilidad de, en determinados casos, abrir un breve contradictorio, disponiendo la notificación de las partes y convocando a una audiencia oral. Así, en sentencia de fecha 17 de junio de 2005, caso: *Héctor Serpa*, se señaló lo siguiente:

> Como complemento de la sentencia parcialmente trascrita, la Sala en sentencia n.° 775 del 18 de mayo de 2001 (caso: "*Rosana Orlando de Valerio*"), admitió la posibilidad de emitir la decisión que resulte de una solicitud de revisión constitucional determinada, previa realización de una audiencia en la que las partes expongan sus alegatos. Al respecto, señaló que:
>
> "(...) *dentro de esa facultad que posee la Sala, y complementando el procedimiento referido en la sentencia antes citada, en aquellas ocasiones que discrecionalmente así lo considere, la Sala puede dictar un procedimiento previo que permita analizar la procedencia o no de la admisión del recurso de revisión y, en tal sentido, antes de admitir o negar el recurso extraordinario de revisión, la Sala podrá, sólo si a su discreción lo considera, y a manera de ahondar en el conocimiento del proceso objeto de la sentencia impugnada, así como proteger, si es necesario, la tutela judicial efectiva de la recurrente o de quien lo requiera, adoptar las medidas que sean convenientes, así como ordenar las actividades concernientes que le permitan aclarar la situación planteada, y, con base en ello, complementar el análisis necesario para dictar el auto de admisión o negar la admisión del recurso extraordinario de revisión.*
>
> *Atendiendo ese orden de ideas, la Sala, previo a la decisión sobre la admisión de la demanda, considera, aplicar el procedimiento de la audiencia pública constitucional correspondiente a los juicios de amparo constitucional definido en la sentencia del 1° de febrero de 2000 (caso: José Amado Mejía Betancourt), en el sentido de que con el objeto de analizar la admisión o no del recurso extraordinario de revisión puede este sentenciador celebrar una audiencia oral y pública con el fin de oír de las partes interesadas, del Ministerio Público y la Defensoría del Pueblo sus argumentos con relación a la revisión solicitada* (...)".
>
> De las sentencias parcialmente citadas, se pueden distinguir dos (2) procedimientos para la resolución de las solicitudes de revisión planteadas ante esta Sala, la primera sin contradictorio y, la segunda, con la tramitación de un contradictorio su-

mario a través de la convocatoria de una audiencia en la que pueden participar las partes del proceso cuya sentencia es objeto de la revisión solicitada, así como todas las demás personas que considere necesario la Sala para la resolución de la solicitud planteada.

Ciertamente, es potestativo de la Sala la convocatoria de una audiencia para lograr un mejor conocimiento del caso, permitiendo sobre la base del principio de inmediación la participación de aquellas personas que considere necesario. No obstante, puede declarar *prima facie* ha lugar la solicitud de revisión en caso de que estime que los elementos que constan en el expediente son suficientes y el pronunciamiento de la Sala contribuya a la interpretación de las normas o principios constitucionales o se contraríe en la sentencia objeto de revisión, criterios vinculantes de la Sala o, en caso contrario, desestimar la solicitud por ser una potestad discrecional.

En el primer supuesto, referido a la declaratoria sobre el fondo del asunto planteado sin la celebración de una audiencia, la Sala puede declarar no ha lugar la solicitud formulada, en el marco del ejercicio de su potestad extraordinaria de revisión, en cuyo caso sólo se puede considerar como parte aquella que interpuso la solicitud revisión puesto que se trata de un control objetivo de la constitucionalidad de decisiones definitivamente firmes, ya que esa declaratoria o la inadmisibilidad de la solicitud de revisión, al afectar únicamente al solicitante, no hace necesario la notificación del particular que obtuvo una decisión favorable con autoridad de cosa juzgada, en las instancias correspondientes.

Sin embargo, cuando la solicitud es declarada ha lugar por la Sala, surge la necesidad de notificar a todas aquellas partes, diferentes a la solicitante, involucradas en el juicio que dio origen a la sentencia de la cual se alega una presunta inconstitucionalidad, debido a que sólo en ese supuesto, se afecta desde el punto de vista objetivo la intangibilidad de la cosa juzgada y, desde una perspectiva subjetiva, los derechos o intereses de la parte que obtuvo una decisión favorable una vez agotadas las instancias correspondientes.

Por ello, si bien la Sala ha reiterado el carácter extraordinario y discrecional de la potestad de revisión, por constituirse dicha facultad en una excepción a la garantía constitucional de la cosa juzgada, es preciso reseñar que la consecuencia inmediata de una decisión judicial que aparentemente quebranta dicha garantía en orden a tutelar los principios y derechos fundamentales que informan al ordenamiento constitucional, trae consigo la necesidad de notificar a las partes involucradas en el correspondiente proceso primigenio.

Ahora bien, un análisis minucioso de la jurisprudencia de los últimos años de la Sala Constitucional revela que esa posición quedó básicamente abandonada, pues en todos los procesos de revisión se ha omitido el trámite de notificación y audiencia oral, por lo que las decisiones se dictan en forma *inaudita alteram parte,* con lo cual, insistimos, se compromete el derecho a la defensa y al debido proceso.

En efecto, creemos que aun cuando las partes involucradas en un juicio hayan tenido la oportunidad de hacer valer sus argumentos y consideraciones en varias fases e instancias judiciales, no es permisible que luego de haberse obtenido una sentencia definitivamente firme, se pueda anular o modificar el fallo a espaldas de la parte vencedora, quien por lo general no se entera de la existencia del recurso presentado, en la mayoría de los casos, por la parte vencida.

Nótese, además, y como veremos *infra,* que no existe ningún lapso de caducidad para el ejercicio del recurso extraordinario de revisión, por lo que la parte derrotada puede, en cualquier momento presentar su solicitud, sin que el vencedor se entere de la existencia de este nuevo proceso que puede derivar en la anulación de todo lo actuado.

En nuestro criterio, la importancia de los efectos de una sentencia que revisa un fallo definitivamente firme, amerita que al menos se le permita al resto de las partes del proceso presentar sus argumentos y consideraciones sobre la solicitud de revisión interpuesta, de manera que exista un breve contradictorio que le permita a la Sala Constitucional obtener las dos o más versiones del fallo cuestionado. Ello es además necesario para garantizar el principio de igualdad de las partes ante el proceso.

Con esta posición jurisprudencial pareciera que a la Sala Constitucional no le interesan o sirven los argumentos que puedan presentar las partes, pues para ella bastaría la lectura de la decisión cuestionada para verificar si existe alguna contradicción constitucional, es decir, entiende que sólo es necesario un análisis objetivo y reservado del fallo. Se trata de una posición muy arrogante que desconoce la realidad misma de los procesos judiciales, donde muchas veces las sentencias no reflejan la totalidad de los detalles de forma y fondo del litigio. Por eso, siempre es importante escuchar a todas las partes frente al ejercicio de un recurso.

La Sala Constitucional parece haber asimilado el recurso extraordinario de revisión constitucional al mecanismo de revisión de sentencias de tutela en Colombia, donde en efecto la Corte Constitucional tampoco da trámite a las partes a la hora de conocer la revisión prevista en el artículo 33 del Decreto 2591 de 1991, mediante el cual se reglamenta la acción de tutela consagrada en el artículo 86 de la Constitución colombiana. Pero consideramos que se trata de un mecanismo distinto, pues en el caso colombiano la revisión se refiere únicamente a acciones de tutela (amparos) y existe una regulación muy concreta del mecanismo de selección de las decisiones que serán objeto de revisión ante la Corte Constitucional[81].

La revisión extraordinaria de sentencias en Venezuela es mucho más amplia que la revisión de tutelas colombianas, pues se refiere a cualquier decisión definitivamente firme, independientemente de la naturaleza o jurisdicción de donde provenga el fallo. Esto implica que la Sala Constitucional debe conocer de toda la legislación aplicable y, por ende, su labor es mucho más compleja y hasta audaz. Por eso es que resulta recomendable al menos un trámite corto y sencillo que le permita a las partes interesadas presentar sus argumentos jurídicos para la defensa de sus respectivos intereses.

---

81 Véase, TOBO RODRÍGUEZ, Javier, *La Corte Constitucional y el control de constitucionalidad en Colombia*, Ibañez, Bogotá, 2006.

Por eso, la facultad prevista en el numeral 10° del artículo 336 de la Constitución se asemeja más al recurso extraordinario argentino o al *certiorari* de los Estados Unidos, pues éstos también se refieren a la posibilidad de controlar todo tipo de decisiones judiciales. Y en ambos casos, tanto la Corte Suprema de la Nación argentina como la Corte Suprema de los Estados Unidos permiten que las partes interesadas presentes argumentos, una vez que se ha decidido revisar una sentencia definitiva[82].

En suma, en nuestro criterio debería existir, al menos, una breve incidencia donde se le permita a las partes que no han ejercido la revisión, presentar sus argumentos y consideraciones. Así, por ejemplo, bastaría notificar de la admisión del recurso al juez que dictó el fallo, para que éste se encargue de comunicarle al resto de las partes la existencia y admisión de la revisión extraordinaria. Y una vez que consten en autos esas notificaciones se le puede conceder a las partes un plazo de diez días para que presenten un único escrito de oposición. Luego de este plazo entraría el caso en fase de sentencia.

Sin embargo, insistimos, la Sala Constitucional ha preferido evitar todo tipo de trámite procedimental, por lo que, conforme al estado de la jurisprudencia actual, una vez interpuesto el recurso extraordinario, la Sala puede decidir el fondo del asunto, sin necesidad de notificar al resto de las partes del juicio que originó el fallo impugnado.

Ahora bien, aun cuando no exista un procedimiento contradictorio como tal para la tramitación de los recursos extraordinarios de revisión, conviene destacar algunas consideraciones procesales relacionadas con esta facultad revisora.

---

82 Para el caso del recurso extraordinario argentino puede consultarse YMAZ, Esteban y REY, Ricardo, *El Recurso Extraordinario*, Abeledo-Perrot, Buenos Aires, 2000; y para el caso del *certiorari* estadounidense puede revisarse JACKSON, Vicki y TUSHNET, Mark, *Comparative Constitutional Law*, Foundation Press, 1999, pp. 609 y ss.

1. *La potestad de dictar medidas cautelares frente al ejercicio de un recurso extraordinario de revisión constitucional*

A pesar de que no exista ninguna incidencia procesal en la revisión constitucional de sentencias, es factible y hasta indispensable en algunos casos, que la Sala Constitucional haga uso de su poder cautelar amplio para evitar que la sentencia llegue demasiado tarde. Recordemos que el poder cautelar del juez es una condición inseparable de la posibilidad de resolver controversias en justicia, pues no puede ejercerse la labor jurisdiccional si el que decide no tiene la posibilidad de asegurar que el fallo pueda cumplirse para cualquier de las dos partes en litigio[83].

El artículo 130 de la LOTSJ establece que la Sala Constitucional puede acordar, en cualquier estado y grado del proceso y aún de oficio, las medidas cautelares que considere pertinente, disponiendo de "amplios poderes cautelares" para garantizar la tutela judicial efectiva.

En la mayoría de los casos la solicitud cautelar se refiere a la necesidad de suspender la ejecución de una sentencia que quedó definitivamente firme y contra la cual se ha intentado una revisión extraordinaria. En este tipo de casos, y cuando la Sala Constitucional considera cumplidos los requisitos de procedencia de toda cautela, se ha dispuesto la suspensión del fallo hasta que se dicte la sentencia definitiva de revisión de sentencia.

Un ejemplo de esta afirmación lo encontramos en la sentencia del 6 de octubre de 2016, caso: *123.com.ve*, donde se señaló lo siguiente:

> Respecto a la medida cautelar solicitada, relativa a la suspensión temporal de la sentencia dictada el 30 de junio de 2015 por el Juzgado Superior Segundo en lo Civil, Mercantil, Tránsito y Bancario de la Circunscripción Judicial del Área Metropolitana de Caracas (respecto de la cual la Sala de Casación Civil del Tribunal Supremo de Justicia, mediante sentencia

83 GARCÍA DE ENTERRÍA, Eduardo, *La Batalla por las Medidas Cautelares*, 2da Edición, Civitas, Madrid, 1995.

dictada el 17 de marzo de 2016, en el expediente AA20-C-2015-000712, declaró perecido el recurso de casación) hasta tanto se resuelva el fondo de la solicitud de revisión, en virtud de que se alegó que la ejecución de tal decisión causaría gravísimos perjuicios económicos en contra de la hoy solicitante en revisión, toda vez que presta un servicio público de telecomunicaciones, el cual podría verse afectado ante una eventual ejecución forzosa de lo decidido, esta Sala, a fin de garantizar que la presente revisión no se vea afectada en caso de que dicha sentencia sea ejecutada, sin prejuzgar sobre el fondo del asunto, y apegada a los criterios establecidos mediante decisión n.° 2.197 del 17 de septiembre de 2004 (caso: República Bolivariana de Venezuela), ratificado entre otras en sentencia n.° 1951 del 15 de diciembre de 2011 (caso: *"adolescentes sucesores de RAÚL BRAZÓN"*), ACUERDA medida cautelar innominada de suspensión de efectos de la decisión antes reseñada. Y así se decide.

En algunos casos, la Sala Constitucional ha dictado *de oficio* la medida cautelar de suspensión de efectos del fallo cuestionado, hasta que se produzca la sentencia definitiva. Así, en sentencia de fecha 17 de septiembre de 2004, caso: *República Bolivariana de Venezuela,* la Sala expresó:

> Asimismo, la Sala al objeto de garantizar que la incolumidad del presente recurso de revisión así como su resolución no se vean afectadas en caso de que la sentencia impugnada sea ejecutada, **ACUERDA**, de oficio y con fundamento en el artículo 19, párrafo undécimo de la Ley Orgánica del Tribunal Supremo de Justicia, **MEDIDA CAUTELAR DE SUSPENSIÓN DE EFECTOS** de la sentencia n.° 00389 dictada, el 22 de abril de 2004, por la Sala Político-administrativa, en Sala Accidental, de este Máximo Tribunal, hasta tanto se resuelva la presente revisión.

También la Sala Constitucional ha ordenado la suspensión de sentencias distintas a las que está revisando, cuando, por ejemplo, ordena la reposición de la causa al estado en que se dicte una nueva decisión en casación, evitando que se ejecute un fallo que había quedado definitivamente firme antes de ejercerse la casación. Así, en sentencia de fecha 27 de octubre de 2017, caso: *Adriana Piedrahita,* la Sala dispuso: "Como consecuencia de la anterior declaratoria, esta Sala acuerda la medida cautelar de suspensión de efectos de la sentencia impugnada hasta tanto se dicte sentencia definitivamente firme sobre el fondo del juicio que por cumplimiento de contrato de compra venta interpuso la ciudadana Dulce María Sosa Pimentel contra el ciudadano Gustavo Emilio López Merchán. Así se decide".

Por tanto, no se cuestiona el poder cautelar amplio de la Sala Constitucional, de oficio o a instancia de parte, frente a los recursos extraordinarios de revisión, pudiendo decretar las medidas cautelares que considere necesarias para garantizar la efectividad del fallo definitivo.

2. *La no existencia de lapso de caducidad para la interposición de una revisión constitucional*

Uno de los aspectos más polémicos del status actual del recurso extraordinario de revisión tiene que ver con la ausencia de un lapso de caducidad para su interposición. Esto significa que este recurso extraordinario puede ejercerse en cualquier momento, lo que genera no pocas adversidades.

En efecto, el primer cuestionamiento frente a la ausencia de un lapso de caducidad tiene que ver con la escasa protección que se le da al valor de la cosa juzgada, pues esto implica que no habrá culminado efectivamente ningún proceso judicial en Venezuela hasta tanto se haya intentado y decidido el respectivo recurso extraordinario de revisión constitucional, lo que puede implicar, en algunos casos, la espera de largos años.

Ya hemos visto *supra* como la Sala Constitucional ha aceptado el cuestionamiento de fallos dictados antes de la entrada en vigencia de la Constitución, lo que ha implicado la revisión y anulación de decisiones dictadas hace más de cuarenta años, lo que se traduce en el desconocimiento absoluto de la estabilidad de los fallos y la seguridad jurídica[84].

El segundo problema que genera la ausencia de un lapso de caducidad para el ejercicio de la revisión de sentencias tiene que ver con el derecho a la defensa y al debido proceso de las partes, pues evidentemente este derecho puede quedar comprometido cuando se pretende reabrir una controversia años más tarde de su culminación.

Ello podría implicar que las partes ya no dispongan del mismo interés o las mismas herramientas procesales para ejercer una efectiva defensa.

Así, por ejemplo, si a una persona que fue absuelta treinta años atrás se le reinicia el proceso, difícilmente vaya a poder ejercer una buena defensa, pues probablemente ya no disponga de los medios probatorios necesarios para evidenciar su inocencia.

Sencillamente, no es sano para un ordenamiento jurídico que exista la posibilidad de revisar decisiones en cualquier momento. En esto la Sala Constitucional se ha aprovechado injustamente de la ausencia de una ley especial de la jurisdicción constitucional para hacerse de este poder exorbitante que le permite conocer de cualquier decisión judicial, independientemente de la fecha en que ha sido dictada y sin reparar en que las partes deseen continuar con el litigio.

Se trata de una posición claramente desconocida en Derecho Comparado, pues en todos los ordenamientos jurídicos donde se permite la revisión de sentencias definitivas se suelen establecer lapsos de caducidad (normalmente breves) para el ejercicio del recurso.

---

84 Véase, entre otras, la sentencia de fecha 21 de julio de 2015, caso: *Juan Carlos Tabares*, donde se anuló una decisión dictada en el año 1971.

Así, por ejemplo, en el caso del recurso extraordinario argentino, se estipula un plazo de tres meses para su interposición.

Consideramos que la ausencia de un lapso de caducidad para el ejercicio de un recurso extraordinario de revisión es una de las razones más poderosas para agilizar la promulgación de una *Ley Orgánica de Jurisdicción Constitucional*, donde el legislador debería establecer un plazo breve para el ejercicio de esta facultad extraordinaria, de modo que al transcurrir ese plazo se consolide la cosa juzgada. Esto no obsta a que la Sala Constitucional, por vía jurisprudencial, establezca un lapso prudencial, pero esto luce ingenuo, pues difícilmente la Sala Constitucional quiera establecerse límites a este poder tan amplio de revisar sentencias en cualquier momento.

3. *Algunas exigencias especiales frente al ejercicio de recursos extraordinarios de revisión constitucional*

A pesar de que la jurisprudencia de la Sala Constitucional se ha caracterizado por abandonar las posiciones excesivamente formalistas, extraña que en el caso del recurso extraordinario de revisión ha venido exigiendo algunas particularidades que consideramos contrarias al acceso a la justicia.

Por ejemplo, ha llegado a exigir que en el poder que presente el solicitante de la revisión exista una facultad expresa para el ejercicio de este remedio extraordinario. En la sentencia de fecha 27 de julio de 2010, caso: *Carmen Tovar*, la Sala Constitucional expresó:

> Tratándose la solicitud de revisión de una pretensión autónoma y no un recurso ordinario ni extraordinario que pueda interponerse en una causa para dar lugar a otra instancia derivada del proceso que dio origen a la sentencia objeto de la solicitud de revisión, es necesario que el apoderado se encuentre facultado para su presentación y, que ello, esté debidamente acreditado en el documento poder que se consigna, tal como se desprende de la doctrina reiterada por esta Sala en la sentencia n.° 1558, del 21 de octubre de 2008, que es del siguiente tenor:

"...Asimismo, la Sala en sentencia n.° 1.247 del 29 de julio de 2008, reiteró el referido criterio, señalando lo siguiente:

'(...) Ahora bien, revisadas las actas que conforman el presente expediente, esta Sala advierte que el poder presentado por los abogados (...), al incoar la revisión constitucional del fallo dictado por el Tribunal Superior Primero para el Régimen Procesal Transitorio del Circuito Judicial del Trabajo de la Circunscripción Judicial del Área Metropolitana, ***no cumple a cabalidad los requerimientos para el ejercicio de tal solicitud, toda vez que dicho instrumento no los faculta de manera expresa para interponer la solicitud de revisión presentada ante esta Sala.***

...omissis...

En virtud de las anteriores consideraciones, resulta forzoso para esta Sala declarar inadmisible la presente solicitud de revisión constitucional, ***de conformidad con lo dispuesto en el aparte quinto del artículo 19 de la Ley Orgánica del Tribunal Supremo de Justicia, toda vez que no se encuentra acreditada, en forma manifiesta, la representación judicial de la abogada (...), puesto que el instrumento poder que consta en autos no la faculta de manera expresa para ejercer esta extraordinaria vía judicial.*** Así se decide". (Resaltado de este fallo).

En el marco de lo expuesto, esta Sala observa que, en el poder otorgado a la abogada actuante, no consta la facultad para presentar la solicitud de revisión constitucional ante esta Sala, por lo que considera que dicho instrumento resulta insuficiente en derecho y, siendo así, no se encuentra acreditada la debida representación judicial en el caso de autos.

En nuestro criterio, se trata de un formalismo innecesario que vulnera el derecho a la tutela judicial efectiva, sobre todo en aquellos casos donde la redacción del poder evidencia la voluntad del mandante de otorgar a sus abogados facultades para ejercer todo tipo de remedios judiciales.

De igual forma, la Sala Constitucional ha venido exigiendo que junto con el recurso extraordinario de revisión se anexe *copia certificada* del fallo cuestionado. Y a falta de ello suele declarar inadmisible la solicitud. Así, en sentencia de fecha 23 de abril de 2007, caso: *PDVSA*, la Sala señaló:

De allí que, a juicio de la Sala, quien ejerce una revisión tiene la carga de aportar al tribunal copia certificada de la decisión impugnada, por no ser función de la Sala recabar dicho fallo, y sin que esto menoscabe la facultad de la Sala de fijar los hechos en base a los conocimientos adquiridos como órgano judicial. Así, para admitir la solicitud de revisión presentada la Sala requiere que el solicitante le facilite la sentencia impugnada y ello en prueba fehaciente (*Vid.* Sentencia de esta Sala n.º 150/2000, caso: *José Gustavo Di Mase y otros*).

En este contexto, la Sala mediante sentencias números 157 del 2 de marzo de 2005 (caso: *Grazia Tornatore de Morreale*) y 406 del 5 de abril de 2005 (caso: *Carmen Beatriz Rodríguez Parada*), dispuso que:

"... en los casos en que la solicitud de revisión de una sentencia no se acompañe con la copia certificada de la misma, se declarará inadmisible de conformidad con el artículo 19, quinto aparte de la Ley que rige a este Alto Tribunal...".

De allí que, constatado que en el caso de autos no se acompañó copia certificada del instrumento fundamental de la presente solicitud, concluye la Sala que la revisión solicitada resulta inadmisible, de conformidad con lo previsto en el quinto aparte del artículo 19 de la Ley Orgánica del Tribunal Supremo de Justicia. Así se decide[85].

Sin embargo, la misma Sala ha señalado que, excepcionalmente, en el caso de que exista alguna imposibilidad material para obtener una copia certificada de la sentencia impugnada, podría admitirse la solicitud de revisión con una copia simple de la misma. Así, en el fallo de fecha 30 de enero de 2007, caso: *Municipio Tucupita*, se señaló lo siguiente:

Al respecto a juicio de la Sala, quien incoa una revisión tiene la carga de aportar al Tribunal la decisión impugnada, por no ser

85 La Sala Constitucional ha considerado que no es admisible la impresión directa del sitio web del Tribunal Supremo de Justicia, al negarle la fe pública de estos instrumentos. Véase en este sentido la sentencia n.° 429 del 13 de marzo de 2007.

función de la Sala recabar dicho fallo, y sin que esto menoscabe la facultad de la Sala de fijar los hechos en base a los conocimientos adquiridos como órgano judicial. Así, para admitir las revisiones la Sala requiere que el accionante le facilite la sentencia impugnada y ello en prueba fehaciente (*Vid.* Sentencias de esta Sala Nros. 150/2000, caso: "*José Gustavo Di Mase y otros*" y 1.137/2005, caso: "*Domitila Pantoja Sinchi*").

Empero, ciertamente la aplicación de dichos criterios deben atender al caso concreto al cual se aplica, dado que resulta distinto que el accionante por negligencia no consigne las copias certificadas, a que por causas no imputables a él se le imposibilite el cumplimiento de tal carga y, por tanto se libere a éste justificadamente, del cumplimiento de la misma, ello porque se debe tener en cuenta la amplitud con que la Constitución concibe el derecho a la tutela judicial efectiva, el cual comporta "(...) que el sistema de justicia vigente impone a los órganos judiciales que en la búsqueda de una adecuada administración de justicia, interpreten y den a las normas jurídicas [y a los precedentes judiciales] la aplicación correcta en resguardo del derecho a la tutela judicial efectiva (...)" (*Vid.* Sentencia de esta Sala n.º 1764/2001) (corchetes de este fallo).

Es decir que, ante la imposibilidad material del accionante de consignar las copias certificadas, esta Sala puede liberarlo del cumplimiento de la carga procesal, sin que ello signifique que deba sentenciar sin los fotostatos auténticos de las actuaciones correspondientes, pues los mismos, son un requisito sine qua non para pronunciarse acerca de la solicitud de revisión. De manera que, en virtud de sus potestades especiales la Sala puede requerir -cuando lo considere justificado- a los órganos jurisdiccionales que remitan las copias certificadas respectivas, sin que ello signifique la suplencia de la defensa del accionante.

Por lo tanto, esta Sala observa a los fines de salvaguardar la tutela judicial efectiva en cada caso, que le es dado al juez de la revisión constitucional, previo a la emisión del fallo correspondiente, la posibilidad de requerir la información que sea necesaria a las partes o solicitarla de oficio cuando lo estime pertinente para la resolución del asunto sometido a su conocimiento.

Ahora bien, contrariando el principio de seguridad e igualdad jurídica, en otras oportunidades la Sala Constitucional ha ordenado de oficio el envío de la copia certificada del fallo cuestionado, sin que existan o hayan alegado circunstancias especiales que hubiesen impedido la obtención de la copia certificada. Así, en la sentencia de fecha 22 de junio de 2005, caso: *Pedro Rojas*, se dispuso que:

> Por cuanto, la parte actora requirió la revisión de una sentencia que emitió la Corte Superior de Apelaciones del Tribunal de Protección del Niño y del Adolescente de la Circunscripción Judicial del Área Metropolitana de Caracas y Nacional de Adopción Internacional el 12 de febrero de 2004;
>
> Por cuanto, la parte solicitante no acompañó copia certificada de la sentencia objeto de revisión, sino que se limitó a la consignación de una copia simple de la misma, y que para el pronunciamiento sobre su pedimento esta Sala, en protección del interés superior del sujeto menor de edad que está involucrado en el asunto de autos, la requiere;
>
> En consecuencia, esta Sala Constitucional del Tribunal Supremo de Justicia, administrando justicia en nombre de la República por autoridad de la Ley, **ORDENA** a la parte accionante que, dentro de los tres (3) días siguientes a cuando se le notifique de este auto, consigne copia certificada de fallo que impugnó, que expidió, que dictó la Corte Superior de Apelaciones del Tribunal de Protección del Niño y del Adolescente de la Circunscripción Judicial del Área Metropolitana de Caracas y Nacional de Adopción Internacional, el 12 de febrero de 2004.

Finalmente, es pertinente destacar que la Sala Constitucional ha negado la posibilidad de que se acumulen, así sea en forma subsidiaria, una acción de amparo constitucional contra sentencia y un recurso extraordinario de revisión. Concretamente, en la decisión de fecha 24 de agosto de 2004, caso: *Depositaria Judicial Los Andes*, se señaló lo siguiente:

> Determinada la competencia y realizado el estudio exhaustivo del presente expediente, esta Sala observa que, en el presente caso, la apoderada judicial de DEPOSITARIA JUDICIAL LOS

ANDES C.A., interpuso acción de amparo constitucional con solicitud subsidiaria de revisión constitucional, por lo que se hace pertinente señalar lo expuesto por esta Sala Constitucional en sentencia n.º 3045/02 del 2 de diciembre, en la cual se puede leer lo siguiente:

"...Por último esta Sala considera oportuna la cita del único aparte del artículo 78 del Código de Procedimiento Civil, que complementa al artículo transcrito supra, en los siguientes términos:

'... podrán acumularse en un mismo libelo dos o más pretensiones incompatibles para que sean resueltas una como subsidiaria de otra siempre que sus respectivos procedimientos no sean incompatibles entre sí' (Subrayado añadido).

De la lectura de la norma en cuestión se colige que sólo es posible la acumulación de pretensiones incompatibles, en una misma demanda, cuando el demandante las propone de forma subsidiaria, sin embargo, el mismo artículo coarta dicha posibilidad cuando se trata de pretensiones con procedimientos incompatibles.

Entiende entonces esta Sala que la acumulación de pretensiones con procedimientos incompatibles no puede darse en ningún caso, es decir, ni de forma simple o concurrente, ni de manera subsidiaria.

Lo que antes fue expuesto conduce a esta Sala a la rectificación de la posición que hasta ahora asumió en casos en los que se les dio cabida a la acumulación de pretensiones de amparo y revisión propuestas de manera subsidiaria, razón por la cual ordena que se destaque, en el sitio web de este Tribunal Supremo de Justicia, la información de la publicación de esta decisión".

La misma posición fue ratificada por esta Sala Constitucional, así en sentencia n.º 3516/03 del 17 de diciembre, se señaló lo siguiente:

"...pero procesalmente entre el trámite de una pretensión y la otra, existen grandes diferencias, tales como: i) la revisión, al contrario del amparo, es facultativo de la Sala analizar su admisibilidad o su procedencia; ii) mientras el amparo tiene pautado un procedimiento, la revisión carece de él, correspondiendo a esta Sala crearlo para cada caso; iii) mientras en el amparo hay actividad probatoria, en la revisión no, excepto la copia certificada del fallo impugnado.

Tales diferencias conducen a que, si bien las pretensiones podrían acumularse, los procedimientos resultan incompatibles entre sí, lo que hace inadmisible la acumulación...".

Más adelante se indicó en el mismo fallo:

"...Por último, el amparo es un proceso contradictorio, pero en teoría la revisión podría no serlo, y esta distinta naturaleza desde el punto de vista objetivo, expresa que se trata de procedimientos incompatibles, donde es imposible acumular pretensiones que puedan ventilarse o no por vía contenciosa...".

En el presente caso es obvia la acumulación de pretensiones hecha por la accionante, por lo que esta Sala Constitucional ratifica los criterios que ha venido aplicando en esta materia.

(...)

Por las razones anteriormente expuestas, esta Sala Constitucional debe declarar la inadmisibilidad de la presente acumulación de pretensiones, así se decide.

Como vemos, la jurisprudencia de la Sala Constitucional ha sido bastante formal en lo que al recurso de revisión constitucional se refiere, determinando la inadmisibilidad del recurso en situaciones que probablemente pudiera corregir con un simple *despacho saneador*, de modo de evitar el acceso a este remedio procesal. En nuestro criterio, la falta de presentación de la copia certificada o una insuficiencia en las facultades del poder otorgado no deberían derivar en una declaratoria de inadmisibilidad, sobre todo porque el solicitante podría volver a presentar el recurso, al no existir cosa juzgada por falta de pronunciamiento sobre el fondo del asunto. Por tanto, en aras de garantizar la celeridad y economía procesal, bastaría un simple auto donde se ordene la subsanación del error u omisión cometido por el recurrente.

Finalmente, vale la pena destacar que la Sala Constitucional tiene potestades para solicitar informaciones adicionales al tribunal que dictó el fallo impugnado, a los fines de generarse un mejor criterio sobre el recurso intentado. Así, en sentencia de fecha 31 de julio de 2009, caso: *INTI*, se dispuso lo siguiente:

De la revisión de las actas del expediente, la Sala observa que la representación judicial del Instituto Nacional de Tierras, afirmó que en el presente caso se verificó la perención breve en los procedimientos contencioso agrarios, circunstancia que fue desconocida en la sentencia objeto de revisión, mediante el cambio del criterio jurisprudencial de la Sala Especial Agraria de la Sala de Casación Social del Tribunal Supremo de Justicia, en relación con el artículo 174 de la Ley de Tierras y Desarrollo Agrario.

Ahora bien, esta Sala observa, a los fines de salvaguardar la tutela judicial efectiva en cada caso, que le es dado al juez de la revisión constitucional, previo a la emisión del fallo correspondiente, la posibilidad de requerir la información que sea necesaria a las partes o solicitarla de oficio cuando lo estime pertinente para la resolución del asunto sometido a su conocimiento.

VII. LOS MOTIVOS DE IMPUGNACIÓN DE LAS SENTENCIAS DEFINITIVAMENTE FIRMES

Tal y como adelantamos en el aparte referido a las sentencias que pueden ser objeto de revisión constitucional, en los numerales 10, 11 y 12 del artículo 25 de la LOTSJ se recogen lo que serían los motivos de impugnación de sentencias definitivamente firmes.

La lectura de estas disposiciones arroja la conclusión de que los argumentos que deben presentar quienes solicitan un recurso de revisión deben estar dirigidos a evidenciar que el fallo cuestionado desconoció algún precedente de la Sala Constitucional; o se realizó una indebida aplicación de una norma o principio constitucional o se interpretó en forma errada; o por haberse omitido la aplicación de algún principio o norma constitucional; o cuando se hayan violado principios jurídicos fundamentales consagrados en la Constitución o tratados internacionales.

Y son precisamente estos motivos de impugnación los que determinan las razones por las cuales se declaran procedente las revisiones constitucionales y se anulan los fallos cuestionados.

Veamos de seguidas los principales motivos de impugnación que dan lugar a revisiones constitucionales.

1. *El desconocimiento de algún precedente de la Sala Constitucional o del propio tribunal o Sala que dictó el fallo*

Es bastante común la declaratoria de procedencia de recursos extraordinarios de revisión cuando la sentencia impugnada desconoce o malinterpreta un precedente de la Sala Constitucional. Un ejemplo de ello lo podemos ver en la sentencia de fecha 30 de noviembre de 2017, caso: *Juan J. Dioro*, donde se precisó que:

> Asimismo, la Sala observa que la sentencia objeto de revisión determinó que la no comparecencia de la ciudadana Gladys Valle Bello al acto de celebración de la audiencia constitucional no significó la aceptación de los hechos expuestos por el presunto agraviado, basado en el criterio contenido en la sentencia número 1379 del 13 de noviembre de 2014, caso: "*Jean Carlos Medina Negrín*", que establece, entre otras cosas, lo siguiente:
>
> "*...omissis...*
>
> *En la fundamentación de la apelación, el apoderado judicial de la parte accionante se basó en tres aspectos: (i) que la parte accionante no consignó la copia certificada por razones de tiempo; (ii) que correspondía al Juez de primera instancia solicitar la copia certificada y (iii) que el Juez que dictó el fallo accionado no se hizo parte en el juicio de amparo.*
>
> *...Finalmente, esta Sala advierte al apoderado actor, que él antes citado fallo N° 7 del 1 de febrero de 2000 (caso J. A. Mejía Betancourt), adaptó la Ley Orgánica de Amparo sobre Derechos y Garantías Constitucionales para adecuarla a la nueva Constitución de 1999, por mandato de su artículo 27. En tal sentido, el informe requerido al presunto agraviante, contenido en el artículo 23 de la ley 'in commento' fue eliminado, así como las consecuencias que preveía su no consignación. Asimismo, la Sala expresamente estableció que 'La falta de comparecencia del Juez que dictó el fallo impugnado o de quien esté a cargo del Tribunal, no significará aceptación de los hechos, y el órgano que conoce del amparo, examinará la decisión impugnada'* (Subrayado de este fallo)".

Al respecto, resulta necesario para esta Sala advertir que el Juzgado Superior Décimo en lo Civil, Mercantil, Tránsito y Bancario de la Circunscripción Judicial del Área Metropolitana de Caracas **erro al analizar y aplicar el criterio anteriormente transcrito para arribar a la conclusión de que la no comparecencia de la accionada a la audiencia constitucional no significaba la aceptación de los hechos, por cuanto es clara la sentencia al aplicar dicho supuesto exclusivamente al juez que haya dictado la sentencia impugnada en amparo, ratificando el criterio contenido en la sentencia n.° 7 del 1 de febrero de 2000, caso: *"J.A. Mejía Betancourt"***, razón por la cual se le hace un llamado de atención para que en lo sucesivo se abstenga de interpretar de manera errónea la jurisprudencia de esta Sala Constitucional.

Por las razones expuestas, esta Sala declara que ha lugar la presente solicitud de revisión constitucional y, en consecuencia, anula la sentencia dictada el 12 de febrero de 2016 por el Juzgado Superior Décimo en lo Civil, Mercantil, Tránsito y Bancario de la Circunscripción Judicial del Área Metropolitana de Caracas. Así se decide. (Destacado añadido).

En el mismo sentido, en la decisión de fecha 11 de agosto de 2017, caso: *Job Pérez*, se destacó:

Sobre la base del criterio jurisprudencial establecido de manera pacífica y reiterada por esta Sala Constitucional, es menester considerar que, cuando la Corte Segunda de lo Contencioso Administrativo afirmó que *"entrar a conocer de la pretensión de jubilación solicitada ante esta Alzada sin que la misma haya formado parte del contradictorio en primera instancia y sin que la parte contra quien obra tal pedimento haya tenido la oportunidad de exponer lo que a bien considera al respecto,* ***resultaría contrario a los derechos constitucionales referidos*** **[a la defensa, al debido proceso y a la tutela judicial efectiva]*; razón por la que, esta Corte Segunda de lo Contencioso Administrativo se encuentra imposibilitada de verificar la procedencia o no de tal pretensión*"** (Negrillas añadidas), desconoció abiertamente la jurisprudencia reiterada por esta Sala en cuanto a la prevalencia del estudio del cumplimiento o no de los requisitos para el otorgamiento del derecho constitucional a la jubilación, de manera tal que garantizara el eventual derecho constitucional a la jubilación del recurrente en aquel juicio. De manera tal

> que, ante el argumento expuesto por el actor en ese sentido, sin importar el estado o grado del proceso, la Corte debía proceder al estudio del alegato conforme a la referida sentencia de esta Sala N° 1518/2007, teniendo en cuenta, además de ser aplicables, los criterios vinculantes de esta Sala en relación al Reglamento de Jubilaciones y Pensiones del Personal del Cuerpo Técnico de Policía Judicial (*Cfr.* sentencia de esta Sala N° 1230/2014).
>
> Como consecuencia de las anteriores consideraciones, esta Sala reitera que ante el alegato expuesto por la parte actora, lo correcto era que la Corte Segunda de lo Contencioso Administrativo conociera, aun de oficio, tal argumento, y no desestimarlo en los términos expuestos, desconociendo los criterios vinculantes de esta Sala sobre la materia, por lo que corresponde al órgano jurisdiccional dar respuesta al pedimento efectuado por el ahora solicitante, para lo cual deberá tener en cuenta las actas del expediente y hacer uso de sus potestades oficiosas, de ser el caso. Siendo que este no fue el proceder de la mencionada Corte, esta Sala declara ha lugar la solicitud de revisión constitucional, en consecuencia, anula el fallo sometido a revisión y ordena a la Corte Primera de lo Contencioso Administrativo dicte un nuevo pronunciamiento en la presente causa, con observancia de lo dispuesto en el presente fallo. Así se declara.

Incluso, en otras oportunidades la Sala Constitucional ha considerado procedente una solicitud de revisión constitucional cuando el fallo cuestionado se aparta de los precedentes del propio tribunal o Sala que lo dictó, al considerar que ello puede ser considerado como una inmotivación violatoria del derecho a la defensa y al debido proceso. Así, en sentencia de fecha 11 de agosto de 2017, caso: *Alberto Villasmil*, la Sala señaló que:

> En atención a los referidos criterios jurisprudenciales, se advierte que, ante la falta de motivación tantas veces anotada, esta Sala considera procedente la solicitud de revisión constitucional de oficio en el presente caso, habida cuenta que la Sala de Casación Civil se apartó de sus propios criterios en cuanto al reestudio de los parámetros a tener en cuenta a los fines de la determinación motivada de la indemnización en casos de daños morales, lo cual se constituye en una vulneración a los

derechos y garantías constitucionales de los solicitantes, tutelable mediante la presente solicitud, conforme el criterio expuesto en sentencias de esta Sala antes citados.

Criterio que se reitera en la sentencia de fecha 20 de diciembre de 2007, caso: *Yolanda Vivas*, donde se expresó:

> Como se observa, la Sala Político-Administrativa había aceptado que la Comisión Judicial del Tribunal Supremo de Justicia podía dejar sin efecto la designación de un juez o jueza con carácter provisorio, basada en "observaciones" a su desempeño, sin necesidad de motivarlas, pues tales jueces carecen de estabilidad, y así lo había sostenido dicha Sala en su sentencia n.º 1798/2004. De ese modo, no se aplicó a la abogada Yolanda del Carmen Vivas Guerrero el precedente que esa misma Sala había sentado, según el cual la Comisión Judicial puede dejar sin efecto el nombramiento de jueces y juezas provisorios, de existir observaciones en su contra, con lo que se produjo un cambio casuístico de la jurisprudencia, como la propia Sala lo afirmó en el fallo objeto de revisión.

2. *El desconocimiento o errada interpretación de un derecho o principio constitucional*

Otro de los motivos más frecuentes de impugnación y que suele determinar la nulidad del fallo cuestionado es la violación de derechos o principios constitucionales. Esto implica, en definitiva, un control constitucional pleno de las decisiones judiciales, lo que en no pocos casos convierten la revisión en una tercera instancia.

Y cualquier revisión jurisprudencial sencilla de la Sala Constitucional pone en evidencia que probablemente el derecho constitucional más denunciado y que ha determinado más anulaciones de sentencias, es el derecho a la defensa y al debido proceso, pues este derecho fundamental implica entre otras cosas, la garantía de ser oído en la oportunidad procesal pertinente; la obligación que tienen los jueces de fundamentar en forma efectiva las decisiones judiciales; o la necesidad de apreciar y valorar plena y correctamente todo el acervo probatorio que curse en autos.

Así, por ejemplo, en muchas oportunidades la Sala Constitucional ha anulado decisiones por considerar que los jueces han impedido el ejercicio del derecho a la defensa en la oportunidad legalmente establecida. Por ejemplo, en la sentencia dictada en fecha 16 de junio de 2006, caso: *Cerámica Carabobo*, se precisó lo siguiente:

> Como se observa, aun cuando se notificó a la solicitante del abocamiento de la jueza del Juzgado a quo del proceso laboral, sin embargo, la representación judicial de la pretensora no tuvo conocimiento de la oportunidad cuando se produciría la audiencia preliminar, pues ésta no se fijó en el auto de abocamiento, sino que, por el contrario, se fijó dos meses después de su notificación, razón por la cual nunca tuvo certeza de la oportunidad cuando se realizaría ese acto procesal de superlativa importancia para el ejercicio de su derecho a la defensa. Así, debe subrayarse que, en los procesos laborales, los actos tendientes al ejercicio de ese derecho no se producen en un lapso sino en un acto, por tanto, las partes deben tener certeza del momento cuando éste va a celebrarse, para el ejercicio pleno de sus derechos constitucionales. De lo contrario, se permitiría el sometimiento de las partes a una constante revisión del expediente continente de la causa laboral para la verificación de la oportunidad cuando va a producirse la audiencia preliminar, en aquellos supuestos donde se cumpla con lo que preceptúa el artículo 126 de la Ley Adjetiva Laboral.
>
> (...)
>
> De la disposición que fue transcrita, se infiere que debe dársele certeza, a la parte demandada, sobre la oportunidad cuando deba asumir la audiencia preliminar, para una garantía plena de su derecho a la defensa, certeza que no se dio en el proceso laboral en el que recayó el fallo cuya revisión se requirió, debido a que, en la boleta de notificación, no se fijó dicha oportunidad; por el contrario, fue en un acto procesal posterior donde ésta se determinó (26 de abril de 2004), es decir, dos meses después desde cuando se dejó constancia de su notificación (26 de febrero de 2004).
>
> En definitiva, de lo que antecede se desprende claramente que el Juzgado Superior del Trabajo de la Circunscripción Judicial del Estado Bolívar, con sede en Puerto Ordaz, mediante el fa-

llo objeto de revisión, se apartó, expresamente, de la doctrina que estableció esta Sala Constitucional sobre el contenido del derecho a la defensa, pues obvió, por completo, la interpretación del derecho constitucional a la defensa cuando expidió el fallo en cuestión.

En el mismo sentido, se han anulado sentencias por haberse detectado una errada apreciación de los hechos, cuando ello puede implicar una violación al debido proceso. Así, la sentencia de fecha 30 de noviembre de 2017, caso: *Luisa Díaz*, se señaló:

> De conformidad con lo anterior, se estima, que en el fallo sometido a revisión, se incurrió en el vicio de falsa suposición al determinar que fue practicada en fecha 10 de diciembre de 2014, la última de las notificaciones de la decisión proferida por el Juzgado Segundo de Primera Instancia en lo Civil, Mercantil y Tránsito de la Circunscripción Judicial del Estado Monagas, cuando se demuestra de actas procesales que en fecha 01 de diciembre de 2014, el alguacil encargado de practicar las notificaciones consignó en boleta de notificación única las resultas positivas de la misma, en la cual se encuentra la rúbrica de ambas partes y asimismo, se desprende que corresponde la fecha en la cual se practicó la misma, siendo diferente la diligencia consignada por el referido alguacil en fecha 10 de diciembre en donde refiere que efectivamente la notificación practicada en la persona de Luisa Díaz fue el día 01 de diciembre de 2014.
>
> En consecuencia, el hecho establecido en el fallo, en donde se pretende dar como fecha cierta de última notificación el día 10 de diciembre de 2014, sobre la verdad que se desprende de actas procesales, es razón suficiente para encuadrarlas dentro del concepto de suposición falsa. (Sentencia n.º 254 de fecha 3 de agosto de 2000, caso: *Henry Bravo y otros c/ Protinal, C.A.*).
>
> Visto, por esta Sala Constitucional lo anterior, es necesario referir que la Sala de Casación Civil erró en determinar que no hubo quebrantamiento de formas sustanciales que menoscabaran el derecho a la defensa, siendo que se evidencia, tal como fue alegado de forma insistente por la abogada Luisa Mercedes Díaz, que la apelación contra la sentencia emanada del referido Juzgado Segundo de Primera Instancia, no debió ser oída

en razón de ser extemporánea la misma, en consecuencia, al ser tramitada la misma resultó en un claro atentado contra la tutela judicial efectiva, economía y celeridad procesal, resultando lo procedente en derecho declarar tal quebrantamiento y ante los vicios delatados ordenar la reposición, en tanto, al no evidenciarse la misma se dejó al hoy solicitante en estado de indefensión.

Entonces, es imperioso señalar, que la utilidad de la reposición se encuentra íntimamente ligada a los principios y postulados desarrollados en la Constitución de la República Bolivariana de Venezuela, en cuanto a una verdadera tutela judicial efectiva, al proceso como realización de la justicia, así como a los principios de economía y celeridad que caracterizan al proceso.

También la Sala Constitucional ha declarado procedente la revisión de sentencias en casos donde no se valoraron todas las pruebas aportadas a los autos. Por ejemplo, en la sentencia del 30 de mayo de 2013, caso: *Banco Nacional de Crédito*, la Sala Constitucional declaró con lugar la revisión por considerar que se omitió la valoración de algunas pruebas fundamentales. Textualmente señaló:

Al efecto, esta Sala en decisión N° 1.789 del 5 de octubre de 2007 (caso: "*Luz Elena Vélez Mosquera*"), indicó que:

"...*De tal manera que, es evidente que los hechos alegados por el querellante quedaron desvirtuados completamente con las mismas actas procesales que constaban en el expediente, instrumentos éstos que el juez del fallo cuya revisión se solicita no valoró, decidiendo en su lugar sobre la base de un falso supuesto de hecho, derivado de pruebas testimoniales que se contradecían con los mismos hechos que constaban en el expediente, además de incurrir en silencio de pruebas, tal como fue alegado por el apoderado judicial de la solicitante, pues las aludidas circunstancias fueron alegadas oportunamente, sin que fueran estimadas, situación ésta que condujo al desconocimiento del debido proceso, de la tutela judicial efectiva y de la defensa de la solicitante. Así se declara*...".

Este mismo criterio, fue ratificado, entre otras, en sentencia n.° 319, del 6 de marzo de 2008 (caso: "*Federación Centro Cristiano para las Naciones*"), en la cual se expresó:

"...En consecuencia, debe concluir esta Sala que el juez de casación en el fallo objeto de revisión constitucional obvió el respeto a los derechos a la tutela judicial efectiva y a la defensa, al haber incurrido en el vicio de silencio de pruebas, en virtud de no haberse pronunciado sobre todos los argumentos de hecho y derecho expuestos por la parte, con fundamento en el cúmulo probatorio cursante en el expediente, en razón por la cual, debe declararse ha lugar la revisión constitucional...".

En atención a los referidos criterios jurisprudenciales, se advierte que el juez competente al momento de decidir la pretensión interpuesta debe pronunciarse respecto a todos los alegatos formulados por las partes, así como los elementos probatorios que se encuentren en el expediente, de una manera razonable, congruente y fundada, a fin de emitir un fallo coherente y justo, *so pena* de vulnerar el derecho a la tutela judicial efectiva, a la defensa y al debido proceso de las partes.

En atención a las consideraciones expuestas, aprecia esta Sala que ciertamente el Juzgado Superior Décimo en lo Civil, Mercantil, y del Tránsito de la Circunscripción Judicial del Área Metropolitana de Caracas, obvió al momento de dictar su decisión el análisis de parte del acervo probatorio inserto en el expediente, lo cual restringe el derecho a la tutela judicial efectiva del solicitante, y contradice el criterio interpretativo de la Sala respecto de la necesidad de que se eviten decisiones que obvien la totalidad o parte de las pruebas, o donde exista un tratamiento incompleto hacia la totalidad de las probanzas presentadas por las partes (*Vid.* Sentencia de esta Sala N° 383 del 26 de febrero de 2003, caso: "*Terminales Maracaibo, C.A.*").

De manera que, advierte esta Sala Constitucional la violación al derecho a la tutela judicial efectiva de la parte accionante con ocasión de la sentencia impugnada, al no haberse pronunciado sobre la totalidad del cúmulo probatorio cursante en el expediente tendente a demostrar, precisamente, que aun no había fenecido el lapso de prescripción de la acción, en virtud de la interrupción de la misma. Así se decide.

De igual forma se ha considerado procedente la revisión cuando se rechazan ilegalmente las pruebas promovidas por las partes, como lo demuestra esta decisión de fecha 8 de abril de 2008, caso: *Taller Pinto Center,* donde se expresó lo siguiente:

De modo pues que, al haber declarado inadmisibles las testimoniales promovidas en los términos expuestos *supra* y no haberlas valorado en la sentencia definitiva, la Sala Político-Administrativa de este Tribunal Supremo de Justicia, privó indebidamente a la demandante de dicho medio de prueba, con lo cual le causó indefensión, vulnerando de esta forma sus derechos constitucionales al debido proceso y tutela judicial efectiva, siendo relevante destacar que el análisis y valoración de tales probanzas pudo haber sido determinante en el dispositivo del fallo, específicamente en lo que respecta a la validez de las facturas que fueron acompañadas como instrumento fundamental de la demanda.

Asimismo, desconoció dicha Sala el principio jurídico fundamental que la doctrina denomina ***favor probationes***, que prescribe el favorecimiento de la prueba cuando ella es producida en juicio de manera regular, íntimamente conectado con el derecho a la tutela judicial efectiva que estable los artículos 26 y 257 de la Constitución de la República Bolivariana de Venezuela, en tanto coadyuva con la finalidad del proceso como instrumento para la realización de justicia y con la delicada labor del órgano jurisdiccional de sentenciar, sobre todo, en aquellos casos como el presente, en los que puede dificultarse la prueba.

Mientras que, en la decisión del 14 de agosto de 2017, caso: *Ángel Sánchez*, la Sala Constitucional anuló la decisión cuestionada por considerar que el tribunal erró al invertir la carga de la prueba. El fallo expresó lo siguiente:

En virtud de lo anterior, esta Sala, al constatar, que en el presente caso la sentencia dictada el 29 de noviembre de 2011 por el Juzgado del Municipio Los Salias de la Circunscripción Judicial del Estado Bolivariano de Miranda, con sede en San Antonio de Los Altos, (actualmente Juzgado de Municipio Ordinario y Ejecutor de Medidas del Municipio Los Salias de la Circunscripción Judicial del Estado Bolivariano de Miranda, con sede en San Antonio de Los Altos), incurrió en una indebida inversión o desplazamiento de la carga de la prueba, situación similar a aquella que se produce cuando la valoración de la prueba resulta claramente errónea o arbitraria, ha de considerarse que se apartó de la jurisprudencia vinculante de la Sala y que infringió los derechos constitucionales a la defensa y al debido proceso del solicitante de revisión al haber roto el equilibrio procesal entre las partes, concediéndole una ventaja indebida a una de ellas sobre la otra, razón suficiente para declarar ha lugar la solicitud de revisión, y en consecuencia, se ordena al Juzgado de Municipio Ordinario y Ejecutor de Medidas del Municipio Los Salias de la Circunscripción Judicial del Estado Bolivariano de Miranda, con sede en San Antonio de Los Altos, dictar una nueva decisión sobre el fondo de la controversia sin incurrir en el vicio aquí advertido.

Por otra parte, se han anulado decisiones a través de esta facultad revisora cuando se desconocen algunos valores fundamentales como el principio *pro actione* o la confianza legítima. Así, en sentencia de 14 de agosto de 2017, caso: *Pedro Pérez,* la Sala dispuso:

> De esta manera, esta Sala concluye que la decisión objeto de revisión se apartó de la interpretación que ha hecho esta Sala Constitucional sobre el derecho constitucional a la obtención de una tutela judicial efectiva, acceso a la justicia y principio *pro actione,* según los cuales todo ciudadano tiene derecho a acceder a la justicia, al juzgamiento con las garantías debidas, a la obtención de una sentencia cuya ejecución no sea ilusoria y a que los requisitos procesales se interpreten en el sentido más favorable a la admisión de las pretensiones procesales.
>
> El alcance del principio *pro actione* (a favor de la acción) ha sido objeto de un sistemático tratamiento por parte de esta Sala. La conclusión que se puede extraer de las decisiones que han considerado el tema, es que las condiciones y requisitos de acceso a la justicia no deben imposibilitar o frustrar injustificadamente el ejercicio de la acción a través de la cual se deduce la pretensión, toda vez que *"el propio derecho a la tutela judicial efectiva garantiza la posibilidad de ejercicio eficiente de los medios de defensa, así como una interpretación de los mecanismos procesales relativos a la admisibilidad que favorezca el acceso a los ciudadanos a los órganos de justicia"* (s.S.C. n.º 1.064 del 19-09-00).
>
> De este modo, al determinarse que la sentencia objeto de revisión se apartó expresamente de la interpretación que ha hecho esta Sala Constitucional sobre el derecho constitucional a la obtención de una tutela judicial efectiva, acceso a la justicia y principio *pro actione,* esta Sala declara ha lugar la presente so-

licitud de revisión constitucional y, en consecuencia, anula el fallo dictado el 08 de febrero de 2017, por el Juzgado Superior Primero en lo Civil, Mercantil, Tránsito y Bancario de la Circunscripción Judicial del Estado Aragua, y repone la causa del juicio de cobro de honorarios profesionales al estado en que un Juzgado Superior en lo Civil de la misma Circunscripción Judicial, distinto, dicte un nuevo pronunciamiento sobre el mérito de la apelación ejercida por la parte demandada, contra la sentencia dictada el 10 de junio de 2015, por el Juzgado Primero de Primera Instancia en lo Civil y Mercantil de la Circunscripción Judicial del Estado Aragua, considerando los razonamientos sostenidos en el presente fallo. Así se decide.

Y en el fallo de fecha 14 de agosto de 2017, caso: *Banesco*, se anuló una decisión que se consideró que había obviado el principio de la confianza legítima, en los siguientes términos:

> Así las cosas, se aprecia que con tal proceder, la referida sentencia N° 886 dictada por la Sala de Casación Social el 16 de octubre de 2013, desconoció igualmente, los criterios que sobre la garantía de confianza legítima ha desarrollado de manera reiterada esta Sala Constitucional, por haber aplicado a supuestos de hecho similares, consecuencias jurídicas distintas; en efecto, tal como lo afirmó la parte solicitante en revisión, tanto en la referida sentencia del 25 de enero de 2005, como en la n.° 1168 del 17 de julio de 2008, la Sala de Casación Social, había establecido, sin ningún margen de duda, que la homologación de las pensiones por jubilación debían hacerse en atención al salario mínimo; es por ello, que al haber aplicado un criterio distinto al que se encontraba vigente, la Sala de Casación Social vulneró de manera flagrante el aludido principio de confianza legítima, con respecto al cual, esta Sala señaló en sentencia n.° 276 del 9 de marzo de 2012 (Caso: *William Salazar Rodríguez*), lo siguiente:
>
> Respecto de la confianza legítima de los ciudadanos frente a la falta de aplicación uniforme de la jurisprudencia, esta Sala Constitucional ha indicado reiteradamente que: (...) "*la uniformidad de la jurisprudencia es la base de la seguridad jurídica, como lo son los usos procesales o judiciales que practican los Tribunales y que crean expectativas entre los usuarios del sistema de justicia, de que las condiciones procesales sean siempre las mismas, sin que caprichosamente se estén modificando*" (Ver sentencia n.°: 3180,

del 15 de diciembre de 2004, caso: *Rafael Terán*, criterio ratificado en sentencia n.°: 909, del 08 de junio de 2011, caso: *Amado Afif*, entre otras).

Por ello, en el caso de autos, esta Sala Constitucional estima que la Sala de Casación Social violentó la garantía de tutela judicial efectiva del recurrente en casación, hoy solicitante en revisión, por falta de aplicación de lo establecido en el artículo 26 de la Carta Magna y vulneró el principio de confianza legítima y seguridad jurídica del justiciable, al abstenerse de aplicar su doctrina e inobservando lo establecido por esta Sala Constitucional sobre la tutela judicial efectiva...

3. *Violación de normas legales*

Finalmente vale la pena destacar como la Sala Constitucional ha llegado a señalar que la revisión constitucional procede frente a errores de interpretaciones legales (y no sólo constitucionales), lo que evidentemente convierte a este recurso en una especie de tercera instancia, aun cuando la Sala lo niegue en infinidad de oportunidades.

Así, en la sentencia del 27 de marzo de 2009, caso: *Jesús R. Jiménez*, se afirmó lo siguiente:

> Ahora bien, de las actas del expediente se desprende que la situación planteada se ajusta a los fines que persigue la potestad excepcional de revisión constitucional, dado que es posible examinar en esta sede extraordinaria la valoración que efectuó el juzgador para dictar el dispositivo cuestionado y el alcance de las interpretaciones **de normas legales realizadas en la referida sentencia**, toda vez que se detectó que la misma contraría en forma manifiesta la doctrina vinculante de esta Sala Constitucional. (Destacado añadido).

Y, de igual forma, en la sentencia de fecha 17 de enero de 2017, caso: *Inver Group*, se expuso lo siguiente:

> Ante tales eventos procesales, considera esta Sala que en el presente asunto se violentó el debido proceso y derecho a la defensa de la parte solicitante de la revisión, pues la decisión señalada como lesiva consideró que los demandados en el juicio principal habían incurrido en confesión ficta por no haber

contestado la demanda, ni haber probado nada en su favor, cuando se verifica de los autos una absoluta falta de certeza de los lapsos procesales transcurridos en el juicio primigenio ocasionada por la irregularidad que se presentó con lo dispuesto en el auto dictado por el tribunal de cognición el 17 de mayo de 2016 -que sirvió de base para los cómputos procesales-contenidos en la decisión que hoy se revisa, pues con tal actuación se cambió no solo la forma de citación acogida en el auto de admisión de la demanda -citación personal en cada uno de los demandados- quienes conformaban un litisconsorcio pasivo necesario y que debían ser llamados a juicio en la forma legalmente prevista para cada uno de acuerdo a su condición de personas naturales y/o jurídicas, sino que además estableció nuevos lapsos, sin que mediara notificación para las partes de tales cambios, lo que sin duda alguna creó un caos procesal que indeterminó toda certeza que se pudiera tener sobre los actos cumplidos y por cumplir en el proceso, toda vez que lo establecido en el auto de admisión primigenio no fue revocado, ni anulado por las vías correspondientes para ello.

Asimismo, se aprecia que en el juicio primigenio por decisión del 16 de marzo de 2017, el Juzgado Décimo de Primera Instancia en lo Civil, Mercantil del Tránsito y Bancario de la Circunscripción Judicial del Área Metropolitana de Caracas, homologó un desistimiento de la acción presentado por la parte demandante únicamente con relación a uno de los codemandados en la causa principal, ciudadano Alejandro Filomeno Spatafora, homologación ésta que se produjo después de haberse dictado sentencia de fondo en el asunto, en razón de lo cual la misma **no se atuvo a las previsiones de los artículos 263 y 264 del Código de Procedimiento Civil, pues el desistimiento puede efectuarse en cualquier estado y grado de la causa hasta tanto no se hubiera pronunciado sentencia firme** o se hubiera culminado el juicio -como ocurrió en el presente asunto-, lo que indefectiblemente quebrantó el derecho a la defensa, el debido proceso y la seguridad jurídica de los co-demandados en el juicio primigenio.

Por tanto, evidenciadas como han sido las múltiples transgresiones de orden constitucional en el juicio originario, considera esta Sala que de acuerdo a lo dispuesto en el artículo 35 de la Ley Orgánica del Tribunal Supremo de Justicia, el efecto de la presente revisión debe ser anulatorio no sólo de la sentencia objeto de revisión sino de todos los actos llevados a cabo en el juicio originario luego de la admisión de la demanda verificada el 17 de diciembre de 2015, por lo que se deberá ordenar en el dispositivo de la presente decisión la reposición de la causa al estado que se realicen las citaciones conforme al auto de admisión en referencia, tomando en cuenta que las personas naturales y jurídicas co-demandadas deben ser llamadas a juicio en forma personal de acuerdo a su condición procesal, en las direcciones contractualmente establecidas y, en atención a las previsiones contenidas en los artículos 215 y siguientes del Código de Procedimiento Civil. Y así se decide. (Destacado añadido).

En suma, dada la amplitud y vaguedad de los términos utilizados por los numerales 10, 11 y 12 del artículo 25 de la LOTSJ y considerando los criterios jurisprudenciales de la Sala Constitucional, es lógico concluir que la revisión extraordinaria de sentencias se ha convertido en un recurso que permite cuestionar no sólo la errada aplicación de una norma constitucional, sino también cualquier otro error judicial de relativa trascendencia.

Al verificar los fallos que han declarado con lugar las solicitudes de revisión se pone en evidencia que muchas veces la Sala Constitucional actúa como un tribunal de alzada, convirtiéndose en la última instancia en todas las jurisdicciones del país. No en vano el número de solicitudes ha venido aumentando considerablemente en los últimos años, pues básicamente los motivos de impugnación se han vuelto infinitos.

Es claro que a estas alturas casi siempre habrá algún precedente de la Sala Constitucional o de cualquier otra Sala que se pueda denunciar como transgredido; o alguna errada percepción de los hechos o el derecho que pueda considerarse como violatorio del derecho al debido proceso o a la tutela judicial efectiva. Esto es lo que hemos querido evidenciar con los fallos que hemos citado en el presente capítulo, pues así queda claro que la Sala Constitucional no solo ha pasado a ser el máximo intérprete de la Constitución, sino también del resto del ordenamiento jurídico.

VIII. LOS EFECTOS DE LA DECISIÓN EN MATERIA DE REVISIÓN CONSTITUCIONAL

El contenido de la sentencia que resuelve el recurso extraordinario de revisión puede contener una gran diversidad de decisiones, dependiendo de la procedencia o no del recurso, y de la forma como deba reestablecerse la situación jurídica infringida.

En este sentido, el artículo 35 de la LOTSJ se refiere concretamente a los efectos que pueden derivarse de este remedio procesal. Textualmente dispone esta norma:

> Cuando ejerza la revisión de sentencias definitivamente firmes, la Sala Constitucional determinará los efectos inmediatos de su decisión y podrá reenviar la controversia a la Sala o Tribunal respectivo o conocer la causa, siempre que el motivo que haya generado la revisión constitucional sea de mero derecho y no suponga una nueva actividad probatoria; o que la Sala pondere que el reenvío pueda significar una dilación inútil o indebida, cuando se trate de un vicio que pueda subsanarse con la sola decisión que sea dictada.

Veamos entonces cuáles pueden ser los posibles contenidos del fallo que resuelva la revisión de sentencia.

1. *La declaratoria de inadmisibilidad, improcedencia o no ha lugar*

Lo primero que puede suceder frente a una solicitud de revisión constitucional es que la Sala Constitucional considere que el recurso es *inadmisible,* por considerar que hay alguna omisión o deficiencia en el mismo, motivo por el cual se rechaza la consideración sobre el fondo del asunto. Para ello, la Sala puede aplicar las distintas causales de inadmisibilidad previstas en el artículo 133 de la LOTSJ o en algunos de sus fallos.

Ya hemos visto como en algunas ocasiones la Sala ha declarado inadmisible, solicitudes de revisión por considerar que el poder acreditado no es suficiente; por no haberse consignado copia certificada del fallo cuestionado; por contener conceptos irrespetuosos; o por haberse realizado una inepta acumulación de pretensiones.

En estos casos, al no haber pronunciamiento sobre el fondo del asunto y al no existir ningún lapso de caducidad que precluya una posterior presentación del recurso, no se genera cosa juzgada, de tal manera que el recurrente podrá volver a ejercer su pretensión de revisión.

Lo segundo que puede suceder es que la Sala declare el recurso de revisión *improcedente* o *no ha lugar*. Básicamente ello implica que la Sala no ha encontrado motivos suficientes para anular, total o parcialmente, la decisión cuestionada, quedando entonces, ahora sí, definitivamente firme.

Como hemos señalado antes, a la hora de rechazar una solicitud, la Sala suele señalar que se trata de un mecanismo extraordinario y discrecional que no da lugar a una respuesta exhaustiva y motivada, por lo que basta con verificar que no se observa ninguna violación constitucional.

Obviamente, la importancia de esta decisión es que a partir de este momento la sentencia cuestionada adquiere realmente el carácter de cosa juzgada, pues al existir un pronunciamiento sobre el fondo del asunto se considera que la decisión impugnada es definitivamente y firme y sin posibilidad de ser modificada.

2. *La declaratoria de ha lugar o procedencia del recurso*

En el caso que la Sala estime que la decisión cuestionada viola alguno de sus procedentes o sencillamente es contraria a la Constitución, entonces deberá determinar la nulidad total o parcial del fallo, y las consecuencias que de ello se deriven.

Así, es posible que la Sala Constitucional anule la decisión definitiva y ordene un nuevo pronunciamiento (reenvío), tomando en cuenta las consideraciones jurídicas expuestas en el fallo de revisión. Una muestra de ello la encontramos en la sentencia de fecha 20 de diciembre de 2007, caso: *Yolanda Vivas*, donde se dijo:

Por las razones expuestas, esta Sala Constitucional del Tribunal Supremo de Justicia, administrando justicia en nombre de la República, por autoridad de la ley **ANULA**, de oficio, la sentencia n.° 01415, dictada el 2 de agosto de 2007 por la Sala Político-Administrativa de este Tribunal y, consecuencia, **ORDENA** a esa Sala reponer la causa a efecto de que dicte nuevo pronunciamiento **respecto de la demanda de nulidad interpuesta por la ciudadana Yolanda del Carmen Vivas Guerrero, que se ajuste al criterio establecido en este fallo**. (Destacado añadido).

Otra alternativa es que la Sala Constitucional considere que no es necesario el reenvío, al entender que ello puede significar una dilación inútil o indebida, por tratarse de un vicio que puede subsanarse con la sola decisión de revisión, tal y como lo dispone el artículo 35 de la LOTSJ.

En efecto, en ocasiones la declaratoria de nulidad de la sentencia puede implicar también la nulidad de todo el proceso que se considera inconstitucional, de manera que no es necesario volver a dictar sentencia alguna. Por ejemplo, en el fallo de fecha 27 de marzo de 2009, caso: *Jesús Jiménez*, la Sala entendió que la causa debía intentarse ante una autoridad jurisdiccional distinta (competente), al haberse ventilado un asunto contencioso a través de un proceso de jurisdicción voluntaria. En este caso, no podía continuar el proceso que dio lugar al fallo revisado. Por ello, el dispositivo del fallo indicó: "En consecuencia, se **ANULA** la sentencia dictada por el Juzgado Superior en lo Civil, Mercantil y Tránsito de la Circunscripción Judicial del Estado Anzoátegui el 26 de julio de 2005 y las actuaciones posteriores a ella, así como la inmediata suspensión de la entrega material del bien inmueble".

En el mismo sentido, en la decisión de fecha 5 de mayo de 2006, caso: *Puertos Internacionales*, la Sala, luego de anular el fallo objeto de revisión consideró que el recurso que motivó la decisión impugnada había perimido, razón por la cual declaró de una vez el fin del procedimiento.

En otras oportunidades, la Sala considera que es necesario reponer la causa a un estado anterior al momento de dictar el fallo. Por ejemplo, en la sentencia del 16 de junio de 2006, caso: *Cerámica Carabobo*, la Sala además de anular indicó el estado en que debía continuarse el proceso. Textualmente señaló: "En consecuencia, **ANULA** la sentencia en cuestión, así como la decisión que expidió el Juzgado Cuarto de Primera Instancia de Sustanciación, Mediación y Ejecución del Régimen Procesal Transitorio del Estado Bolívar, con sede en Puerto Ordaz, el 18 de mayo de 2004; y, por consiguiente, **REPONE** la causa laboral al estado de que se celebre la audiencia preliminar, previa fijación de la misma y notificación a las partes".

En suma, cuando la Sala Constitucional declara procedente un recurso de revisión constitucional suele ordenar el reenvío del expediente para que el tribunal que dictó el fallo anulado vuelva a dictar su decisión, con base en la doctrina expuesta en la revisión. Excepcionalmente, la Sala, si tiene los elementos de juicio necesarios o si considera que no es necesario un nuevo pronunciamiento, puede dar por terminado el juicio en la propia sentencia que resuelva la solicitud de revisión.

3. *Órdenes adicionales o complementarias*

A parte de la decisión principal del recurso de revisión, la Sala Constitucional puede disponer otras órdenes adicionales, atendiendo a la particularidad del caso, las cuales pueden ser de muy variada índole.

Así, por ejemplo, dependiendo de la importancia del asunto o del criterio jurisprudencial fijado en el caso concreto, la Sala Constitucional puede ordenar la publicación del fallo en Gaceta Oficial[86].

En otras oportunidades la Sala Constitucional considera necesario enviar copia de la decisión a determinados organismos para que tomen las decisiones correspondientes. Así, por

86 Por ejemplo, véase la sentencia del 21 de marzo de 2014, caso: *Rómulo Navas*.

ejemplo, hay decisiones donde la Sala ordena remitir el fallo a la Inspectoría General de Tribunales, en el caso de que haya considerado que existió un error inexcusable de derecho por parte del juez que dictó el fallo anulado; o al Tribunal Disciplinario del Colegio de Abogados respectivo, en el caso que haya considerado que los abogados involucrados en el caso realizaron alguna conducta antiética o utilizaron conceptos irrespetuosos.

También, en determinados casos la Sala Constitucional considera que deben analizarse posibles modificaciones legales, por lo que ordena la remisión de una copia de la decisión al órgano legislativo competente.

4. *Costas procesales*

La Sala Constitucional ha mantenido la posición de que en las revisiones de sentencias a que se refiere el numeral 10° del artículo 336 de la Constitución no resulta procedente la condenatoria en costas, aún en el caso en que se haya rechazado la solicitud.

Probablemente entienda la Sala que al no haber un contradictorio no es necesario que la parte perdidosa indemnice a la otra por los costos y gastos que se hayan podido generar por el ejercicio del recurso de revisión.

Consideramos que se trata de una posición que debería reconsiderarse, toda vez que el ejercicio temerario de remedios procesales puede generar graves perjuicios; y en efecto, si es posible que la parte que no intentó la revisión participe ante la Sala y prepare su defensa, en cuyo caso se le estarían generando unos gastos que debería pagar el solicitante, de ser rechazada su solicitud y considerarse injustificada.

CAPÍTULO IV

EL AMPARO CONSTITUCIONAL CONTRA DECISIONES JUDICIALES

I. CONSIDERACIONES GENERALES

El amparo constitucional constituye una de las instituciones jurídicas contemporáneas más importantes para la defensa de los derechos humanos, la democracia y el Estado de Derecho. De su ejercicio efectivo suele depender la vigencia de los derechos reconocidos en las Constituciones, las leyes y los instrumentos internacionales. Los valores y principios por los que ha venido luchando la humanidad quedarían en entredicho, si no existieran los remedios judiciales como el amparo, encargados hacer realidad los derechos fundamentales. Pero precisamente porque la consolidación de estas garantías no fueron descubrimientos o inspiraciones del trasnocho, es que se ha logrado diseñar un proceso abreviado para restablecer cualquier intento de vulneración de estas cláusulas elementales de toda persona humana.

Hoy día existen compromisos internacionales consolidados que obligan a los Estados a proteger judicialmente a toda persona, mediante un proceso rápido y sencillo, exento de formalidades innecesarias, para velar por el respeto de los derechos humanos. Se reconoce que la justicia de protección de derechos es al mismo tiempo un derecho, y de allí que los jueces deben dar preferencia a estos asuntos, a los efectos de contar con una protección efectiva.

En Venezuela este derecho a la tutela efectiva de los derechos se denomina el amparo constitucional, y se encuentra consagrado en la Constitución (art. 27) y regulado por la *Ley Orgánica de Amparo sobre Derechos y Garantías Constitucionales* (Ley Orgánica de Amparo), la cual ha sido modificada notablemente por la jurisprudencia de la entonces Corte Suprema de Justicia y a partir del año 2000 por la Sala Constitucional del Tribunal Supremo de Justicia. De allí, que una de las principales características de esta institución en Venezuela es que su regulación no sólo es legislativa, sino que al mismo tiempo se encuentra en variadas decisiones de la jurisprudencia constitucional.

Ahora bien, el tema del amparo contra decisiones judiciales tampoco ha dejado de causar polémicas en nuestro foro, algunos sostienen que este mecanismo debe ser intensificado, de modo de fortalecer el control constitucional de las decisiones de los tribunales de justicia, y otros han llegado a abogar por su eliminación. Sobre este particular, nosotros hemos tenido la oportunidad de pronunciarnos en forma detallada[87]. Sin embargo, a raíz de la promulgación de la nueva Constitución y dada la avalancha de nuevas decisiones referentes a este tema, dictadas por la Sala Constitucional, vamos a aprovechar esta oportunidad para actualizar y replantear los conceptos que manejamos en aquella oportunidad.

Es importante advertir desde ya que la reciente jurisprudencia de la Sala Constitucional ha asimilado el amparo constitucional contra decisiones judiciales al recurso extraordinario de revisión constitucional, al menos en la forma de tramitarlo; en los requisitos de procedencia; y en los efectos o contenido del fallo.

Hoy día es raro ver que la Sala Constitucional abra a trámite un caso de amparo constitucional contra sentencia, pues en la mayoría de los casos que va a considerar procedentes, declara

---

87 CHAVERO GAZDIK, Rafael J. *La acción de amparo contra decisiones judiciales*, Funeda y Editorial Jurídica Venezolana, Caracas, 1997; *El Nuevo Régimen del Amparo Constitucional en Venezuela*, Editorial Sherwood, Caracas, 2001; y el *Suplemento 2002*, Ediciones Paredes, Caracas, 2002.

el asunto como de mero derecho o aplica la nueva teoría de la "procedencia *in limine litis*", mecanismos que en definitiva le permiten dictar sus decisiones sin ningún tipo de procedimiento, tal y como sucede con los recursos extraordinarios de revisión constitucional.

En todo caso, vamos a permitirnos reducir el presente capítulo a los puntos más álgidos y discutidos, con miras a presentar algunas reflexiones. Trataremos para ello, de abordar y resaltar lo más importante sobre: i) el origen de la disposición contenida en el artículo 4 de la *Ley Orgánica de Amparo*; ii) la competencia para conocer de dichas acciones; iii) los sujetos que participan en este proceso; iv) el hecho lesivo denunciable por esta vía; v) los requisitos de procedencia de esta modalidad del amparo; vi) el procedimiento que se ha creado -y ahora replanteado- por vía jurisprudencial, en materia de amparo contra sentencia; vii) los efectos de la sentencia de amparo contra decisión judicial; viii) los mecanismos para mantener el sano ejercicio de la acción de amparo; para, por último, presentar algunas reflexiones.

II EL ORIGEN DEL AMPARO CONTRA DECISIONES JUDICIALES

Antes de la promulgación de la *Ley Orgánica de Amparo*, ya se había admitido la posibilidad de intentar acciones de amparo constitucional contra sentencias. La desesperación y angustia ciudadana causada por algunos fallos lesivos de normas fundamentales dio paso a su revisión mediante el amparo.

Resulta bastante ilustrativa la acción de amparo que se intentara contra una medida cautelar de embargo recaída sobre una máquina de imprescindible cuidado y mantenimiento, decretada un día antes del inicio de las vacaciones judiciales. Ante esta desesperante situación los apoderados de la empresa perjudicada intentaron una acción de amparo contra dicha providencia judicial -con lo cual se esquivaba el problema de las vacaciones judiciales- y el Tribunal Cuarto de Primera Instancia en lo Civil y Mercantil de la Circunscripción Judicial del Distrito Federal y Estado Miranda, declaró con lugar dicha acción y ordenó la suspensión inmediata de la medida cautelar[88].

Igualmente, en decisión de fecha 30 de noviembre de 1984, el mismo tribunal declaró con lugar una acción de amparo, también contra una medida de embargo, esta vez recaída contra la *Universidad Santa María* por violación del derecho a la educación. En el mismo sentido se pronunció el Juzgado Superior en lo Civil, Mercantil y Contencioso Administrativo de la Región Centro Norte con sede en Valencia, en la sentencia del 13 de febrero de 1986, en la cual se señalaba como acto transgresor de derechos constitucionales un embargo practicado sobre la motonave *TACAMAR VIII*[89].

Así mismo, y también con anterioridad a la promulgación de la *Ley Orgánica de Amparo,* la Corte Suprema de Justicia en Sala Político-Administrativa admitió la posibilidad de intentar acciones de amparo contra fallos judiciales. En efecto, en la decisión del 5 de junio de 1986, dictada por esa Sala, en el caso: *José Luis Caraballo,* con Ponencia del Magistrado René de Sola, se señaló lo siguiente:

> Si bien la doctrina admite que el recurso de amparo puede intentarse contra decisiones judiciales, existe consenso en estimar que aquél sólo procedería en casos extremos. Tal cuando un Tribunal incurriere en usurpación de autoridad (artículo 119 de la Constitución) dictando algún acto de naturaleza administrativa o legislativa en perjuicio de los derechos o garantías constitucionales de una persona.

---

88 Al respecto, puede verse nuestro trabajo, CHAVERO GAZDIK, Rafael J. *El Nuevo Régimen del Amparo Constitucional en Venezuela, op. cit.* pp. 481 y ss.

89. La transcripción íntegra de las sentencias mencionadas se encuentra en la obra *El Amparo Constitucional en Venezuela,* Tomo II, Diario de Tribunales, con motivo de las segundas jornadas sobre el amparo constitucional en Venezuela celebradas en Barquisimeto del 9 al 12 de octubre de 1987.

Así mismo aún actuando dentro de la esfera de su competencia -administrar justicia-, dictare decisión que en forma manifiesta viole alguno de estos mismos derechos o garantías, por ejemplo, condenando un reo a la pena de muerte (artículo 58 *eiusdem*).

Pero a pesar de estos antecedentes, en los dos principales proyectos que se manejaron para la elaboración de la *Ley Orgánica de Amparo* no se incluyó la posibilidad de intentar acciones de amparo contra sentencias; es más, en el Proyecto presentado por el partido COPEI era considerado como causal de inadmisibilidad esta modalidad de amparo (artículo 3, numeral 3°). Sin embargo, en las observaciones que elaborara el profesor BREWER-CARIAS (Senador para la época), se alertaba sobre la incongruencia de un sistema que permitiera la vulneración de derechos fundamentales mediante decisiones judiciales.

En este sentido, afirmaba BREWER, que "¿Por qué los jueces y tribunales van a quedar excluidos del control constitucional a través del amparo? ¿Por qué una sentencia violatoria de un derecho constitucional no puede ser objeto del ejercicio del derecho de amparo? El artículo 49 de la Constitución, ni distingue ni excluye, por lo que toda exclusión como la de este ordinal, sería inconstitucional"[90].

Y continuaba el mismo autor señalando que:

> Por otra parte, debe destacarse que en la concepción del derecho de amparo que sostenemos, el recurso de casación debería ser el medio "ordinario" de amparo contra las sentencias, para lo cual habría que ampliar su procedencia cuando se plantee una violación de un derecho constitucional, otorgándoseles a la Sala de Casación poderes para tomar medidas tendientes a restablecer "inmediatamente" la situación jurídica infringida, mientras se tramita el recurso de casación. Y sólo cuando no proceda el recurso de casación, en nuestro criterio procedería la acción de amparo autónoma contra las decisiones judiciales.

---

90 El texto íntegro de las observaciones presentadas por el Senador BREWER-CARÍAS, puede verse en *Estudios de Derecho Público III*, ediciones del Congreso de la República, Caracas, 1989, pp. 71 y ss.

Por ello, aun en la concepción del Proyecto, de la existencia de una única acción de amparo, no tiene sentido alguno excluir de la misma a las decisiones de los órganos judiciales, que pueden ser tan violatorios de los derechos constitucionales como las decisiones de otros órganos del Estado. Pero adicionalmente habría que recordar que los órganos judiciales no sólo adoptan sentencias, sino en muchos casos, actos administrativos que podrían violar derechos fundamentales, y que no tendría sentido excluir de alguna vía judicial de amparo[91].

Estas observaciones, sin duda, influenciaron el Proyecto elaborado por la Comisión Permanente de Política Interior de la Cámara de Diputados de 1987, el cual constituye el origen más cercano a la vigente *Ley Orgánica de Amparo*, donde se introduce en el artículo 5°, el siguiente dispositivo: "Igualmente procede la acción de amparo cuando un Tribunal de la República, actuando fuera de su competencia dicte una resolución o sentencia u ordene un acto que lesione un derecho constitucional"[92].

Posteriormente, en el último informe del 14 de diciembre de 1987 que presenta la Comisión Permanente de Política Interior de la Cámara de Diputados a la Cámara del Senado de la República, en virtud de las observaciones realizadas en las discusiones de la sesión del 19 de noviembre del mismo año por los Senadores BREWER-CARÍAS y RACHADELL, quedó re-

---

91 *Ibídem.*

92 Debe señalarse que en el texto de la reforma del Proyecto COPEI propuesto por el Senador BREWER-CARÍAS se consagraba la posibilidad del ejercicio del amparo constitucional contra decisiones judiciales, en los siguientes términos: "Artículo 5°.- Igualmente procede el ejercicio del derecho de amparo cuando un Tribunal de la República, actuando fuera de su competencia, dicte una resolución o sentencia u ordene un acto que lesione un derecho constitucional. / En caso de proceder contra la decisión, apelación o alguno de los recursos ordinarios o extraordinarios previstos en el ordenamiento jurídico, incluido el recurso de casación, la pretensión de amparo deberá ejercerse mediante los mismos, en cuyo caso siempre tendrá efectos suspensivos. En estos casos, el juez competente podrá acordar la reducción de los lapsos procesales previstos para oir el recurso y decidirlo".

ubicado el amparo contra decisiones judiciales en el artículo 4 y se entendió: "necesario establecer una excepción a la competencia general de los Tribunales de Primera Instancia para conocer de las acciones de amparo, en el sentido de que en esos casos, los jueces competentes para conocer de las acciones de amparo contra actos judiciales, sean los superiores al que emita la decisión atacada". En este sentido se propone que se agregue al artículo 5 del Proyecto (posteriormente 4 como se indicó) un párrafo con el siguiente texto: "En estos casos la acción de amparo debe interponerse por ante el tribunal superior al que emitió el pronunciamiento, quien decidirá en forma breve, sumaria y efectiva" (Paréntesis añadido)[93].

Estas observaciones fueron debidamente atendidas y, así, se incorporó el artículo 4 de la *Ley Orgánica de Amparo*. Posteriormente, ya durante las últimas discusiones se agregó el último párrafo del artículo, donde se estipula que es el juez superior al que dictó el fallo cuestionado de vulnerar derechos constitucionales el competente para conocer de dicha acción.

Y es importante resaltar este último párrafo del artículo 4, el cual no busca otra cosa que garantizar el principio de jerarquía e independencia en la administración de justicia, debido a que ha existido una tendencia jurisprudencial que pretendía burlar esta disposición que consagra un régimen de excepción al criterio rector seguido por la *Ley Orgánica de Amparo* para la determinación de la competencia, mediante la errada utilización del llamado *amparo sobrevenido*[94].

---

93 Este párrafo se añadió al transcrito anteriormente, lo que constituyó la redacción final del artículo 4 de la Ley Orgánica de Amparo.

94 Sobre el tema del amparo sobrevenido puede verse nuestro trabajo CHAVERO GAZDIK, Rafael J. *El Nuevo Régimen del Amparo Constitucional en Venezuela, op. cit.* pp. 522 y ss.

III. LA COMPETENCIA PARA CONOCER DE LAS ACCIONES DE AMPARO CONSTITUCIONAL CONTRA DECISIONES JUDICIALES

Sobre este asunto lo que hay que tener presente es que el tribunal competente debe ser aquél de superior jerarquía al que dictó el fallo lesivo de derechos fundamentales.

La intención de señalar al tribunal superior al que dictó el fallo lesivo obedece a que tiene que ser un órgano judicial de superior jerarquía el que revise la supuesta vulneración de derechos o garantías constitucionales, pues de aplicar los criterios normales de atribución de competencia en los amparos autónomos, serían los Tribunales de Primera Instancia según su materia afín los que juzgarían la denuncia de violación constitucional de un determinado fallo.

Por tanto, el segundo párrafo del artículo 4 de la *Ley Orgánica de Amparo* señala, en relación con la competencia para conocer del amparo contra decisiones judiciales, que: "En estos casos la acción de amparo debe interponerse por ante el tribunal superior al que emitió el pronunciamiento, quien decidirá en forma breve, sumaria y efectiva".

Como puede apreciarse, la intención del legislador fue la de establecer como tribunal competente a uno de superior jerarquía al que dictó la sentencia que vulnere derechos fundamentales, y no a los Tribunales Superiores a que se referían los artículos 75 y siguientes de la entonces *Ley Orgánica del Poder Judicial*.

Si bien no existe problema para determinar ese "tribunal superior" cuando la violación constitucional se le impute a un Tribunal de Primera Instancia -o que conozca en primera instancia-[95] o de Municipio de una determinada jurisdicción, pues el superior lo consagraba expresamente la antigua *Ley Orgánica del Poder Judicial* o las leyes especiales, surgieron algunas dudas

---

95 Véase la decisión dictada por la Sala Político-Administrativa del 16 de noviembre de 1989, caso: *Julio Cesar Moreno y otros vs. la Comisión Electoral del Partido Social Cristiano COPEI.*

donde no existía, nominalmente, ese Tribunal Superior que va a conocer en primera o segunda instancia. Sin embargo, hoy en día ya ha sido suficientemente rebatida por la doctrina y por la propia jurisprudencia la posición -sostenida primero por Sala de Casación Civil, luego por una minoría de los Magistrados-, mediante la cual se quería hacer ver que dicha Sala no era un "Tribunal Superior" en el pleno sentido de la expresión, es decir, un órgano de alzada de los tribunales de instancia, negando la revisión de la sentencia. Actualmente, la expresión "tribunal superior" utilizada por el último párrafo del artículo 4 de la *Ley Orgánica de Amparo* es interpretada como un tribunal de superior jerarquía.

También hay que resaltar que con la Constitución de 1999 se eliminó la duda sobre cuál de las Salas de la Corte Suprema de Justicia -actualmente Tribunal Supremo de Justicia- debía ser la competente para conocer de las acciones de amparo intentadas contra un determinado Tribunal Superior, pues con la creación de la Sala Constitucional y con la distribución de competencias que ésta acordara en el fallo *Emery Mata Millán*[96], ahora es esta Sala la que asume, en forma monopólica, el conocimiento de las acciones de amparo intentadas en contra de las decisiones dictadas por los Jueces Superiores o de las apelaciones o consultas de amparo que se ejerzan contra los fallos de éstos en primera instancia[97].

Anteriormente, existía una gran disyuntiva sobre la Sala competente de la Corte Suprema de Justicia que debía conocer de los amparos contra decisiones dictadas por los Jueces Superiores, pues en definitiva, todas las Salas de la Corte Suprema

---

96 Sentencia del 20-1-2000.

97 Salvo, como expusimos en el Capítulo referido a la competencia, las sentencias de amparo autónomo dictadas en primera instancia por los Juzgados Superiores en lo Contencioso Administrativo y las apelaciones o consultas que se ejerzan contra las sentencias que éstos pronuncien, pues en estos casos, la competencia le corresponderá a la Corte Primera de lo Contencioso Administrativo. Véase, al respecto, la sentencia dictada por la Sala Constitucional, de fecha 14-3-2000, caso: *C.A. Electricidad del Centro (Elecentro).*

de Justicia eran tribunales de superior jerarquía a los Jueces Superiores, de forma tal que era necesario precisar qué criterio -el orgánico o el de afinidad con los derechos denunciados- debía utilizarse para asignar a una determinada Sala[98].

Concretamente, en esta decisión recaída fallo *Emery Mata Millán*[99], se estableció lo siguiente:

> Por las razones expuestas, esta Sala declara que, la competencia expresada en los artículos 7 y 8 de la ley antes citada, se distribuirá así:
>
> **1.-** Corresponde a la Sala Constitucional, por su esencia, al ser la máxima protectora de la Constitución y además ser el garante de la supremacía y efectividad de las normas y principios constitucionales, de acuerdo con el artículo 335 de la Constitución de la República Bolivariana de Venezuela, el conocimiento directo, en única instancia, de las acciones de amparo a que se refiere el artículo 8 de la Ley Orgánica de Amparo sobre Derechos y Garantías Constitucionales, incoadas contra los altos funcionarios a que se refiere dicho artículo, así como contra los funcionarios que actúen por delegación de las atribuciones de los anteriores. Igualmente, corresponde a esta Sala Constitucional, por los motivos antes expuestos, la competencia para conocer de las acciones de amparo que se intenten contra las decisiones de última instancia emanadas de los Tribunales o Juzgados Superiores de la República, la Corte Primera de lo Contencioso Administrativo y las Cortes de Apelaciones en lo Penal que infrinjan directa e inmediatamente normas constitucionales.
>
> **2.-** Asimismo, corresponde a esta Sala conocer las apelaciones y consultas sobre las sentencias de los Juzgados o Tribunales Superiores aquí señalados, de la Corte Primera de lo Contencioso Administrativo y las Cortes de Apelaciones en lo Penal, cuando ellos conozcan la acción de amparo en Primera Instancia.

---

98 Sobre este problema, repetimos hoy ya inexistente, puede verse nuestro trabajo, CHAVERO GAZDIK, Rafael J. *La acción de amparo contra decisiones judiciales, op. cit.* pp. 50 y ss.

99 Sentencia del 20-1-2000.

3.- Corresponde a los Tribunales de Primera Instancia de la materia relacionada o afín con el amparo, el conocimiento de los amparos que se interpongan, distintos a los expresados en los números anteriores, siendo los Superiores de dichos Tribunales quienes conocerán las apelaciones y consultas que emanen de los mismos, de cuyas decisiones no habrá apelación ni consulta.

4.- En materia penal, cuando la acción de amparo tenga por objeto la libertad y seguridad personales, será conocida por el Juez de Control, a tenor del artículo 60 del Código Orgánico Procesal Penal, mientras que los Tribunales de Juicio Unipersonal serán los competentes para conocer los otros amparos de acuerdo a la naturaleza del derecho o garantía constitucional violado o amenazado de violación que sea afín con su competencia natural. Las Cortes de Apelaciones conocerán de las apelaciones y consultas de las decisiones que se dicten en esos amparos.

5.- La labor revisora de las sentencias de amparo que atribuye el numeral 10 del artículo 336 de la vigente Constitución a esta Sala y que será desarrollada por la ley orgánica respectiva, la entiende esta Sala en el sentido de que en los actuales momentos una forma de ejercerla es mediante la institución de la consulta, prevista en el artículo 35 de la Ley Orgánica de Amparo Sobre Derechos y Garantías Constitucionales, pero como la institución de la revisión a la luz de la doctrina constitucional es otra, y las instituciones constitucionales deben entrar en vigor de inmediato, cuando fuera posible, sin esperar desarrollos legislativos ulteriores, considera esta Sala que en forma selectiva, sin atender a recurso específico y sin quedar vinculado por peticiones en este sentido, la Sala por vía excepcional puede revisar discrecionalmente las sentencias de amparo que, de acuerdo a la competencia tratada en este fallo, sean de la exclusiva competencia de los Tribunales de Segunda Instancia, quienes conozcan la causa por apelación y que por lo tanto no susceptibles de consulta, así como cualquier otro fallo que desacate la doctrina vinculante de esta Sala, dictada en materia constitucional, ello conforme a lo dispuesto en el numeral 10 del artículo 336 de la Constitución de la República Bolivariana de Venezuela.

Este poder revisorio general, lo entiende la Sala y lo hace extensivo a todo amparo, en el sentido que, si el accionante adujere la violación de un determinado derecho o garantía constitucional, y la Sala considerare que los hechos probados tipifican otra infracción a la Constitución, no alegada, la Sala puede declararla de oficio.

Reconoce esta Sala que a todos los Tribunales del país, incluyendo las otras Salas de este Supremo Tribunal, les corresponde asegurar la integridad de la Constitución, mediante el control difuso de la misma, en la forma establecida en el artículo 334 de la Constitución de República Bolivariana de Venezuela, pero ello no les permite conocer mediante la acción de amparo las infracciones que se les denuncian, salvo los Tribunales competentes para ello que se señalan en este fallo, a los que hay que agregar los previstos en el artículo 9 de la Ley Orgánica de Amparo Sobre Derechos y Garantías Constitucionales.

Consecuencia de la doctrina expuesta es que el llamado amparo sobrevenido que se intente ante el mismo juez que dicte un fallo o un acto procesal, considera esta Sala que es inconveniente, porque no hay razón alguna para que el juez que dictó un fallo, donde ha debido ser cuidadoso en la aplicación de la Constitución, revoque su decisión, y en consecuencia trate de reparar un error, creando la mayor inseguridad jurídica y rompiendo así el principio, garante de tal seguridad jurídica, que establece que dictada una sentencia sujeta a apelación, ella no puede ser reformada o revocada por el Juez que la dictó, excepto para hacer las aclaraciones dentro del plazo legal y a petición de parte. Tal principio recogido en el artículo 252 del Código de Procedimiento Civil está ligado a la seguridad jurídica que debe imperar en un estado de derecho, donde es de suponer que las sentencias emanan de jueces idóneos en el manejo de la Constitución, y que por tanto no puedan estar modificándolas bajo la petición de que subsane sus errores. Las violaciones a la Constitución que cometan los jueces serán conocidas por los jueces de la apelación, a menos que sea necesario restablecer inmediatamente la situación jurídica infringida, caso en que el amparo lo conocerá otro juez competente superior a quien cometió la falta, diferente a quien sentenció u ordenó el acto que contiene la violación o infracción constitucional, en estos casos, los que apliquen los artículos 23, 24 y 26 de la Ley Orgánica de Amparo Sobre Derechos y Garantías Constitucionales.

Cuando las violaciones a derechos y garantías constitucionales surgen en el curso de un proceso debido a actuaciones de las partes, de terceros, de auxiliares de justicia o de funcionarios judiciales diferentes a los jueces, el amparo podrá interponerse ante el juez que esté conociendo la causa, quien lo sustanciará y decidirá en cuaderno separado.

IV. LAS PARTES EN EL PROCESO DE AMPARO CONTRA DECISIONES JUDICIALES

En relación con las partes que participan en el proceso de amparo contra decisiones judiciales, consideramos pertinente referirnos sólo a dos situaciones: a) el verdadero sujeto pasivo del amparo contra sentencia; y b) los terceros interesados en dicho proceso.

1. *Legitimación pasiva en el proceso de amparo*

La legitimación para comparecer en el proceso de amparo constitucional como parte demandada corresponde a la persona u órgano del Estado que se señale como presunto agraviante, el cual debe estar perfectamente identificado en el escrito de solicitud de tutela (artículo 18, numerales 2° y 3° de la *Ley Orgánica de Amparo*). Pues bien, en el caso de los amparos intentados contra decisiones judiciales el sujeto agraviante será el *Tribunal* que profirió la sentencia cuestionada.

Ahora bien, hay que delimitar concretamente, quién es el sujeto pasivo, en la acción de amparo contra decisiones judiciales, es decir, si es el Juez que dictó la sentencia -entendido en su carácter estrictamente personal-, o si es el Tribunal como órgano de administración de justicia, visto desde el punto de vista orgánico. Esta distinción no es baladí, debido a que podrían plantearse varias circunstancias que, dependiendo de la tesis que se asuma, variaría el sujeto que se presente a informar acerca de la pretendida violación constitucional.

En efecto, puede darse el caso que se presente una acción de amparo constitucional contra una decisión dictada por un Juez accidental, un suplente o un conjuez, en el ejercicio provisorio del cargo, en cuyo caso podría pensarse que quien tendría que defender la sentencia cuestionada sea cualquiera de los funcionarios mencionados y no el titular actual del despacho.

Una primera aproximación al problema, la encontramos en la decisión dictada por la Sala de Casación Civil de la antigua Corte Suprema de Justicia, en fecha 15-7-1993, caso: *Ricardo Montaner*, donde la notificación al sujeto pasivo se ordenó al Juez que dictó la decisión que se cuestionaba -que no era el mismo Juez para el momento de la interposición del amparo- pero se practicó ante el Juez que ostentaba el cargo para el instante del amparo. Y al alegarse posteriormente la falta de cualidad del juez que se encontraba en ese momento a cargo del tribunal, la Sala precisó que:

> Sobre este particular considera la Sala, que si bien la notificación no fue practicada en la persona en que se ordenó hacerla de acuerdo con el auto de admisión del Juzgado de Sustanciación, es decir, en la persona del Juez que para el momento en que se intentó este recurso tenía a su cargo el referido Juzgado, hay que indicar, que el informe en este tipo de solicitud de amparo, persigue obtener la mayor cantidad de datos posibles sobre el caso planteado, lo cual se logró a cabalidad, razón por la cual a los fines de evitar retardos innecesarios e injustificados que atentarían contra el principio de celeridad procesal que informa la materia de amparo, esta Sala aprecia que, en este asunto, la notificación efectuada en la persona de la ciudadana Adela Emperatriz Jiménez de Pulido, es válida, y así se declara.

De esta decisión pareciera desprenderse que la notificación debe realizarse en el funcionario judicial que efectivamente dictó la decisión denunciada como transgresora de derechos o garantías constitucionales -como así lo ordenó la Sala- pero de realizarse en el que se encuentre en el ejercicio del cargo para el momento de la interposición, y este presentara el informe, quedará subsanado el error en la notificación.

Sin embargo, este criterio no fue confirmado por decisiones ulteriores, ya que el verdadero sujeto pasivo del amparo contra decisiones judiciales es el órgano jurisdiccional y no su titular.

En efecto, en la decisión recaída en el caso: *Bazar Bolívar*, dictada por la Corte Primera de lo Contencioso Administrativo, en fecha 1-3-1994, se dispuso:

> Por tanto, si esta Corte ordenó notificar a la Juez Superior Segundo en lo Civil y Contencioso Administrativo de la Región Capital para que presentara los argumentos que considerara pertinentes, fue para que aportara elementos que permitieran a ese Órgano Jurisdiccional tomar la decisión correspondiente, pero en ningún caso por considerarla a ella personalmente como agraviante.
>
> Al respecto cabe advertir que la acción de amparo contra actos judiciales no está dirigida contra la persona titular del Órgano Jurisdiccional, sino contra los actos del Tribunal.

Esta doctrina parece haber tenido su fundamento en la jurisprudencia reiterada de los tribunales de la jurisdicción contencioso-administrativa que han venido señalando que el presunto agraviante será el funcionario que se encuentre en el ejercicio del cargo para el momento de realizarse la notificación[100].

Sin duda alguna, este criterio resulta mucho más acorde con los principios del proceso de amparo, en el sentido de que debe aceptarse como sujeto pasivo de las acciones de amparo *al órgano jurisdiccional como tal* y no al juez que efectivamente dictó el fallo, pues si bien en determinadas ocasiones (jueces acciden-

---

100 Véase la decisión antes citada de la Sala Político-Administrativa de fecha 8-3-90, caso: *Luz Magaly Serna*, donde textualmente se señaló que: "...es evidente que el órgano administrativo es el sujeto pasivo de la acción, y recae en quien ejerce el cargo para el momento en que se intenta la acción de amparo, ya que, en definitiva, es la administración pública, actuando a través de sus agentes, la que tiene y debe asumir la responsabilidad por la actuación de éstos. La accionante designa como agraviante al actual funcionario que se encuentra al frente de la particular administración a la cual se le imputa la lesión y quien en este momento tiene la obligación, responsabilidad y competencia para actuar en el sentido exigido por la actora a fin de que se le restablezca en sus derechos constitucionales lesionados".

tales, asociados, suplentes, etc.) los que dictaron la decisión podrían traer mayor información al nuevo proceso contra la sentencia por ellos suscrita, es el caso que ese juez que efectivamente dictó el fallo -pero que para el momento de la tramitación del amparo ya no se encuentra en el tribunal-, no podría restablecer la situación jurídica infringida, precisamente, porque ya no es el competente. De forma que, el único que podría restablecer la lesión causada, es el tribunal, entendido desde el punto de vista orgánico.

En todo caso, en la sentencia del 1° de febrero de 2000, caso: *José Amando Mejía*, la Sala Constitucional precisó que la notificación debe realizarse "al juez o encargado del Tribunal", con lo cual parece quedar confirmado el criterio que hemos expuesto antes.

Sin embargo, como anunciamos ya y sobre el tema volveremos más adelante, la legitimación pasiva en los procesos de amparo constitucional ha perdido relevancia, pues la reciente jurisprudencia de la Sala Constitucional ha decidido tramitar los amparos contra decisiones judiciales, sin ningún tipo de procedimiento, es decir, sin ni siquiera notificar al Tribunal que dictó el fallo y mucho menos a las partes que participaron en el proceso que originó el fallo denunciado como lesivo.

2. *La participación de los terceros interesados en el proceso de amparo contra decisiones judiciales*

El proceso de la acción de amparo constitucional ejercido conforme a lo dispuesto en el artículo 4 de la *Ley Orgánica de Amparo* se venía desarrollando, tradicionalmente, entre dos partes, el sujeto activo o presunto agraviado y el tribunal que dictó la decisión judicial o presunto agraviante. Ahora bien, tal y como expusimos en un trabajo previo[101], en el caso del amparo ejercido contra una decisión judicial resalta claramente la necesaria participación de sujetos distintos a las partes principales, en virtud de que una decisión judicial, por regla general,

---

101 CHAVERO GAZDIK, Rafael J. *La acción de amparo contra decisiones judiciales, op. cit.* pp. 89 y ss.

perjudica los intereses de una persona, y al mismo tiempo, beneficia los intereses de otra. Por tanto, resulta lógico pensar que el adversario en la contienda que produjo la sentencia presuntamente transgresora de derechos fundamentales tenga un interés importante que hace imprescindible su incorporación en el proceso.

Más aún, en nuestro trabajo exponíamos que la falta de participación a ese tercero que fue parte dentro del proceso que originó el presunto acto lesivo -cuestionado ahora vía amparo constitucional- impediría un conocimiento completo y profundo de la situación debatida, y además, la práctica forense había venido demostrando que son muy contados los casos en que el titular del despacho a que se le imputa la violación presenta el informe requerido (de manera facultativa, tal y como se indicará más adelante).

De esta forma, hemos sostenido que en los procesos de amparo contra decisiones judiciales debe notificarse, en forma obligatoria, a la parte a quien favorece la sentencia atacada de vulnerar derechos o garantías constitucionales, pues con ello se evitaría una desigualdad o una indefensión dentro de un juicio que pretende, precisamente, evitar violaciones constitucionales.

Precisamente este fue uno de los mejores aportes realizados por la Sala Constitucional, en su sentencia de fecha 1° de febrero de 2000, caso: *José Amando Mejía*, en donde precisó lo siguiente: "Cuando el amparo sea contra sentencias, las formalidades se simplificarán aún más y por un medio de comunicación escrita que deberá anexarse al expediente de la causa donde se emitió el fallo, inmediatamente a su recepción, se notificará al juez o encargado del Tribunal, así como a las partes en su domicilio procesal, de la oportunidad en habrá de realizarse la audiencia oral".

Conforme a este criterio, se configuró como una obligación para los jueces que conocen de acciones de amparo contra decisiones judiciales, notificar a los sujetos que participaron en el juicio que originó el fallo cuestionado, mediante una constancia que ha de dejarse en el expediente de dicho litigio y a través de notificación formal en el domicilio de estas partes.

En relación con la oportunidad para que los terceros interesados -y en especial los sujetos que participaron en el proceso que dio origen a la decisión sometida a revisión constitucional- accedan al proceso de amparo constitucional resulta aplicable el régimen general expuesto en el Capítulo referente al tema de las partes, es decir, deben regir los mismos principios que para las partes en el proceso, de modo de garantizar el derecho de la defensa y el principio de contradicción y de los participantes en el proceso de amparo constitucional y para no entorpecer la celeridad y urgencia de este juicio.

También aquí la decisión (considerada líder en su momento) en materia de procedimiento (caso: *José Amando Mejía*), precisó lo siguiente: "Las partes del juicio donde se dictó el fallo impugnado podrán hacerse partes, en el proceso de amparo, antes y aún dentro de la audiencia pública, mas no después, sin necesidad de probar su interés. Los terceros coadyuvantes deberán demostrar su interés legítimo y directo para intervenir en los procesos de amparo de cualquier clase antes de la audiencia pública".

Pero insistimos, con la nueva posición jurisprudencial de la Sala Constitucional, a través de declaratorias de mero derecho o de la inventada figura de la "*procedencia in limine litis*", se evita, al menos en la mayoría de los casos, la tramitación de procedimiento alguno. Con ello, es prácticamente imposible que los terceros interesados puedan participar en el proceso, a menos que se enteren en forma casuística de la existencia del amparo contra sentencia, en cuyo caso podrán presentar, si hubiese tiempo para ello, los escritos que consideren pertinentes.

V. EL ACTO LESIVO EN EL AMPARO CONTRA DECISIONES JUDICIALES

1. *El acto lesivo en el amparo contra sentencia es cualquier decisión judicial*

Ya hemos señalado que la sentencia que puede ser objeto de una acción de amparo, conforme a lo dispuesto en el artículo 4 de la *Ley Orgánica de Amparo* es cualquier decisión del juez *en función jurisdiccional,* bien sea voluntaria o contenciosa, bien se trate de sentencias definitivas o interlocutorias. Sin embargo, es muy importante retener que en los casos donde el juez actúe en función administrativa -es decir, cuando dicte actos administrativos- la vía pertinente para cuestionar cualquier transgresión de derechos fundamentes es conforme a lo dispuesto en el artículo 5 de la *Ley Orgánica de Amparo*.

Igualmente, debe recordarse que contra las decisiones dictadas por las distintas Salas del Tribunal Supremo de Justicia, no son admisibles acciones de amparo constitucional, de conformidad con el ordinal 6° del artículo 6 de la *Ley Orgánica de Amparo*, aunque tal y como lo admite la Exposición de Motivos y la evolución jurisprudencial, es posible cuestionar ante la Sala Constitucional decisiones del resto de las Salas, a través del recurso extraordinario de revisión, previsto en el ordinal 10° del artículo 336 de la Constitución, tal y como hemos visto en el capítulo anterior.

2. *El amparo contra las conductas omisivas de los jueces*

Se ha planteado la posibilidad de utilizar la vía del amparo constitucional para denunciar la mora de los tribunales de justicia en pronunciarse dentro del lapso establecidos por las leyes, es decir, por las dilaciones indebidas en la tramitación o solución de los procesos judiciales ante una petición concreta de parte interesada.

Posibilidad ésta que ha sido reconocida en otros ordenamientos foráneos, como es el caso de la *Ley Orgánica del Tribunal Constitucional* español en su artículo 44.1, el cual textualmente señala: "Las violaciones de los derechos y libertades susceptibles de amparo constitucional que tuvieran su origen inmediato y directo en un acto u omisión de un órgano judicial podrán dar lugar a este recurso siempre que se cumplan los requisitos siguientes (...)".

Supuesto que ha sido tratado por la jurisprudencia del Tribunal Constitucional de ese país en diversas oportunidades, entre ellas puede señalarse el recurso de amparo promovido contra la conducta omisiva de la Sala Segunda de lo Contencioso Administrativo de la Audiencia Territorial de Madrid, por el retraso en más de un año en ejercer las medidas coactivas que la ley le otorgaba para obtener la remisión del expediente administrativo. En este caso el Tribunal Constitucional afirmó que esa omisión o retraso "ha de considerarse como una interrupción excesiva respecto al tiempo razonable en que debe desarrollarse un proceso y que como tal afecta al derecho del recurrente a obtener una tutela efectiva de los jueces y tribunales dentro de unos límites temporales razonablemente adecuados" (sentencia del 20 de julio de 1981)[102].

En Venezuela, en un principio la jurisprudencia fue muy cautelosa al tratar la posibilidad de admitir acciones de amparo constitucional contra conductas omisivas o abstenciones de los jueces en dictar sus decisiones en los lapsos correspondientes[103]. Así, en un primer momento se negó la utilización de esta vía expedita contra el retardo judicial alegándose que el mismo artículo 4 de la *Ley Orgánica de Amparo* se refiere sólo a las actuaciones de los Tribunales de la República, y por tanto debe

102 OLIVER ARAUJO, J. *El recurso de amparo*, Facultad de Derecho de Palma de Mayorca, 1986, p. 216.

103. Sin embargo, debe señalarse que, con anterioridad a la promulgación de la Ley Orgánica de Amparo, la Corte Primera de lo Contencioso Administrativo reconoció la posibilidad del ejercicio de acciones de amparo contra omisiones judiciales. En efecto, en la decisión dictada en fecha 11 de agosto de 1987, caso: *María Rivas González* se dispuso que: "Estas actuaciones, si no están sometidas a un control jurisdiccional específico, pueden ser objeto de la acción de amparo y, a través del mismo lo que se pretenda sea el restablecimiento de la situación jurídica del accionante. En esta categoría se ubica la denegación de una actuación requerida o abstención por parte del órgano jurisdiccional, la cual se pone de manifiesto cuando el juez elude, mediante inhibiciones, declinatorias u otras dilaciones adoptar la providencia que le es requerida. En estos casos, intentar las acciones penales contra el titular del órgano jurisdiccional, o bien recurrir a la vía disciplinaria, podría significar obtener una sanción en contra del juez, lo cual no restablece la situación jurídica afectada. Esta situación sólo podrá ser tutelada mediante el recurso extraordinario de amparo constitucional".

excluirse el amparo contra omisiones judiciales[104]. En el mismo sentido, se pronunció REYES, al señalar que "no hay recurso de amparo frente al silencio judicial, no es posible el amparo frente a la inacción de los tribunales y pienso que la voluntad del legislador, al establecer este establecimiento específico en el artículo 4° era de esa orientación"[105].

Otra de las razones que utilizó la jurisprudencia para justificar esta exclusión, radica en el carácter extraordinario de la acción de amparo, el cual hace ceder esta vía excepcional frente a las vías ordinarias consagradas en el ordenamiento jurídico. Así, se sostuvo que frente a las abstenciones de los jueces en dictar sus fallos, nuestras leyes procesales no sólo consagran medios eficaces para imponer sanciones correctivas, sino también sanciones disciplinarias y la posibilidad de exigir la responsabilidad civil de los jueces que incurran en denegación de justicia (artículos 19, 819 y siguientes del *Código de Procedimiento Civil*).

De esta forma, "todos estos medios y recursos son instrumentos ordinarios, idóneos y eficaces, aún no agotados, que le ofrece el ordenamiento jurídico al actor a fin de restablecer la situación jurídica que él denuncia como vulnerada. En tal virtud, la acción de amparo ejercida resulta inadmisible, pues lo contrario sería contravenir la naturaleza extraordinaria o especial de esta acción"[106].

Igualmente, en la decisión dictada por la Sala de Casación Civil de fecha 25 de enero de 1989, caso: *Giuseppina D. Scisoli De Vangi*, se sostuvo que "el amparo -vía excepcional- es limitado y sometido a ciertos requisitos, al punto de que no lo hay cuando se trata de una 'abstención', porque el artículo 4 es claro: las

---

104 RONDÓN DE SANSO, Hildegard, *La acción de amparo contra los Poderes Públicos, op. cit.*, pp. 178.

105 REYES, Pedro Miguel, "Procedencia del amparo constitucional frente a los actos judiciales", en *Revista de la Facultad de Ciencias Jurídicas y Políticas*, U.C.V. n.° 70, Caracas, 1988, p. 248.

106 Sentencia dictada por la Sala Político-Administrativa del 11 de diciembre de 1990, caso: *Oficina Técnica Spinetto S.R.L.*

resoluciones, ordenes, actos y sentencias son las que admiten amparo, no así las abstenciones, porque contra esto hay otros recursos, derechos y acciones".

Por su parte, la Sala de Casación Penal sostuvo el criterio de que:

> (...) la acción de amparo constitucional incoada contra una resolución, acto o sentencia proveniente de un órgano jurisdiccional, no procede cuando lo que se pretende impugnar es una omisión de parte del órgano agraviante. En efecto, del texto del artículo cuarto de la Ley Orgánica de Amparo Sobre Derechos y Garantías Constitucionales, se desprende que sólo pueden ser atacadas aquellas decisiones en que pudieran incurrir en el cumplimiento de sus funciones. Es así como esa disposición alude a dos acciones, como lo son 'dictar' u 'ordenar', las cuales excluyen implícitamente la omisión[107].

Ahora bien, tal y como expusimos en nuestro trabajo sobre la acción de amparo contra decisiones judiciales, resultan sumamente cuestionables las razones que tanto la doctrina como la jurisprudencia utilizaron para descartar el ejercicio de acciones de amparo contra las ausencias absolutas de resolución de una controversia judicial. Sin embargo, en esa oportunidad expresamos que nos parecía peligroso entorpecer la actividad de administración de justicia promoviendo la proliferación de amparos para atacar las demoras judiciales, pues ello significaría, más bien, retardar aún más las decisiones, pues lógicamente aumentaría el número de causas que le tocaría conocer a cada órgano del Poder Judicial.

Sin embargo, hicimos hincapié, en que los argumentos propuestos por la jurisprudencia citada anteriormente no son lo suficiente sólidos para convencer racionalmente la negativa del ejercicio de amparo contra retardos judiciales, pues, en primer lugar, debe señalarse que si bien es cierto que el artículo 4 de *la Ley Orgánica de Amparo* habla sólo de "actuaciones" de los Tribunales de la República, no es menos cierto que el artículo 2 de

107 Sentencia del 19 de julio de 1994, Expediente N° 91-45.

la misma Ley destaca que la acción de amparo "procede contra cualquier hecho, acto u omisión provenientes de los *órganos del Poder Público Nacional,* Estatal o Municipal", y al ser también los tribunales órganos del Poder Público pudiera pensarse que es admisible el amparo constitucional contra sus retardos.

Igualmente, el argumento señalado en la decisión de la Sala Político-Administrativa en la decisión antes indicada del 11-12-1990, de que en virtud del carácter extraordinario de la acción de amparo constitucional éste debe ceder ante las acciones destinadas a exigir o denunciar la responsabilidad civil, penal o administrativa de los jueces incursos en denegación de justicia, no resiste todas las consideraciones que se han señalado acerca del carácter especialísimo de la acción de amparo, pues la extraordinariedad de esta vía judicial no significa que por el solo hecho de existir otros medios o recursos principales debe descartarse el amparo constitucional, debido a que éste supone la necesidad de un inmediato restablecimiento cuando ningún otro medio establecido ofrece una protección efectiva[108]. Y además, esas vías señaladas en el referido fallo buscan exigir una indemnización patrimonial o una sanción penal o administrativa pero en modo alguno pueden considerarse eficaces para restablecer la situación jurídica infringida, esto es el retardo en el pronunciamiento de una decisión determinada.

Así lo reconoce una decisión de la Sala de Casación Civil, de fecha 8 de mayo de 1996, caso: *José R. Cañón,* donde se cuestiona esta tesis que niega el amparo frente a omisiones judiciales, de la forma siguiente:

> Ahora bien, no obstante ser éste el criterio imperante en la actualidad, esta Sala considera necesario revisar nuevamente su doctrina sobre el punto de especie, y al efecto encuentra que el recurso de queja, en modo alguno restablece la situación jurídica lesionada por la abstención del funcionario judicial en pronunciarse sobre la providencia requerida. Tal afirmación se sustenta en lo siguiente:

---

108 Véase lo ya expuesto en el Capítulo correspondiente a los requisitos de procedencia de la acción de amparo constitucional.

> Aún [*sic*] cuando el recurso de queja, regulado en los artículos 830 y siguientes del Código de Procedimiento Civil, procede contra el Juez rebelde en pronunciarse en el tiempo legal sobre alguna solicitud, no menos cierto es que los efectos condenatorios de dicho recurso se circunscriben al resarcimiento de parte del Juez, de los daños y perjuicios causados al querellante, sin que ello afecte, en manera alguna, lo juzgado en el asunto civil al cual se refiere la queja, debiendo, en todo caso, abstenerse el Tribunal sentenciador de mezclarse en él"
>
> En efecto, no basta que el hecho generador de la violación constitucional encuadre en alguna figura procesal ordinaria, sino que debe analizarse si sus efectos coinciden con la protección constitucional solicitada que, en el caso bajo análisis, no es otro que obtener el pronunciamiento del Juez de la causa sobre la petición formulada, consecuencia ésta que en modo alguno se derivaría de la declaración de procedencia de un recurso de queja. En consecuencia, esta Sala abandona el criterio sustentado en anteriores fallos, entre otros, en sentencias de fecha 11-12-91, 13-03-92 y 29-09-95.

En todo caso, a pesar de que consideramos que acudir al remedio del amparo contra las omisiones o retardos judiciales no resuelve el problema de fondo de la lentitud de la justicia, creemos que con la Constitución de 1999 se ha manifestado una clara intención de luchar arduamente contra la dilación de los procesos judiciales. Así, por ejemplo, tanto el artículo 26 como el 257 hacen hincapié en la necesidad de un proceso expedito y sin dilaciones indebidas. Además, el ordinal 8° del artículo 49 de la misma Constitución ahora ha incorporado expresamente la responsabilidad del Estado Juez, y en particular, en casos de retardo u omisiones injustificadas.

Es más, ya la Sala Constitucional ha tenido la oportunidad de pronunciarse varias veces sobre esta modalidad de amparo, aceptando su procedencia para cuestionar los retardos injustificados. Muestra de ello, la decisión dictada en fecha 28-7-2000, caso: *Luis Alberto Baca,* donde se precisó lo siguiente:

> 8.- Las omisiones judiciales lesivas a derechos o garantías constitucionales, que vienen a actuar como una vía de hecho, y que pertenecen al ámbito del artículo 4 de la Ley Orgánica

de Amparo sobre Derechos y Garantías Constitucionales, como ya lo ha asentado esta Sala a pesar del silencio de la norma sobre ellas, son objeto inmediato de la acción de amparo, ya que la situación jurídica se convierte en sujeto de una lesión indefinida, mientras no se cumple la actuación.

Todo retardo injustificado de un acto procesal que ha debido tener lugar, que lesiona a una parte en su situación jurídica, amenazando la irreparabilidad de la misma, es atacable por la vía de amparo; pero hay conductas activas de los jueces que retardan injustificadamente la declaración o actuación de los derechos de una de las partes, interfiriendo con la garantía judicial que consagra el artículo 49 de la Constitución vigente, tal como ocurre cuando un juez oye una apelación en ambos efectos, cuando ha debido oírla en uno solo, retardando así un acto que ha debido llevarse a cabo[109].

Igualmente, en una decisión más reciente, de fecha 11 de julio de 2016, caso: *Emil Kizer*, la misma Sala Constitucional expresó:

Cabe destacar, que esta Sala estima oportuno señalar que en reiteradas sentencias ha establecido que, ante la omisión de pronunciamiento, no existe medio de impugnación alguno distinto del amparo constitucional.

En este sentido, la sentencia n.° 1967, del 16 de octubre de 2001 (caso: *Lubricantes Castillito, C.A.*), señaló lo siguiente:

La Sala considera que aquellos casos en que el tribunal deje de efectuar pronunciamiento sobre una pretensión, y quede, por tanto, la cuestión planteada sin juzgar, se produce una situación de indefensión que vulnera el derecho de las partes a exponer los alegatos que estimen pertinentes para sostener la situación más conveniente a sus intereses. Sostiene esta Sala que presentar alegatos y esgrimir defensas en juicio tiene como finalidad el obtener por parte del órgano jurisdiccional que debe dirimir la controversia, una decisión justa y razonable. En

109 Sobre esta controversial sentencia volveremos más adelante, aunque no para referirnos al tema de amparo contra omisiones o retardos judiciales.

este sentido, la omisión de pronunciamiento sobre lo alegado por una de ellas constituye una actuación indebida del órgano jurisdiccional, vulneradora del derecho a la defensa y la garantía del debido proceso de la parte cuyos alegatos fueron omitidos en el pronunciamiento del tribunal, lo que afectó el derecho a la tutela judicial efectiva.

Por lo tanto, de acuerdo con el criterio expuesto y analizadas las circunstancias del caso de autos, esta Sala observa, ante la evidente falta de pronunciamiento del Tribunal Superior Marítimo con Competencia Nacional y sede en la ciudad de Caracas, que el accionante no dispone de ningún medio ordinario para denunciar la omisión continuada en dicho proceso judicial.

Por tanto, el remedio del amparo contra decisiones judiciales podrá utilizarse para combatir esos retardos u omisiones judiciales injustificadas, que impidan el cumplimiento de uno de los fines vitales de nuestro Estado de Derecho y Justicia, como es la resolución de controversias sin dilaciones indebidas. Claro está, reiteramos que la utilización de esta vía para agilizar la justicia no puede ser el único paliativo contra tan lamentable mal, pues es preferible atacar el problema desde su raíz, esto es, creando más tribunales y distribuyendo mejor las causas[110].

---

110 No podemos dejar de manifestar nuestra preocupación por los graves retardos que se producen en la propia Sala Constitucional del Tribunal Supremo de Justicia, donde la gran cantidad de causas de amparo que se manejan en esta sede ha traído como consecuencia que muchas veces la sola admisión de un amparo tiene que esperar hasta cuatro o seis meses, lo que evidentemente es contrario a todos los principios de celeridad y sumariedad del amparo. Esto es algo que tendrá que afrontarse y corregirse con la elaboración de la Ley de la jurisdicción constitucional, donde se tendrá que volver a plantear el asunto de las competencias de la Sala Constitucional y se tendrán que incorporar remedios procesales eficaces para combatir el retardo procesal en esta máxima sede, como pudiera ser la sustanciación de los expedientes en forma individual por cada Magistrado, con miras a evitar el retardo necesario en la toma de toda decisión colegiada. Pero en todo caso, lo que nos queda claro es que pareciera incompatible el

VI. LOS REQUISITOS DE PROCEDENCIA DE LA ACCIÓN DE AMPARO CONTRA DECISIONES JUDICIALES

1. *Requisitos de procedencia señalados en el propio texto del artículo 4 de la Ley Orgánica de Amparo*

El problema de los requisitos de procedencia de las acciones de amparo contra decisiones judiciales es, sin duda, el tema nuclear de esta modalidad de garantía constitucional, y en el análisis de cada uno de estos requisitos de procedencia es que el juez constitucional debe prestar mayores reflexiones y consideraciones para evitar el ejercicio indiscriminado de este tipo de acciones. Pues es evidentemente, que en los supuestos de acciones de amparo contra decisiones judiciales las condiciones de su procedencia deben ser más estrictas que en el resto de las modalidades de amparo consagradas en la Ley, para evitar la vulneración del principio de la cosa juzgada y la seguridad jurídica. Por tanto, en el juego de la interpretación de estos requisitos se encuentra el hilo de tensión entre justicia constitucional y desorden judicial.

Tenemos entonces que los requisitos legales exigidos para la procedencia de la acción de amparo contra sentencia son: a) cuando un juez actúe fuera de su competencia y, b) cuando cause una lesión a un derecho constitucional.

Sin embargo, luego de varios años de interpretación de la frase "actuando fuera de su competencia", como sinónimo de "abuso de poder" o "extralimitación de funciones", para tratar de evitar el desbordamiento o abuso del amparo contra sentencias, la jurisprudencia de la Sala Constitucional fue paulatinamente obviando ese requisito de procedencia; y más bien el carácter extraordinario del amparo ha servido de excusa para

tiempo que se toma la Sala Constitucional para tramitar los amparos constitucionales, con los principios expuestos en nuestra Constitución, lo que creemos no es atribuible a fallas humanas, sino a la propia organización del sistema.

evitar que el amparo constitucional contra fallos judiciales se convierta en una nueva instancia[111].

En conclusión, la expresión *actuando fuera de su competencia* hoy en día es sencillamente ignorada por la jurisprudencia de la Sala Constitucional, la cual se limita a determinar la existencia de un *error grave* en la interpretación del derecho debatido y a la vulneración de algún derecho fundamental.

2. *El carácter extraordinario de la acción de amparo contra decisiones judiciales*

Hemos sido del criterio de que, para los casos del amparo contra decisiones judiciales, ejercidos de conformidad con el artículo 4 de la *Ley Orgánica de Amparo*, el carácter de extraordinario de la acción de amparo *debe intensificarse* para tratar, en lo posible, de evitar que los recursos ordinarios entren en desuso.

Es decir, que los jueces que conozcan de amparos contra decisiones judiciales deben ser mucho más rigurosos con la interpretación del carácter extraordinario de esta vía judicial, a los efectos de permitir -salvo casos verdaderamente excepcionales- su admisibilidad sólo cuando se hayan agotado previamente todos los recursos ordinarios o extraordinarios consagrados en nuestro ordenamiento jurídico, pero sin llegar a convertirse en subsidiario de forma estricta e irrefutable, como sucede en otros ordenamientos jurídicos (España, Alemania y Brasil).

Y es que manteniendo este carácter excepcionalísimo del amparo contra decisiones judiciales es que se puede equilibrar

111 Entre los autores que han propuesto la eliminación de la frase "actuando fuera de su competencia", podemos mencionar a BREWER-CARÍAS, Allan R. y AYALA CORAO, Carlos M., ambos en *Ley Orgánica de Amparo sobre* Derechos *y Garantías Constitucionales;* y más recientemente CANOVA GONZÁLEZ, Antonio, en "Cinco tesis y un corolario sobre el amparo contra decisiones judiciales", en *Revista de Derecho Administrativo* n.° 9, Editorial Sherwood, Caracas, 2000, pp. 79 y ss.

el peligro del desconocimiento de los principios de la inalterabilidad de la cosa juzgada judicial y de seguridad jurídica, pues aun cuando pueda afirmarse que no puede existir cosa juzgada cuando un derecho humano ha sido vulnerado, no es menos cierto que al Estado le interesa y conviene una armónica administración de justicia, el mantenimiento del principio de la seguridad jurídica y el respeto por las situaciones jurídicas creadas.

Sin embargo, no nos hemos querido inclinar absolutamente por el carácter subsidiario de la acción de amparo, debido a que a diario se presentan situaciones verdadera y extremadamente urgentes que hacen necesario la exoneración de las vías ordinarias, pues de otro modo se violaría de manera inminente un derecho o garantía constitucional. Baste con llamar la atención de que con el abuso en la interpretación del carácter extraordinario de la acción de amparo contra decisiones judiciales está en juego el mismo ordenamiento procesal, y en la medida que los jueces de la República logren captar esta advertencia, en esa misma medida se mantendrá el éxito de esta institución. De otra forma, no estará lejos una reforma de la *Ley Orgánica de Amparo* que busque cerrar esta brecha protectora de los derechos fundamentales del ciudadano y marchitar un eficiente Estado de Derecho[112].

---

112 Resulta interesante la propuesta realizada por CANOVA GONZÁLEZ, en el trabajo citado en la nota anterior, donde llega a sugerir la eliminación del amparo contra sentencias no definitivas y propugnan que el amparo contra las definitivas se interponga directamente ante la Sala Constitucional, como último remedio de control constitucional de los fallos judiciales. A nosotros nos resulta inconveniente dicha propuesta, en virtud de que la misma congestionaría aún más la Sala Constitucional, además de que impediría el control urgente -al menos a través del amparo- de algunos fallos no definitivos, los cuales pueden perfectamente ser corregidos rápidamente por los tribunales superiores. En todo caso, la propuesta de CANOVA, deberá ser revisada y tomada en cuenta a la hora de la tan esperada promulgación de la Ley de la jurisdicción constitucional.

3. *La copia certificada del fallo cuestionado, como requisito de admisibilidad del amparo contra sentencia*

Debe destacarse que, en la sentencia dictada por la Sala Constitucional, el 1° de febrero de 2000, caso: *José Amando Mejía*, se exige que para la presentación de un amparo contra decisión judicial se requiere la presentación de la copia certificada del fallo, salvo que por razones de urgencia se haga imposible la obtención de la misma. Textualmente dispuso la Sala: "Los amparos contra sentencias se intentarán con copia certificada del fallo objeto de la acción, a menos que por la urgencia no pueda obtenerse a tiempo la copia certificada, caso en el cual se admitirán las copias previstas en el artículo 429 del Código Procedimiento Civil, no obstante, en la audiencia oral deberá presentarse copia auténtica de la sentencia".

Esta fue una importante aclaratoria de la Sala Constitucional, toda vez que ya la jurisprudencia, con anterior al cambio de régimen constitucional, había venido exigiendo la consignación de la copia certificada del fallo, so pena de declarar la inadmisibilidad de la acción, lo que muchas veces sorprendió a los accionantes que desconocían este requerimiento. De allí, que resultó beneficioso que se hiciera esta salvedad en el fallo citado, y sobre todo, que se permitiera la consignación posterior de la copia certificada, en los casos donde la urgencia hace imposible la espera de la misma.

En todo caso, consideramos que si el accionante consigna copia simple de la sentencia cuestionada y, además demuestra que efectivamente solicitó la copia certificada de la sentencia denunciada como transgresora de derechos fundamentales, pero aún no ha podido obtenerla, por retardo del tribunal o por cualquier otro motivo ajeno a su voluntad, no podría imponérsele sanción alguna, pues ello podría causar notables injusticias en los casos en que los jueces se nieguen a otorgar las copias certificadas o simplemente porque el tribunal no está dando despacho. Igual solución cabría para el caso en que el accionante en amparo ni siquiera haya podido solicitar la copia certificada por causas no imputables a él

Este tema de la consignación de la copia certificada de la sentencia objeto de la acción de amparo constitucional ha traído bastantes inconvenientes prácticos, los cuales se han tratado de venir corrigiendo por la propia jurisprudencia, claro está, a veces con los contratiempos de rigor.

En este sentido, en sentencia de fecha 5 de agosto de 2002, la Sala Constitucional destacó lo siguiente:

> Ahora bien, esta Sala debe dilucidar, en primer término, si la falta de consignación de las copias certificadas de la actuación procesal, objeto de la acción de amparo, configura un requisito indispensable para la admisión de las acciones de amparo contra decisiones judiciales. A tal efecto, observa la Sala que en sentencia dictada el 1° de febrero de 2000 (caso: *José Amando Mejía Betancourt*) se estableció lo siguiente:
>
> "(...) Los amparos contra sentencias se intentarán con copia certificada del fallo objeto de la acción, a menos que por la urgencia no pueda obtenerse a tiempo la copia certificada, caso en el cual se admitirán las copias previstas en el artículo 429 del Código de Procedimiento Civil, no obstante, en la audiencia oral deberá presentarse copia auténtica de la sentencia".
>
> De igual manera, ha sido la práctica de esta Sala y con base en la no sujeción a formalidades y en búsqueda de la celeridad en los procesos de amparo, tal como lo exige el artículo 27 de la Constitución de la República Bolivariana de Venezuela, que en caso de no consignarse las copias certificadas al momento de interponerse la solicitud de amparo constitucional, se exhorta a la parte accionante a que presente los documentos auténticos al momento de la audiencia oral.
>
> En el caso bajo análisis, observa la Sala que el Juzgado Superior Sexto en lo Civil, Mercantil y del Tránsito de la Circunscripción Judicial del Área Metropolitana de Caracas, como se señaló, mediante auto del 16 de abril de 2001, procedió a admitir la acción de amparo propuesta, y a ordenar, por tanto, la notificación de la juez presuntamente agraviante y del representante del Ministerio Público. Ahora bien, juzga esta Sala que en dicha oportunidad, el a quo debió exhortar a la parte accionante a la presentación de las copias certificadas de la decisión impugnada, y no esperar que el proceso de amparo culminara para proveer el fallo sometido a consulta.

> Por ello, considera esta Sala que si bien resulta una obligación del quejoso consignar junto con su escrito libelar copia certificada de la decisión impugnada, la omisión en que incurrió el a quo del deber de incitar a éste a que presentara dichas copias al momento de celebrarse la correspondiente audiencia oral y pública, no puede constituir en modo alguno un perjuicio al accionante, aunado al hecho de que la decisión accionada se encontraba inserta en el expediente, en virtud de su consignación por parte de la juez presuntamente agraviante.
>
> En consecuencia, esta Sala juzga que con base en el principio de no sujeción a formalidades no esenciales, previsto en el artículo 257 de la Constitución de la República Bolivariana de Venezuela, la decisión sometida a consulta debe ser revocada, y en virtud de que -como se señaló- el proceso de amparo llevado a cabo en el Juzgado Superior Sexto en lo Civil, Mercantil y del Tránsito de la Circunscripción Judicial del Área Metropolitana de Caracas fue sustanciado y tramitado en su totalidad, conforme a la brevedad y celeridad que caracteriza a la acción de amparo constitucional, considera pertinente pronunciarse sobre la procedencia de la misma.

Pero lo que sí ha llevado a la Sala Constitucional a devolver la solicitud de amparo es la ausencia de consignación de al menos una copia simple de la sentencia objeto de la acción de amparo constitucional. En efecto, en sentencia de fecha 31 de julio de 2002, caso: *Iván Sheligo Uih*, se dispuso lo siguiente:

> Ahora bien, observa esta Sala que no se encuentra consignada en el presente expediente, la copia simple, ni certificada, del auto accionado de fecha 29 de junio de 2001, encontrándose, sí, copia certificada de la sentencia accionada de la misma fecha. Precisa la Sala, habiéndolo así establecido con anterioridad, que el acto que se indique accionado, como todo documento que se pretenda esgrimir como prueba de las alegaciones efectuadas, deberá ser consignado en el expediente en copia certificada, lo cual podrá efectuarse hasta la oportunidad de la celebración de la audiencia constitucional siempre que se consignen previamente a la admisión, las copias simples de los dichos documentos.
>
> El artículo 18 de la Ley Orgánica de Amparo sobre Derechos y Garantías Constitucionales determina los requisitos que debe

contener la solicitud de amparo y el artículo 19 *eiusdem*, establece que cuando la solicitud fuere oscura o no llenare los requisitos señalados en el artículo 18, se notificará al solicitante para que corrija y que, si no lo hiciere dentro del lapso de cuarenta y ocho (48) horas siguientes a la correspondiente notificación, la acción será declarada inadmisible.

En atención a la omisión señalada supra de consignar la copia requerida, de conformidad con el artículo 19 de la Ley Orgánica de Amparo sobre Derechos y Garantías Constitucionales, la parte presuntamente agraviada debe ser notificada de que debe enmendar tal omisión dentro de las cuarenta y ocho (48) horas siguientes a la fecha en que conste en autos habérsele notificado, con la advertencia de que, en caso de que no dé cumplimiento a esta solicitud, la acción de amparo será declarada inadmisible. Así se declara.

VII. EL PROCEDIMIENTO PARA TRAMITAR LAS ACCIONES DE AMPARO CONTRA DECISIONES JUDICIALES

Con fecha muy reciente a la entrada en vigencia de la *Ley Orgánica de Amparo,* la Sala Político-Administrativa decidió, en sentencia del 8 de noviembre de 1988, caso: *Restaurant El Alcaraván C.A.*, crear un procedimiento distinto, más abreviado y de carácter -si se quiere- facultativo para el presunto agraviante, en caso de los amparos contra decisiones judiciales. Además, allí se estableció que no iban a entenderse como aceptados los hechos narrados por el accionante, en caso de que el juez que pronunció la sentencia denunciada como lesiva de derechos y garantías constitucionales, no presentare el respectivo informe, sanción prevista en el derogado artículo 24 de la misma *Ley Orgánica de Amparo.*

El mencionado fallo, textualmente expresó:

En relación al procedimiento pertinente en el presente caso, cabe señalar que el artículo 23 de la citada Ley impone que, al no optar el Juez de la causa por restablecer de inmediato la situación jurídica infringida, deberá ordenar al ente a quien se imputa la violación constitucional objeto del recurso, que en el término de 48 horas, contadas a partir de su notificación, informe sobre la violación que le es atribuida por el recurrente. En este orden, el artículo 24 *eiusdem* establece que dicho informe 'contendrá una relación sucinta y breve de las pruebas en las cuales el presunto agraviante pretenda fundamentar su defensa'.

Más, estima la Corte que tratándose de una acción de amparo contra una sentencia judicial, en la cual se afirma que esta última el Tribunal que la dictó violó derechos constitucionales, observa la Sala que, según lo dispuesto en el artículo 243 del Código de Procedimiento Civil, la sentencia para ser considerada como tal, debe contener: 1) La indicación del Tribunal que la pronuncie; 2) La indicación de las partes y de sus apoderados; 3) Una síntesis clara, precisa y lacónica de los términos en que ha quedado planteada la controversia, sin transcribir en ella los actos del proceso que consten de autos; 4) Los motivos de hecho y de derecho de la decisión; 5) Decisión expresa, positiva y precisa con arreglo a la pretensión deducida y a las excepciones o defensas opuestas, sin que en ningún caso pueda absolverse de la instancia; y 6) La determinación de la cosa u objeto sobre la que recaiga la decisión; y así mismo, conforme al artículo 244 eiusdem, no debe ser contradictoria al punto que no pueda ejecutarse o no pueda determinarse lo decidido, ni ser condicional ni contener ultrapetita. De acuerdo con estas disposiciones es forzoso concluir que la sentencia como instrumento jurídico con esas características, ha de contener todos los datos requeridos en el informe a que alude el artículo 24 de la Ley Orgánica de Amparo Sobre Derechos y Garantías Constitucionales, siendo por tanto innecesaria la presentación de aquel.

Por otra parte, tomando en cuenta la autonomía de los funcionarios del Poder Judicial en la toma de sus decisiones, consagrada en el artículo 205 de la Constitución, resultaría improcedente obligar al Juez autor de una sentencia a explicar ante el tribunal superior que conozca de una acción de amparo contra aquella, qué razones, motivaciones y pruebas distintas a las ya contenidas en el instrumento que sirve de fundamento a la acción, tuvo para adoptar el fallo. Esto constituiría una nueva violación constitucional con todas las consecuencias que de ello pudiera derivarse. Y resulta improcedente, además habida cuenta de la consecuencia prevista en el artículo 23 de la Ley Orgánica de Amparo; se entenderá como aceptación de los hechos incriminados la falta de informe correspondiente emanado del presunto agraviante, consecuencia inconcebible en casos como el de autos.

Por todo lo expuesto, esta Sala considera innecesario, cuando se trate de acciones contra decisiones judiciales, tanto el cumplimiento de la fase del proceso conformada por la presentación del Informe señalado en el artículo 23 de la Ley Orgánica de Amparo Sobre Derechos y Garantías Constitucionales, como la fijación de oportunidad prevista en el artículo 26 *eiusdem*, para que las 'partes' o sus representantes legales expresen en forma oral y pública los argumentos en los cuales pretenden fundamentar sus respectivas actuaciones. Sin embargo, considera la Sala que la forma breve, sumaria y efectiva exigida por el artículo 4º de la citada Ley, en relación con el procedimiento a seguir en estos casos, no debe excluir en forma absoluta la posibilidad de que el Juez cuya sentencia ha sido objeto de una acción de amparo, sea enterado de la interposición de la misma y pueda, si lo estima necesario, formular por escrito sus alegatos. Por lo demás, para decidir con mejor conocimiento de causa, podrían ser ilustrativos para la Sala, los argumentos adicionales presentados por aquél. Se concluye por tanto en que debe concedérsele una oportunidad para este acto de sustanciación, a los efectos indicados, vencida la cual, se procederá a dictar sentencia dentro del plazo más breve. Así se declara[113].

Esta decisión, consideramos en su debida oportunidad[114], exageraba el carácter objetivo del procedimiento de amparo constitucional, y esto podía llevar a causar vulneraciones del derecho al debido proceso de la parte a quien el fallo tildado de inconstitucional beneficia e, incluso, al mismo juez que lo dictó.

113 Este criterio jurisprudencial fue asumido de manera uniforme por todas las Salas de la Corte Suprema de Justicia y por la Corte Primera de lo Contencioso Administrativo. Sin embargo, era bastante común encontrar procedimientos de amparo contra sentencia tramitados ante tribunales de instancia, donde se llevaba el trámite procesal ordinario consagrado en la Ley Orgánica de Amparo.

114 CHAVERO GAZDIK, Rafael J. *La acción de amparo contra decisiones judiciales, op. cit.* pp. 149 y ss.

Sin embargo, siempre compartimos la posición jurisprudencial que consideraba innecesario -o más bien inconveniente para una sana administración de justicia- obligar a un juez de la República que ha dictado una decisión, tener que acudir posteriormente ante un Juez Superior a defender los argumentos en que fundó su decisión. Esta circunstancia, además de atentar contra el derecho constitucional a la autonomía de los funcionarios del Poder Judicial, produce otro efecto paralelo, que es retardar aún más los procesos judiciales que tiene asignado ese juez presuntamente agraviante de derechos de rango constitucional, lo que desemboca en un mayor congestionamiento de expedientes en cada órgano judicial, lo que sin duda, se refleja en las no pocas decepciones y obstinaciones de los litigantes.

Por ello, nos pronunciamos por la eliminación de esa visión objetiva ante el proceso de amparo contra sentencias, a los fines de lograr que este proceso se llevara a cabo, principalmente, entre las mismas partes que habían litigado en el juicio que originó el fallo denunciado como lesivo en el amparo contra sentencia. De esta forma, por ejemplo, se celebraría la audiencia constitucional a que se refiere el artículo 26 de la *Ley Orgánica de Amparo*, con la participación del accionante y de los terceros que se benefician del fallo cuestionado -que como vimos- su llamamiento al proceso de amparo contra sentencia es ahora obligatorio. En todo caso, siempre le es dable al juez que dictó el fallo cuestionado participar en el juicio de amparo, pero lo importante es que siempre se tramite en su integridad el proceso de amparo.

Esto, sin lugar a dudas, fue uno de los grandes aportes de la sentencia del 1° de febrero de 2000, caso: *José Amando Mejía*, en donde se destacó, en relación al proceso de amparo contra sentencia, lo siguiente:

> 2.- Cuando el amparo sea contra sentencias, las formalidades se simplificarán aún más y por un medio de comunicación escrita que deberá anexarse al expediente de la causa donde se emitió el fallo, inmediatamente a su recepción, se notificará al juez o encargado del Tribunal, así como a las partes en su domicilio procesal, de la oportunidad en que habrá de realizarse la audiencia oral, en la que ellos manifestarán sus razones y argumentos respecto a la acción. Los amparos contra senten-

cias se intentarán con copia certificada del fallo objeto de la acción, a menos que por la urgencia no pueda obtenerse a tiempo la copia certificada, caso en el cual se admitirán las copias previstas en el artículo 429 del Código Procedimiento Civil, no obstante, en la audiencia oral deberá presentarse copia auténtica de la sentencia.

Las partes del juicio donde se dictó el fallo impugnado podrán hacerse partes, en el proceso de amparo, antes y aún dentro de la audiencia pública, mas no después, sin necesidad de probar su interés. Los terceros coadyuvantes deberán demostrar su interés legítimo y directo para intervenir en los procesos de amparo de cualquier clase antes de la audiencia pública.

La falta de comparecencia del Juez que dicte el fallo impugnado o de quien esté a cargo del Tribunal, no significará aceptación de los hechos, y el órgano que conoce del amparo, examinará la decisión impugnada.

Vemos entonces como este fallo de la Sala Constitucional cambió la posición jurisprudencial que venía admitiendo al amparo contra sentencia como un proceso netamente objetivo, entre el accionante y el fallo denunciado como lesivo. Por tanto, ahora se concibe este proceso como un juicio subjetivo, básicamente entre el agraviado y los terceros que se benefician del fallo cuestionado, además de que permite la participación -no obligatoria- del juez que dictó la sentencia objeto de análisis.

Ahora bien, luego de años de consolidación de esta tesis jurisprudencial mediante la cual se tramitaba un procedimiento abreviado, la Sala Constitucional en sus más recientes decisiones parece haber regresado a la posición original que negaba la necesidad de tramitar un procedimiento frente a amparos contra decisiones judiciales.

Así, a través de declaratorias de mero derecho o de la inventada figura de la "*procedencia in limine litis*", la Sala Constitucional evita, al menos en la mayoría de sus recientes fallos, la tramitación de procedimiento alguno.

Muestra de esta afirmación la podemos ver en la decisión de fecha 23 de marzo de 2018, caso: *Yosmar Barrios*, donde se señaló lo siguiente:

> Esta Sala, en decisión número 993/2013 del 16 de julio (Caso: *Daniel Guédez Hernández y otros*), bajo una interpretación progresiva de normas constitucionales, y en procura de garantizar la tutela judicial efectiva y dar cumplimiento al mandato del artículo 334 de la Constitución de la República Bolivariana de Venezuela, estableció, con carácter vinculante y con base en el artículo 335 del referido texto, que habían situaciones en las que el justiciable exponía ser víctima de agravios constitucionales que, al ser evidenciados por esta Sala, no sólo permitía, sino que hacía exigible su participación para lograr un inmediato restablecimiento de la situación jurídica infringida; es así como en la referida sentencia se expresó lo siguiente:
>
> De modo que, es la inmediatez y el restablecimiento de la situación jurídica infringida lo que debe prevalecer en la ponderación con otros derechos constitucionales de igual rango como lo sería el derecho a la defensa.
>
> Así pues, tanto la acción de amparo como el derecho al amparo llevan implícita la celeridad y el restablecimiento inmediato de la situación jurídica lesionada constitucionalmente, razón por la cual el artículo 27 constitucional, conforme con el artículo 1 de la Ley Orgánica de Amparo sobre Derechos y Garantías Constitucionales, refieren que la autoridad judicial competente tendrá la potestad para restablecer **inmediatamente** la situación jurídica infringida o la situación que más se asemeje a ella; de allí que pueda o no hacerse exigible el contradictorio en el procedimiento de amparo, dependiendo ello del hecho de que el juez constitucional estime el procedimiento más conveniente para el restablecimiento inmediato de la situación jurídica infringida que es lo medular en la vía del amparo; si ello no fuese así, el amparo carecería de eficacia. Por lo tanto, cuando el mandamiento de amparo se fundamente en un medio de prueba **fehaciente** constitutivo de **presunción grave** de la violación constitucional, debe repararse **inmediatamente, en forma definitiva, y sin dilaciones** la situación infringida, sin que se haga necesario abrir el contradictorio, el cual, sólo en caso de duda o de hechos controverti-

dos, justificará la realización de una audiencia oral contradictoria. Si ello no fuera así se desvirtuaría la inmediatez y eficacia del amparo.

En efecto, existen situaciones de mero derecho o de tan obvia violación constitucional que pueden ser resueltas con inmediatez y sin necesidad del previo debate contradictorio porque se hace obvia igualmente la situación jurídica infringida; ¿por qué demorar entonces la restitución de los derechos constitucionales infringidos?

La Sala considera que el procedimiento de amparo constitucional, en aras de la celeridad, inmediatez, urgencia y gravedad del derecho constitucional infringido debe ser distinto, cuando se discute un punto netamente jurídico que no necesita ser complementado por algún medio probatorio ni requiere de un alegato nuevo para decidir la controversia constitucional. En estos casos, a juicio de la Sala, no es necesario celebrar la audiencia oral, toda vez que lo alegado con la solicitud del amparo y lo aportado con la consignación del documento fundamental en el momento en que se incoa la demanda, es suficiente para resolver el amparo en forma **inmediata y definitiva**.

En el presente caso, la parte actora denuncia la violación de la garantía constitucional del debido proceso la tutela judicial efectiva consagrados en los artículos 49 numeral 1, 26 y 257 de la Constitución de la República Bolivariana de Venezuela, por haber tramitado el recurso de apelación en forma inadecuada, así como por haber absuelto la instancia, al ordenar una reposición inútil de la causa.

Como puede apreciarse, la resolución señalada como causante del agravio constitucional, que fue consignada por los actores en copia certificada, declaró oficiosamente la nulidad de un fallo dictado por el Juzgado en Funciones de Control, por considerarla afectada de un vicio relacionado con el requisito de la motivación, aspecto que para su conocimiento y resolución por esta Sala, no requiere de ninguna actividad probatoria de las partes en conflicto, sino que puede perfectamente resolverse con las actas que constan en el expediente, todo lo cual no deja lugar a dudas en cuanto a que estamos frente a una situación de mero derecho.

Así las cosas, estando, como ya se afirmó, frente a una situación de mero derecho, la presente acción de amparo puede ser resuelta con inmediatez y sin necesidad del previo debate contradictorio, razón por la cual, esta Sala pasará a decidir el fondo de las denuncias planteadas, sin necesidad de celebrar la audiencia pública constitucional, tal como se sostuvo en la citada sentencia número 993/13 del 16 de julio (caso: *Daniel Guédez Hernández y Otros).*

En el mismo sentido, pueden verse las sentencias dictada por la misma Sala Constitucional, en materia de amparo contra decisiones judiciales, del 27 de octubre de 2017, caso: *Lilia Burelli;* del 9 de noviembre de 2017, caso: *Luis Correa;* del 30 de noviembre de 2017, caso: *Rubidia Cadenas;* del 9 de febrero de 2018, caso: *Carlos Rincón;* y del 13 de marzo de 2018, caso: *Farmacia Policlínica;* entre otras.

Como vemos, la Sala Constitucional califica como de mero derecho cualquier acción de amparo contra sentencia, a los fines de evitar la realización del procedimiento abreviado que había dispuesto en la sentencia líder del 1° de febrero de 2000, caso: *José Amando Mejía.* Sobre este particular debemos destacar, en primer lugar, que esa potestad de declarar una causa como de "mero derecho" no está prevista actualmente en la LOTSJ, de allí que se trate de una invención judicial que ha permitido dictar sentencias sin oportunidad de defensa para los interesados.

Ahora bien, aun cuando se admita la potestad tácita de decretar un determinado proceso judicial como de "mero derecho", ello implicaría, a lo sumo, la no necesidad de tramitar la etapa probatoria, por considerar que se trata de asuntos donde no es necesario determinar o precisar "hechos". Pero en forma alguna ello justificaría la eliminación de al menos una oportunidad para presentar alegatos de derecho. Sin embargo, la reciente jurisprudencia de la Sala Constitucional ha entendido que al tener un asunto como de "mero derecho" puede proceder directamente a dictar sentencia, sin necesidad de abrir a trámite el juicio.

Lo mismo habría que decir de la posición jurisprudencial de la Sala Constitucional que inventó la llamada procedencia *in limine litis*, lo que implica declarar con lugar una acción de amparo constitucional, sin abrir el caso a trámite y escuchar a la otra parte. Es decir, pareciera que ahora la práctica de la Sala Constitucional ha sido la de rescatar el derogado artículo 22 de la *Ley Orgánica de Amparo*[115].

Por último, en relación con el proceso de amparo contra decisiones judiciales, quizá sea conveniente recordar que en estos casos resultan plenamente admisibles las medidas cautelares innominadas a que se refiere el artículo 588 del *Código de Procedimiento Civil*, las cuales permitirían, entre otras cosas, lograr la no ejecución de un fallo, mientras se tramita el amparo[116].

Sin embargo, en muchos casos la pretensión cautelar no tendrá mayor sentido, toda vez que la primera decisión del proceso de amparo contra sentencias suele ser la sentencia definitiva. No obstante, en algunos casos la Sala Constitucional ha dictado una medida cautelar, consistente en la suspensión de efectos del fallo cuestionado, mientras se pronuncia sobre el fondo del asunto[117].

---

115 Véase, entre otras, sentencia de fecha 15 de noviembre de 2016, caso: *Reinaldo Muñoz*; y sentencia de fecha 13 de marzo de 2018, caso: *Farmacia Policlínica*.

116 Véase, entre otras, sentencia dictada por la Sala Constitucional, en fecha 24-3-2000, caso: "*Corporación L'Hotels, C.A.*". Véase también lo ya expuesto en el Capítulo referente al procedimiento general de amparo.

117 Un ejemplo de ello lo constituye la decisión dictada por la Sala Constitucional en fecha 12 de junio de 2017, caso: *María Eloisa Vivas*, donde se ordenó la suspensión de una decisión que revocaba una medida de censura contra la película venezolana "*El Inca*". El fallo cautelar, y por tanto la nueva medida de censura, se ha mantenido vigente desde entonces, pues hasta el momento de la publicación del presente trabajo no se ha dictado la sentencia definitiva, a pesar de haber transcurrido más de un año desde que se dictó la medida cautelar.

VIII. LOS EFECTOS DE LA ACCIÓN DE AMPARO CONSTITUCIONAL CONTRA DECISIONES JUDICIALES

En el supuesto del amparo contra sentencia fue donde comenzó a relajarse -y esperemos que algún día termine de desaparecer- ese insólito mito que veía como contrario a la naturaleza del amparo constitucional, su carácter anulatorio. Tal y como nos tocó exponer en nuestro trabajo referente a este tema concreto[118], muchas veces era sólo a través de la declaratoria de nulidad de la decisión judicial cuestionada, que podía restablecerse una lesión constitucional. De otra forma, es decir, suspendiendo únicamente los efectos de la decisión judicial no se estaría restableciendo la situación jurídica infringida denunciada, pues tanto al accionante como a todos los que intervienen en el proceso les interesa que haya una resolución definitiva del asunto, esto es, que se admita o rechace una determinada pretensión. La suspensión, entonces, congelaría la *litis* en perjuicio de los sujetos procesales.

La declaratoria de nulidad de las actuaciones procesales puede ser, entonces, total o parcial, es decir, que la decisión del amparo contra sentencia puede consistir únicamente en la eliminación de una orden del juez, o de una obligación recaída en alguna de las partes del proceso, quedando intacto, en consecuencia, el resto del fallo cuestionado. También ha sido frecuente las órdenes de reenvío, a los fines de que el tribunal que conoce del asunto emita una nueva decisión, pero esta vez respetando los derechos y garantías constitucionales del agraviado.

Claro está, esa declaratoria de nulidad por vía del amparo constitucional permite que las partes vuelvan a asumir la controversia en el estado en que se decidió reponerla, bien sea desde el comienzo o a partir de un determinado acto procesal. En este sentido, los tribunales que conocen de amparos contra decisiones judiciales en algunos casos -dependiendo del tipo de vulneración constitucional de que se trate- declaran la nulidad

---

118 CHAVERO GAZDIK, Rafael J. *La acción de amparo contra decisiones judiciales*, *op. cit.* pp. 155 y ss.

de todo lo actuado, es decir, de la decisión de primera y de segunda instancia y, en otros casos, reponen el juicio, manteniendo los actos del proceso que no han sido afectados por la lesión constitucional.

Debe destacarse, que para determinar el alcance de la nulidad de las actuaciones dentro del proceso judicial que dio origen a un fallo violatorio de garantías fundamentales, hay que atender a los principios de celeridad y estabilidad de los actos procesales, conforme lo dispone el artículo 206 del *Código de Procedimiento Civil*[119].

Y además, la decisión debe limitarse exclusivamente a determinar si se han violado derechos o libertades y el juez debe abstenerse de pronunciarse sobre cualquier otra consideración sobre la actuación del órgano jurisdiccional presuntamente infractor. Es decir, no se trata de convertir el amparo contra decisiones judiciales en una especie de recurso de casación, aun cuando hay que reconocer la similitud de sus efectos, pero -se reitera- la decisión del amparo debe concretarse en el pronunciamiento sobre si ha habido violación o no de los derechos denunciados.

Finalmente, debemos destacar que actualmente no existen mayores diferencias entre los efectos que pueden producir las decisiones de amparo constitucional y los que producen los fallos que declaran procedentes revisiones extraordinarias de sentencias, conforme a la potestad prevista en el numeral 10° del artículo 336 de la Constitución. Por ello, nos remitimos al capítulo anterior donde se expuso con más detalles los posibles contenidos de las sentencias.

---

119 La mencionada norma textualmente dispone: "Los jueces procurarán la estabilidad de los juicios, evitando o corrigiendo las faltas que puedan anular cualquier acto procesal. Esta nulidad no se declarará sino en los casos determinados por la ley, o cuando haya dejado de cumplirse en el acto alguna formalidad esencial a su validez. / En ningún caso se declarará la nulidad si el acto ha alcanzado el fin al cual estaba destinado".

IX. ALGUNOS REMEDIOS PARA MANTENER EL SANO EJERCICIO DE LA ACCIÓN DE AMPARO CONTRA DECISIONES JUDICIALES

1. *Las costas en el proceso de amparo contra decisiones judiciales*

Hemos sostenido anteriormente, que existe la necesidad de que el tratamiento del proceso de amparo contra sentencias quiebre con los criterios tradicionales y excesivamente objetivos con que ha sido tratado por la jurisprudencia. Y como consecuencia de esta ruptura de principios arcaicos, habíamos sugerido la procedencia de la condenatoria en costas en los casos de amparo contra decisiones judiciales, con la intensión de castigar la conducta irresponsable de los litigantes que han abusado de esta figura, perjudicando los intereses de un juez de la República y del resto de los sujetos procesales que han tenido que concurrir al conflicto a defender la decisión cuestionada. Pues, en definitiva, se trata de una incidencia más dentro de un conflicto judicial.

Creemos, además, que todo proceso constituye un perjuicio para los litigantes, por tanto, los que resulten totalmente vencidos deben indemnizar los daños causados al vencedor. El proceso no puede significar un daño para el que tiene la razón.

Por ello, en su momento saludamos complacidos la posición que asumió la Sala Constitucional en este tema de las costas en el amparo contra decisiones judiciales, al admitir al menos la condenatoria en costas al accionante que haya intentado una acción de esta naturaleza en forma temeraria. Nos referimos al fallo dictado por esta Sala, en fecha 4-5-2000, caso: *S.A. Seguros La Occidental*, toda vez que la misma rompe con una vieja tradición jurisprudencia y, además, tratar de precisar la forma como ha de exigirse el cobro de las costas en los procesos de amparo. Así, en este fallo se precisa lo siguiente:

> El artículo 33 de la Ley Orgánica de Amparo sobre Derechos y Garantías Constitucionales, mantiene como principio que, cuando se trate de quejas entre particulares, se impondrán las costas al vencido. Esto ha impedido que se condene en costas

al accionante cuando incoa un amparo contra el Estado, sus entes, o contra las sentencias, ya que se ha interpretado que ellos no son particulares.

A juicio de esta Sala, tal norma existe para permitir a los particulares accionar con libertad contra los poderes públicos, sin el riesgo de tener que pagar unas costas, si resultaren perdidosos.

Pero, ¿qué sucede cuando los particulares se hacen partes en el proceso con el fin de coadyuvar con los poderes públicos en la defensa de los actos de dichos poderes, lo que incluye las sentencias dictadas por los Tribunales?

Conforme al artículo 370 del Código de Procedimiento Civil, en su numeral 3, los terceros que tengan interés jurídico actual en sostener las razones de alguna de las partes y pretendan ayudarla a vencer en el proceso, pueden hacerse parte en el juicio donde actúa la parte con quien van a coadyuvar. Ese interés, sin necesidad de prueba alguna, ha sido reconocido por esta Sala en su fallo de 1° de febrero de 2000 (caso: *José Amando Mejía*) en los amparos contra sentencias, con respecto a las partes de la causa donde se dictó el fallo impugnado.

Pero, cuando la sentencia que se dicte en el amparo (que en estos casos es el juicio principal), haya de producir efectos en la relación jurídica del interviniente adhesivo con la parte contraria a quien se adhiere, por lo que se trata de una relación jurídica fundada en el derecho sustantivo, conforme al artículo 381 del Código de Procedimiento Civil, ese interviniente, cuyo interés es el máximo porque el amparo en alguna forma le va a perjudicar sus derechos sustantivos, se convierte en un litis consorte con la parte con quien coadyuva, a tenor de lo dispuesto en el artículo 147 del Código de Procedimiento Civil; es decir, un litis consorte facultativo que en las relaciones con la contraparte, obra como un litigante distinto a los otros consortes.

Surge así, una situación de litis consorcio facultativo entre un órgano del poder público (del judicial en el caso del amparo contra sentencia) y un particular, que viene al juicio a defender sus propios y egoístas intereses.

Cuando el proceso de amparo contra sentencia adquiere esta dimensión, no puede considerarse que se trata de una queja entre un particular contra el poder público, ya que la intervención del otro particular en defensa de sus intereses y derechos subjetivos personales, haciendo causa común con el tribunal que emitió el fallo, convierte la causa de amparo en un proceso entre particulares, en lo relativo a los intervinientes ajenos a los poderes públicos.

Siendo así, en cuanto a los particulares intervinientes, considera esta Sala que deben imperar las disposiciones sobre costas, adaptadas a las peculiaridades del proceso de amparo, donde la condena en costas se impone al litigante temerario, tal como lo establece el artículo 33 de la Ley Orgánica de Amparo sobre Derechos y Garantías Constitucionales.

Por tanto, no resulta decisivo para que exista la posibilidad de una condena en costas en materia de amparo constitucional, el que la solicitud de amparo esté dirigida solamente contra un órgano del poder público, ya que si los particulares se hacen terceros coadyuvantes en defensa de los intereses de las partes del amparo, con respecto a ellos el proceso deviene en una acción entre particulares y el perdidoso puede resultar condenado en costas, sobre todo, cuando es un litis consorte facultativo, a quien un sector de los efectos de la sentencia lo toca como litigante particular, independiente del otro, tal como lo prevé el artículo 280 del Código de Procedimiento Civil.

El inconveniente que aparentemente suscita la condena en costas, prevista en el artículo 33 de la Ley Orgánica de Amparo sobre Derechos y Garantías Constitucionales, es que éstas, en cuanto a los honorarios de abogado, no pueden calcularse aplicando el artículo 286 del Código de Procedimiento Civil, ya que en las acciones de amparo no hay estimación en dinero de la demanda, ni se litigan objetos o derechos apreciables en dinero; pero el que ello sea así, no es un obstáculo para que se puedan calcular, al menos las correspondientes a los honorarios de los abogados.

Dada la naturaleza de la acción de amparo, ella no es apreciable en dinero, motivo por el cual la estimación contemplada en el artículo 38 del Código de Procedimiento Civil no tiene lugar; y al ocurrir esto, a pesar que en el amparo hay condenatoria en costas en algunos supuestos, como se ha apuntado, las previsiones del artículo 286 del Código de Procedimiento Civil se hacen inaplicables.

Las costas procesales están conformadas por dos rubros: 1) los honorarios de los apoderados de las partes que se benefician con la condenatoria en costas; y 2) los costos del proceso, los cuales a partir de la vigencia de la Constitución de la República Bolivariana de Venezuela, que establece en su artículo 26 la gratuidad de la justicia, y por tanto no son aplicables al proceso las normas sobre arancel judicial señaladas en la Ley de Arancel Judicial, han quedado reducidos básicamente a los emolumentos y honorarios de los auxiliares de justicia que no sean integrantes de cuerpos de funcionarios del Estado, previstos en las leyes como auxiliares de justicia profesionales.

Por lo regular los costos del proceso en las causas de amparo son mínimos, pero de existir, el juez del amparo en la sentencia los tasará, por mandato del artículo 35 de la Ley de Arancel Judicial, que prevé la tasación en el fallo de los procedimientos orales.

Con respecto a los honorarios de los apoderados (abogados) de la parte gananciosa, los cuales no pueden exceder del treinta por ciento del valor de lo litigado, esta Sala observa que con respecto a la condena en costas en los juicios de amparo, el artículo 286 del Código de Procedimiento Civil no es aplicable, con la limitación mencionada del treinta por ciento (30%), por lo cual el que obtuvo la condenatoria favorable en costas, puede encontrarse en dos situaciones con respecto al rubro honorarios:

a) Que el accionante no utilice apoderado ni abogado asistente (artículo 23 de la Ley de Abogados), lo que es posible en los juicios de amparo dada la previsión del artículo 13 de la Ley Orgánica de Amparo sobre Derechos y Garantías Constitucionales, el cual permite que cualquier persona natural o jurídica interponga el amparo, sin exigir ni siquiera la asistencia de abogado.

Dada la urgencia del amparo, hasta el punto que se permite la instancia verbal (artículos 16 y 18 de la Ley Orgánica de Amparo sobre Derechos y Garantías Constitucionales), exposición que el juez recoge en acta, y que el proceso no debe detenerse una vez se forme la relación procesal total, la disposición del artículo 4 de la Ley de Abogados no es aplicable, ya que el proceso de amparo no se va a detener por cinco días de despacho, para que el supuesto agraviante nombre dentro de ese plazo un abogado que lo represente.

Por igualdad procesal, si el accionante del amparo que no es abogado, no necesita de la asistencia obligatoria del profesional del derecho, el demandado tampoco tiene tal deber, y el que se defiende solo (como actor o demandado), no puede pretender se le cancelen honorarios de abogados, que no ha utilizado.

Solo si la parte involucrada en el proceso es un abogado, él podrá cobrar honorarios, si resultare con una condena en costas a su favor, ya que a pesar de que desplegó una actividad propia, ella a su vez fue profesional y mientras atendió su asunto, no pudo ejercer la profesión de abogado en otros casos que tuvieron lugar en la misma fecha y hora.

b) Que las partes se hicieron representar o fueron asistidos por abogados. Los honorarios de estos podrán cobrárseles al condenado en costas.

Estos honorarios, que van a ser cobrados a persona ajena a las partes del contrato de prestación de servicios profesionales que existe entre abogado y cliente, no pueden fundarse en dicho contrato, que a tenor del artículo 1166 del Código Civil ni lo beneficia, ni lo perjudica; y la forma de cálculo del monto de esos honorarios es la señalada en los artículos 39 y 40 del Código de Ética Profesional del Abogado Venezolano de 3 de agosto de 1985. En especial se ponderarán las circunstancias del artículo 40 de dicho Código de Ética, aplicable a cualquier proceso en esta materia, por imperativo del artículo 17 del Código de Procedimiento Civil.

Dada esta estimación fundada en las circunstancias del artículo 40 del Código de Ética Profesional, y siendo las costas propiedad de la parte beneficiada por la condena de su contraparte, considera esta Sala, que el procedimiento para el cobro al perdidoso en el juicio de amparo, no es el establecido en el artículo 23 de la Ley de Abogados, el cual como presupuesto para la intimación de honorarios, sólo exige que se tome en cuenta las anotaciones del valor de la actuación, que haga el abogado al margen de todo escrito o diligencia en que actúe, o la relación de estas actuaciones en diligencia o documento aparte, sin que el artículo 24 de la Ley de Abogados requiera se dé cumplimiento en alguna forma al artículo 40 del Código de Ética Profesional del Abogado.

Este procedimiento del artículo 23 de la Ley de Abogados está relacionado con el artículo 286 del Código de Procedimiento Civil, con su limitante de que el monto de la condena en costas, por honorarios profesionales, no puede rebasar el treinta por ciento (30%) del valor de la demanda que debe ser estimada por el actor. De allí que por más anotaciones o estimaciones que se hagan por concepto de honorarios, exagerados o no, la suma de los mismos siempre chocará con la valla del treinta por ciento (30%).

Pero en el caso de costas dentro de un proceso no estimable en dinero, esa valla no existe, y por ello el que pretenda el cobro de los honorarios, debe explicar conforme al artículo 40 del Código de Ética citado, las razones que tuvo para estimar esos honorarios, las cuales pueden ser discutidas por el deudor de las costas; y por ello es criterio de esta Sala, que tal cobro no pueda realizarse por el procedimiento de estimación e intimación, previsto en el artículo 23 de la Ley de Abogados, sino mediante una demanda donde el abogado previa conformación auténtica de la parte victoriosa, adaptándose al citado artículo 40 del Código de Ética Profesional del Abogado, explica las razones en que funda sus honorarios a fin que ellos puedan serle discutidos, procedimiento este que no lo contemplan los artículos 23 y 24 de la Ley de Abogados.

Por ello, quien pretende el cobro de estas costas del amparo, en base a un escrito circunstanciado sobre la razón de los honorarios y previa aprobación de su cliente, ventilará dicho cobro por el procedimiento establecido en el primer aparte del artículo 22 de la Ley de Abogados, a pesar que no se trate del cobro de honorarios por servicios extrajudiciales, el cual reza:

"Cuando exista inconformidad entre el abogado y su cliente en cuanto al monto de honorarios por servicios profesionales extrajudiciales, la controversia se resolverá por la vía del juicio breve y ante el Tribunal Civil competente por la cuantía. La parte demandada podrá acogerse al derecho de retasa en el acto de la contestación de la demanda."

El artículo 23 de la Ley de Abogados otorga una acción directa de cobro, en cabeza del abogado contra el condenado en costas, pero no siendo el artículo 23 citado, aplicable al caso, tal acción directa no existe, por lo que hay que acudir a otra vía, siendo la de mayor semejanza con la situación existente, la del primer aparte del artículo 22 de la Ley de Abogados.

En el caso de autos, esta Sala considera que la parte actora intentó una acción de amparo temeraria contra la sentencia del 26 de febrero 1999, dictada por el Juzgado Superior del Tránsito y del Trabajo de la Circunscripción Judicial del Estado Zulia, la cual perjudicó al tercero coadyuvante, que por tal lesión se hizo parte en esta causa, y por las razones aquí expuestas se condena en costas al accionante, en beneficio del tercero coadyuvante: abogado ABIGAIL COLMENARES, y así se decide.

Ahora bien, la realidad actual matiza considerablemente esta posición jurisprudencial, pues al igual que sucede con las solicitudes de revisión constitucional, al no haber ahora un contradictorio en los procesos de amparo contra sentencia, no es necesario que la parte perdidosa indemnice a la otra por los costos y gastos que se hayan podido generar por el ejercicio del recurso de revisión.

2. *Sanciones disciplinarias y el caso de las acciones temerarias*

Resultan perfectamente aplicables a esta modalidad de amparo constitucional las disposiciones contenidas en los artículos 27 y 28 de la *Ley Orgánica de Amparo*, relativas a la posibilidad de que el juez, al momento de pronunciarse sobre el fondo del amparo, ordene a los organismos competentes (Dirección Ejecutiva de la Magistratura, Ministerio Público, etc.) la apertura de las averiguaciones correspondientes y se pronuncie, además, sobre la temeridad de la acción.

Aprovechamos también para recordar el enorme beneficio que podría significar para la institución del amparo constitucional -y en especial contra decisiones judiciales- la utilización de las sanciones establecidas por *Ley Orgánica de Amparo*, obligándose a mantener esta acción extraordinaria dentro de sus fines reales, es decir, para los casos que ciertamente involucren vulneraciones de derechos o garantías constitucionales.

X. ALGUNAS REFLEXIONES FINALES SOBRE EL TEMA DEL AMPARO CONTRA DECISIONES JUDICIALES

Indudablemente, el tema del amparo contra decisiones judiciales ha sido una de las modalidades de esta institución más controversiales, más aún cuando hemos tenido una evolución jurisprudencial divagante y agobiante, dada la gran cantidad de amparos contra sentencia en nuestro foro. Y la preocupación se justifica, pues no cabe duda de que con el ejercicio indiscriminado e irresponsable de esta acción se pone en peligro nada más y nada menos que el principio de la seguridad jurídica, la independencia de los jueces y la cosa juzgada misma.

Sin embargo, ello no obsta que el mecanismo para proteger derechos fundamentales contra decisiones judiciales deba desaparecer, pues como se afirma categóricamente en el voto salvado de la decisión de la Corte Constitucional colombiana que anuló el artículo que consagraba el amparo contra sentencia[120]: no se puede sacrificar "el interés general, la justicia y la primacía de los derechos fundamentales en aras de proteger una espuria seguridad jurídica, representada por las sentencias violatorias de los derechos fundamentales". Además, afirma el mismo voto salvado, el principio *pro iustitia* y la regulación de la cosa juzgada deben, en aras de la seguridad jurídica, sacrificar lo menos posible la justicia.

También debe precisarse que la utilización correcta de esta institución no permite volver a cuestionar lo ya decidido por los jueces en los procesos regulares, sino las actuaciones contrarias a los derechos fundamentales, por tanto, el amparo contra sentencia no es una nueva instancia para los procesos concluidos, a pesar de que en muchos casos la Sala Constitucional no lo entienda así.

Por tanto, si bien corremos el riesgo del abuso de esta institución, y con ello, la perturbación de la sana administración de justicia, no es menos cierto que se justifique dicho riesgo cuando los derechos elementales del ciudadano están de por medio,

120 Sentencia del 1° de octubre de 1992, caso *C-543*.

pues la forma no debería prevalecer sobre la justicia. Y ejemplos de vulgares transgresiones de derechos constitucionales mediante decisiones judiciales siempre han sobrado en estos países tropicales, baste con revisar los diarios de jurisprudencia de nuestra Sala Constitucional para percatarnos de los no pocos casos donde se ha requerido una tutela inmediata y efectiva para contrarrestar fallos judiciales lesivos de derechos fundamentales.

En efecto, que hubiera sido de nuestro Estado de Derecho si no se hubieran podido controlar todas aquellas decisiones de amparos autónomos dictadas con la utilización del artículo 22 de la *Ley Orgánica de Amparo*, en flagrante violación del derecho a la defensa del presunto agraviante; o aquellas decisiones dictadas por los Tribunales Laborales declarando la perención de la instancia, a pesar de que los juicios se encontraban en estado de decisión; o aquella decisión dictada por un Tribunal Superior Penal del Estado Falcón condenando a un reo a 45 años de cárcel, obviando nuestra pena máxima de 30 años. Es que ¿acaso vale la pena cerrar las puertas a una institución que pretenda subsanar estas incongruencias del sistema?

Pensamos que los mecanismos de protección constitucional antes de ser eliminados deben ser corregidos, y ya hemos hecho referencia a instituciones como las costas procesales y las sanciones por temeridad, las cuales permitirían mantener esta modalidad del amparo constitucional para lo que fue previsto, esto es, para circunstancias excepcionales.

En todo caso, actualmente hay que reconocer que el recurso extraordinario de revisión constitucional ha coadyuvado a la reducción del número de amparos contra sentencias, al menos para los casos de cuestionamientos de decisiones definitivamente firmes.

CAPÍTULO V

BREVES REFLEXIONES FINALES SOBRE LOS DISTINTOS MECANISMOS DE CONTROL CONSTITUCIONAL DE SENTENCIAS

Todo ordenamiento jurídico debe escoger el órgano (u órganos) encargado de garantizar la supremacía constitucional y la protección de los derechos fundamentales; así como los instrumentos necesarios que le permitan la protección de las normas fundamentales frente a los abusos o excesos de los órganos jurisdiccionales.

En el caso particular venezolano, la Constitución escogió a la Sala Constitucional como máximo y último intérprete de sus disposiciones; y el ordenamiento jurídico y la propia jurisprudencia de esa Sala se han encargado de definir y delimitar los remedios procesales para cumplir con esta función.

Sin duda, nuestra realidad refleja muchos aciertos y desaciertos, como suele suceder en todo ordenamiento comparado. Lo importante es que la doctrina y el legislador sepan ir identificando los aspectos que deben mejorarse, para reaccionar a tiempo y así evitar la consolidación de arbitrariedades o abusos en el ejercicio de las labores de control constitucional de decisiones judiciales.

I. LOS ACIERTOS

Entre los aciertos del sistema que hemos estudiado en este trabajo podemos identificar, en primer lugar, la *unificación (y hasta monopolización) de los criterios jurisprudenciales* en materia de interpretación constitucional. Si bajo la Constitución de 1961 existieron diversos mecanismos procesales y órganos jurisdiccionales claramente descoordinados entre sí, ello quedó claramente superado con el sistema consagrado en la Constitución de 1999.

Ahora no cabe duda que todo lo define la Sala Constitucional, obviamente para bien o para mal. Pero al menos ya no hay posibilidad de que existan criterios encontrados entre diversos tribunales, pues la Sala Constitucional tiene la capacidad de imponer en forma absoluta y contundente sus criterios frente a cualquier otro tribunal, incluyendo la Sala Plena del Tribunal Supremo.

Otro de los aciertos ha sido *la consolidación del poder cautelar amplio y suficiente* de la Sala Constitucional y demás tribunales que pueden ejercer accidentalmente labores de justicia constitucional. Ahora la legislación y la jurisprudencia le han otorgado a todo juez, sin ningún tipo de limitaciones, la potestad de asumir cualquier medida que se considere pertinente para evitar que al fallo definitivo llegue demasiado tarde.

Si no hay respuestas judiciales a tiempo ya no es por falta de herramientas procesales, pues la ley y la jurisprudencia se han encargado de repotenciar ese poder cautelar para evitar las graves injusticias que pueden generarse por el transcurso del tiempo necesario para dictar los fallos. Cualquier injusticia derivada del sistema de protección cautelar, se debe entonces a los jueces y no al derecho.

II. LOS DESACIERTOS

Pero al margen de las bondades comentadas, consideramos que el sistema ha generado más desaciertos, entre otras razones por la ausencia de una ley que regule los aspectos sustantivos y adjetivos de la jurisdicción constitucional y por la excesiva voracidad que ha demostrado la Sala Constitucional frente al resto de las Salas del Tribunal Supremo y demás tribunales del país.

Y básicamente entre los desaciertos podemos mencionar, en primer lugar, el *poco respeto hacia la autonomía de las demás jurisdicciones*, pues la jurisprudencia que hemos analizado en el presente trabajo pone en evidencia como la Sala Constitucional permanentemente invade ámbitos naturales de otras Salas y tribunales, no sólo arrebatándoles en algunas oportunidades el conocimiento directo del caso, sino sobre todo al revocar sus decisiones con la imposición de criterios propios que deberían ser reservados a los órganos judiciales de cada jurisdicción.

Otro de los desaciertos que hemos podido verificar en nuestro sistema es el *poco respeto hacia las reglas procedimentales prestablecidas*. No solo no hay una ley de la jurisdicción constitucional, sino que además las pocas normas legales que imponen regulaciones y límites a la Sala Constitucional son constantemente irrespetadas. Si algo queda claro con la jurisprudencia de esta Sala es que ésta ha asumido labores legislativas para modificar a su antojo los aspectos sustantivos y adjetivos de cada una de las pretensiones procesales.

Pero, además hemos podido verificar una *clara tendencia hacia la eliminación de la participación de los interesados* en los distintos mecanismos de control constitucional de sentencias, pues la Sala Constitucional se ha encargado de minimizar y hasta eliminar las fases procesales que permiten garantizarle a las partes su derecho a presentar argumentos y consideraciones.

En los tres mecanismos procesales que hemos revisado hemos visto cómo la Sala Constitucional ha preferido dictar sus decisiones, sin necesidad de escuchar a las partes que participaron en los procesos donde se cuestionan errores constitucionales. La Sala parece entender que basta con ponerla en conocimiento del fallo cuestionado para que ella se encargue de "remediar" todo lo que sea necesario.

También podemos mencionar como motivo de preocupación el gran incremento de la asignación de *poderes de oficio* a la Sala Constitucional, los cuales ha utilizado en muchas ocasiones para intervenir políticamente en situaciones de interés para la colectividad. Básicamente no hay nada que pueda escapársele a la Sala Constitucional, pues tiene potestades para asumir directamente, y sin que nadie se lo pida, cualquier juicio en trámite o sentencia definitiva, independientemente de la fecha en que haya sido dictada.

No es normal (ni lógico) que se les atribuyan facultades oficiosas a los tribunales de justicia, pues se entiende que el Poder Judicial sólo puede conocer de casos y controversias, debido a que función es la de resolver conflictos y no la de generarlos. Otros poderes y otras ramas del poder público son las que tienen competencias para asumir el protagonismo de las acciones estatales, y resulta muy peligroso que quien tiene la última palabra en materia de interpretación constitucional pueda, a la vez, asumir iniciativas estatales, pues con ello podría comprometerse el necesario equilibrio de poderes.

Finalmente, llama poderosamente la atención la *ausencia de pautas interpretativas* en la motivación de los fallos dictados por la Sala Constitucional. Con ello nos referimos a los procedimientos cognoscitivos que permiten orientar a los intérpretes, y en particular, a los funcionarios judiciales, sobre la forma de cómo deben resolverse los conflictos constitucionales. Así, en los conflictos concretos que se presentan ante la justicia constitucional foránea se utilizan como pautas interpretativas algunas preguntas claves para analizar la procedencia o legitimidad de una denuncia sobre la violación de derechos constitucionales, entre las que podemos mencionar: i) si la denuncia se refiere a la violación de un derecho calificado como "fundamental"; ii) si se ha producido una limitación del derecho constitucional alegado; iii) si se encontraba justificada la acción estatal por una razón suficiente; iv) si los medios utilizados para lograr el fin perseguido se encuentran realmente relacionados con esa finalidad; y v) si esa limitación resulta necesaria y proporcional para obtener el fin perseguido.

La utilización de este tipo de técnicas para la resolución de conflictos constitucionales traería importantes beneficios para nuestro foro, pues en primer lugar, las partes involucradas en el conflicto podrían examinar con mayor precisión la labor de interpretación realizada por el órgano judicial, y con ello podría minimizarse los márgenes de decisiones caprichosas o arbitrarias, pues quedarían reducidos a contadas excepciones todos esos fallos que observamos con no poca frecuencia en nuestro foro, donde se le da la razón a cualquiera de las partes, sin la más mínima justificación o explicación. En segundo lugar, la resolución de conflictos con la utilización de pautas interpretativas claras, generales y uniformes permite crear un sistema jurídico más completo, justo y homogéneo, coadyuvando, junto con las reglas y los principios, en la búsqueda de certeza y precisión a la hora de administrar justicia. Las pautas interpretativas constituyen un excelente mecanismo para reducir la arbitrariedad judicial y para surtir a nuestra sociedad de un mayor grado de seguridad jurídica a la hora de administrar justicia, sobre todo, en el caso de la justicia constitucional.

En definitiva, el estudio de estos tres mecanismos de control constitucional nos permite concluir que la Sala Constitucional se ha convertido en un tribunal omnipotente, capaz de influir directamente en cualquier controversia, en curso o finalizada, y sin mayores argumentos o trámites procedimentales.

A casi dos décadas de la creación de la Sala Constitucional queda mucho por hacer o, mejor dicho, por rehacer, a los fines de llevar a sus justos límites el control constitucional de decisiones judiciales.

Caracas, mayo de 2018

BIBLIOGRAFÍA

ARENAS SALAZAR, Jorge, *"La tutela, una acción humanitaria"*, Librería Doctrina y Ley, Santa Fé de Bogotá, 1992.

AYALA CORAO, Carlos M., "Algunas consideraciones sobre la jurisdicción constitucional en Venezuela", en *Una mirada a los Tribunales Constitucionales*, Comisión Andina de Juristas, Lima, 1995.

___, *"Del Amparo Constitucional al Amparo Interamericano como Instituto para la Protección de los Derechos Humanos"*, IIDH y Editorial Jurídica Venezolana, Caracas/San José, 1998.

BREWER-CARÍAS, Allan R., *"El amparo a los derechos y garantías constitucionales (una aproximación comparativa)"*, Editorial Jurídica Venezolana, Caracas, 1993.

CALDERÓN VILLEGAS, Juan J., *La constitucionalización del derecho privado. La verdadera historia del impacto constitucional en Colombia*. Temis, Bogotá, 2017.

CANOVA GONZÁLEZ, Antonio, "La Supersala (Constitucional) del Tribunal Supremo de Justicia", en *Revista de Derecho Constitucional* n.° 3, Editorial Sherwood, Caracas, 2000.

___, "Rasgos generales de los modelos de justicia constitucional en el Derecho Comparado: (3) Europa Actual", en *Revista de Derecho Constitucional* n.° 7, 2003.

CAPPELLETTI, Mauro, "Formaciones sociales e intereses de grupo frente a la justicia civil", *Boletín Mexicano de Derecho Comparado*, nueva serie, año XI n.° 31/32, enero-agosto, 1978.

CASAL, Jesús María, "Algunos cometidos de la jurisdicción constitucional en la democracia", en la obra colectiva *La jurisdicción constitucional, democracia y Estado de Derecho*, UCAB, Caracas, 2005.

CHAVERO GAZDIK, Rafael J. *El Nuevo Régimen del Amparo Constitucional en Venezuela*, Editorial Sherwood, Caracas, 2001; y el *Suplemento 2002*, Ediciones Paredes, Caracas, 2002.

___, *La acción de amparo contra decisiones judiciales*, FUNEDA, Editorial Jurídica Venezolana, 1997.

___, *La Guerra de las Salas del TSJ frente al Referéndum Revocatorio*, Aequitas, Caracas, 2004.

CHEMERINSKY, Erwin, *Constitutional Law*, Principles and Policies, Aspen Law Business, 1997.

CUENCA ESPINOZA, Leoncio E., *Revisión de las Decisiones Judiciales como Mecanismo de control de constitucionalidad en Venezuela*, Editorial Paredes, Caracas, 2007.

DE OTTO, Ignacio, *Derecho Constitucional, Sistema de Fuentes*, Ariel, Córcega, 1991.

DUQUE CORREDOR, Román J. "El procedimiento de la acción de amparo constitucional" en *El Recurso de Amparo en la legislación venezolana*, Serie Foros, Caracas, 1989.

ESCOVAR LEÓN, Ramón, *El precedente y la interpretación constitucional*, Editorial Sherwood, Caracas, 2005.

ESCUDERO, Margarita, "El mecanismo de revisión de sentencias por parte de la Sala Constitucional del Tribunal Supremo de Justicia", en *Novedades Jurisprudenciales del Tribunal Supremo de Justicia*, Vadell Hermanos Editores, Caracas, 2002.

FAVOREAU, Louis, *Legalidad y constitucionalidad. La constitucionalización del derecho*, Universidad Externado de Colombia, Bogotá, 2000.

FERNÁNDEZ FARRERES, Germán, *El recurso de amparo según la jurisprudencia constitucional*, Marcial Pons, Madrid, 1994.

GARCÍA DE ENTERRÍA, Eduardo y Fernández, Tomás Ramón, *Curso De Derecho Administrativo,* Tomo II, Tercera Edición, Civitas, Madrid, 1991.

GARCÍA DE ENTERRÍA, Eduardo *Democracia, Jueces y Control de la Administración*, Civitas, Madrid, 1996.

___, *La Batalla por las Medidas Cautelares*, 2da Edición, Civitas, Madrid, 1995.

___, *La Constitución como norma y el Tribunal Constitucional*, Civitas, Madrid, 1991.

GINSBURG, Tom, *Judicial Review in New Democracies. Constitutional Courts in Asian Cases*, Cambridge, 2003.

GONZÁLEZ PARES, Jesús, *Derecho procesal administrativo hispanoamericano*, Bogotá, Temis, 1985.

JACKSON, Vicki y TUSHNET, Mark, *Comparative Constitutional Law*, Foundation Press, 1999.

LIEBMAN, Enrico Tullio, *Manual de Derecho Procesal Civil,* Ediciones Jurídicas Europa-América, 1980.

LINARES QUINTANA, Segundo, *Derecho Constitucional e Instituciones Políticas*, Editorial Plus Ultra, Buenos Aires, 1981.

LOEWENSTEIN, Karl, *La Constitución*, traducido por Alfredo Gallego Anabitarte, Editorial Ariel, Barcelona, 1982.

MARIENHOFF, Miguel, "La legitimación en las acciones contra el Estado", *La Ley*, 1986-C-899.

PEÑA SOLÍS, José, "El 'avocamiento judicial' como instrumento de abuso de poder en Venezuela, a propósito de la sentencia dictada por la Sala Constitucional del Tribunal Supremo de Justicia el 31 de marzo de 2004", en la obra colectiva *La Guerra de las Salas del TSJ frente al Referéndum Revocatorio*, pp. 59 y ss., Aequitas, Caracas, 2004.

RENGEL ROMBERG, Arístides, *Tratado de Derecho Procesal Civil Venezolano, según el nuevo Código de 1987*, Editorial Arte, Caracas, 1995.

ROMERO MUCI, Humberto, "Contribución al Estudio de la acción de carencia en el contencioso administrativo venezolano" en *Revista de la Fundación de la Procuraduría General de la República*, n.º 4, Caracas.

REYES ARAGÓN, Manuel, *Estudios de Derecho Constitucional*, Centro de Estudios Políticos y Constitucionales, Madrid, 1998.

RONDÓN DE SANSO, Hildegard, *Amparo constitucional*, Editorial Arte, Caracas, 1988.

SAGUES, Néstor Pedro, *Acción de Amparo*, Editorial Astrea, Buenos Aires, 1995.

SCALIA, Antonin, *A matter of interpretation, federal courts and the law*, Princeton, 1997.

STERN, Robert y GREESMAN, Eugene, *Supreme Court Practice*, Seventh Edition, The Bureau of National Affairs, Washington, D.C., 1995.

TOBO RODRÍGUEZ, Javier, *La Corte Constitucional y el control de constitucionalidad en Colombia*, Ibañez, Bogotá, 2006.

VESCOVI, Enrique, *Los recursos judiciales y demás medios impugnativos en Iberoamérica*, Depalma, Buenos Aires, 1988.

WALDRON, Jeremy, *Yale Law Journal*, 115 Yale L.J. 1346.

YÉPEZ ARCILA, Hernando, "Interrogantes sobre la justicia constitucional en Colombia", en *II Jornadas Colombo-Venezolanas de Derecho Público*, Universidad del Externado de Colombia, Bogotá, 1996

YMAZ, Esteban y REY, Ricardo, *El Recurso Extraordinario*, Abeledo-Perrot, Buenos Aires, 2000.

ÍNDICE

CAPÍTULO III

EL RECURSO EXTRAORDINARIO DE REVISIÓN CONSTITUCIONAL

CAPÍTULO IV

EL AMPARO CONSTITUCIONAL CONTRA DECISIONES JUDICIALES

CAPÍTULO V

BREVES REFLEXIONES FINALES SOBRE LOS DISTINTOS MECANISMOS DE CONTROL CONSTITUCIONAL DE SENTENCIAS

www.ingramcontent.com/pod-product-compliance
Lightning Source LLC
Chambersburg PA
CBHW030717250326
R18027900001B/R180279PG41599CBX00015B/21
* 9 7 8 9 8 0 3 6 5 4 4 4 3 *